Arnold Mindell, Ph.D.

THE QUANTUM MIND AND HEALING

身体症状に〈宇宙の声〉を聴く

癒しのプロセスワーク

アーノルド・ミンデル［著］

藤見幸雄＋青木聡［訳］

How to Listen and Respond to Your Body's Symptoms

日本教文社

謝辞

以下の方々に心から感謝の意を捧げたいと思います。

オレゴン州ポートランドのプロセスワーク・センターで行なった講義やセミナーを文字に起こしてくれたスーザン・コーセン。

パートナーのエイミー・ミンデルとともに、ポートランド、ロンドン、チューリッヒ、東京などで行なった「クォンタム・メディスン（量子レベルの医療）」のクラスやセミナーに参加してくださった方々。本書のアイディアは皆さんとともにワークを行なったプロセスの中から生み出されたものです。

ハンプトン・ローズ出版社のリチャード・レヴィトンには、本書に対する熱意、そして「症状の量子的次元 Quantum Dimensions of Symptoms」という最初の副題を提案してくれたことに感謝します。リチャードのアイディアから、新しい着想がたくさん生まれました。

マーガレット・ライアンは編集の過程で非常に重要なアイディアを付け加えたり、引き出したりしてくれました。その非凡な才能に感謝しています。どうしたら著者の内面をそれほどよく理解できるのでしょう？

当初の内容があまりにも物理学に傾きすぎていると指摘し、一般の医療関係者や患者にも読みやすい内容となるよう書き直しを手伝ってくれたカール・ミンデル。
ランディ・リヴァイン・タリーは音楽に関する誤記を指摘してくれました。
物理学に関する記述、とりわけ宇宙に関する熱力学の見解についてチェックしてくれたのは、オレゴン大学物理学科のシャロン・セッションズです。

細かな点においていろいろ協力してくれたヘイコ・スポデック。彼は、私が日常的思考モードに入っているのか、夢を見ているような深い意識状態で思考しているのかをもっと自覚するよう促してくれました。
ドーン・メンケン、ジャン・ドゥオーキン、マックス・シュパック、ジョー・グッドブレッド、その他の友人たち。彼らは、ボディワークに関する科学を心の最も深い経験と結びつけるための方向性を示してくれました。

私の友人であり、物理学の勇気ある解釈者そして再‐創造者であるフレッド・アラン・ウルフ、ニック・ハーバート、アミット・ゴースワミ。あなたたちの先駆的な仕事に感謝しています。

一般的医療や、代替的な非局所的医療についての理解を助けてくれたのは、ジェイ・トムリン、ピエール・モリン、ミッチ・スターグローブ、ラリー・ドッシーの諸氏です。

本書の執筆中、今は亡き師たちに見守られているように私は感じていました。一九六一年にチューリッヒで、共時性《シンクロニシティ》というユングの考えを教えてくれたマリー‐ルイーズ・フォン・フランツ。シャーマニズムを私に紹介し、それを日常生活でどのように活かせばよいかを示してくれたフランツ・リクリン。そして、「精神と物質」に関わるすべてのことにおいて、背景でサポートしてくれたC・G・ユング。彼らへの感謝の念は今も変わりません。

私のクライアントであり、友人であり、援助者であった、さまざまな逆症療法、代替療法、補完療法の医師たち。あなたたちから学んだことに感謝しています。

ルイ・ド・ブロイ、エルヴィン・シュレディンガー、フォン・ノイマン、デイヴィッド・ボーム、リチャード・ファインマン——量子物理学の生みの親たち。みなすでに故人となっていますが、彼らにも感謝しなければなりません。それから、超空間に関する物理学者であるミチオ・カクとスティーヴン・ホーキング。仮想空間、虚時間、生命の背後にある諸現実についての彼らの言説に感謝しています。

親愛なるエイミー、創造性に関する君の仕事のおかげで、私はパペット人形をまじめに考えるようになりました。パペット人形と君の科学的な精神とが相まって、症状の量子的次元について検証・明確化することができ、非常に教えられました。それはいかなる物理学者も（パペット人形なしでは）考えつかなかったことでしょう。本書のいずれの章も君のおかげで出来上がったようなものです。どうもありがとう。

序文

思考は身体にどのように影響するのだろうか？　身体症状を軽減させるために私たちはどのように自覚／意識《アウェアネス》を使うことができるだろうか？　頭痛や腰痛、しこりや腫れ、疲労やめまいなどから生じる不安や苦痛に対処するために何ができるだろうか？　がんや心臓病において主観的経験になんらかの役割があるとするなら、それは何だろうか？　あらゆる病気は遺伝、環境、偶然の仕業《しわざ》なのだろうか？　こうした諸問題の背景にはなんらかの知性が存在するのではないだろうか？

そう、その背景には深遠な知性が存在する。私はそれを「クォンタム・マインド（量子レベルの意識）」と呼ぶ。本書では、その知性がいかにして癒しの源になり得るかを示していこうと思う。

本書では、伝統的な臨床医学と代替医療の方法論の関連を探求し、身体のもつ知性に関する経験的かつ量子力学的な基盤について示唆したい。私は個人や集団との臨床経験を通じて、心理学、物理学、医学という個々の分野を探求し、これら三つを結びつけたいと強く思うようになった。本書は、極めて微細な領域で私たちが経験すること、および素粒子物理学の両者に、非常によく似た基本的パターンが存在するという発見に基づいている。こうした基本的パターンの発見によって私は、新たな人間観や、身体症状に対する新たな取り組み方を発展させることになったのである。

ナノ現象の研究やナノ医療は、現在の医療を確実に進歩させるにちがいない（「ナノ」とは尺度の一〇億分の一〔10のマイナス9乗〕を意味する接頭辞である。原子や分子のプロセスは一〇億分の一メートル以内で生じている）。医療とその関連分野である心理学や物理学との関係は、現在よりもずっと密接なものになるだろう。しかしながら、解剖学、心理学、精神生物学、生物物理学、医用工学、医学教育、医学的診断、一般的診療といった分野における研究を、ムーヴメント・セラピーや音楽療法を含む数多くの心理療法《サイコセラピー》と関連づける統一的なパラダイムはいまだ見当たらない。

本書の第一の目的は、身体症状に焦点を当てることである。本書は何よりも実用的であることをめざしている。それと同時に、第二の目的として、先に述べたさまざまな分野を統合するアイディアを提案したいと思っている。本書に載せたエクササイズは、科学的発見と伝統的知見に基づいたものである。そうした発見や伝統については、本文中のコラム〔上下を飾り罫線で挟んだ部分〕で詳述している。また、科学的な説明に慣れている読者は、付録A～Cによって、より詳細な知識や理論を得ることができるだろう。

執筆中、さまざまな気持ちが私の心に湧き上がってきた。本書の仕上げに入る前の晩、私は夢の中で目覚めた。その夢の中で、私は高い山の中にいて、夜の冷たい空気を感じていた。私は何か偉大な力によって山の中を歩かされ、いつのまにか、ごつごつした岩壁の前に立って、その高い頂を見上げていた。漆黒の闇の中で、私はある種の意識の存在と、山腹から放射される畏怖すべき力を感じていた。その力は感じることはできたが、言葉で説明することはできなかった。

目が覚めると、私は不意に、身体症状に関する本書の題名は、自然のもつ知性と力――私はそれを

「クォンタム・マインド」と呼んでいた――に結びついたものであるべきだと悟った。半分寝ぼけながら、私は以下の文章を書きとめた。それは、山の力が私たち人類に寄こしたメッセージのように感じられた。今、私の日常的意識は、強引で自信たっぷりなこのメッセージにいささか抵抗を感じてはいるが。

人生の方向性は夢の中にはっきりと示されている。それにもかかわらず、人は日常生活において、次に何をしたらよいかわからないかのように振る舞っている。日中であっても、夜の深遠な空間から発せられる、自分の身体を先導する微細な沈黙の力は確実に感じられるはずだ。けれども、人々の多くはその力を無視することを選んでいる。

人生を振り返ると、その力がいつも存在していたことに気づくだろう。実際、歩んできた人生の道の数々は、避けることのできないものであったように思われる。そのときは偶然に思われた出来事が、振り返ってみると必然であったように思われるのだ。ある瞬間、人生は混沌として、でたらめなものに感じられる。しかしながら、人生を振り返ると、一見混乱した数々の出来事の背景すべてに、人は沈黙の力を見出すのだ。過去のある時、その力と交渉できると思ったことがあるかもしれないが、おまえたちが自分の「人生」と呼ぶ特別な道のりは必然であるように見える。振り返ると、その道のりはそれ以外ではあり得ないと感じられるのだ。来し方を振り返るとき、人は気づく――その力に同意し、それとともに動くか、さもなければ、同意せず、破壊されるしかなかったのだ、と。

その力が存在しないふりをしようとしても無駄だ。その存在を無視するなら、それは恐ろしい身体症状として現れてくる。その力を認めないでいると、人生はねじれ、空間は亡霊たちで満たされてしまう。日常生活の中の沈黙の力に自らを開くなら、人生は無限の素晴らしい旅になる。

沈黙の力は個人的体験であるだけでなく、宇宙の起源とも結びついている。沈黙の力の存在《リアリティ》は、現代の科学では測定不可能である。しかし、その力は量子論の数式に見出すことができる。また、その力は、この惑星の時間や空間に制限されることがない。その力は、精妙な知性をそなえたある種のクォンタム・マインドなのだ。

この夢を見た後、「Quantum Mind and Healing（量子レベルの意識と治癒）」という題名が本書にはぴったりだと思うようになった。というのも本書は、これまでずっと自然、神、魂、量子的プロセス（重ね合わせ状態、非局在性、量子もつれ等々）、あるいは暗黒物質《ダークマター》（宇宙の変化率を説明するために理論上要請された不可視の物質）のせいだとされてきた、不可思議な身体現象や病気について述べたものであるからだ。

生理学、医学、物理学、心理学といった学問ジャンル間の関係は、長年にわたって議論されている。この本は、素粒子や分子や人間の身体についての数学的記述は、ドリーミング〔訳註　私たちの存在の深層で働いている創造的イマジネーションのプロセス〕経験の投影であるという視点から書かれている。

本書は、身体症状について理解したい人、自分の身体症状について体験的ワークを行なってみたい人、また他者の体の問題に関心のある人を対象としている。身体疾患がもたらす症状に悩まされている人には、身体症状にアプローチし、人生を豊かにする特別な方法を提示したい。さまざまな分野を統合することに関心をもつ科学者にとって、私が提示する科学についての視点はシンプルなものだ。その第一原理は、人間の自覚／意識《アウェアネス》（awareness）である。私たちが物事をどのように認知するかということ、すなわち、人間の知覚と経験のあり方を知ることがあらゆる観察と理論の基礎となる。

本書の執筆は、私自身の最も「現実的」な部分と向き合うことであった。それはときに主観的経験を無視するような部分である。私の中の保守的な科学者的側面は、生涯の間に一つの学問分野にしがみついていればよいと考えている。そのとおりだ。しかし、身体症状とワークすることに関心をもっているため、私の中の何かが一つの学問分野に完全に縛られてしまうことを嫌がってきた。私はこのワークをできるかぎり合理的で、理性的で、理解可能なものにすることを試みてきたつもりだ。

私の苦闘は、量子力学の生みの親の一人であるエルヴィン・シュレディンガーの言葉を思い出させる。『生命とは何か』という小さな著書の序文で彼はこう述べている。

> 科学者は、ある主題に関して完全で絶対的な知識をもつとされている。そして、熟達していない主題に関しては、通常、執筆すべきではないとされる。これはノブレス・オブリージ〔高貴なる者の果たすべき責務〕の問題とみなされている。もし私が「高貴なる者」であるならば、それを放棄する許しを乞い、押し着せられた責務から解放されたい（……）。
>
> 小さな専門化した「科学」分野でさえ、一人の知性で十分に展望することはほぼ不可能になっている（……）。私たちの誰かが——受け売りの不完全な知識であっても——笑い者になること

を覚悟し、事実と理論の統合に勇気をもって着手すること以外、私はこの窮地からの逃げ道を見出すことができないのだ（さもなければ、私たちの本当の目的は永遠に失われてしまうだろう）。

症状に取り組むと、心理学、医学、物理学、宗教などについての自分の知識を――それらについて熟達しているわけではないのに――一つに縫い合わせざるを得なくなる場合が出てくる。

そういった理由から、また、身体と心理学をより深く理解するために、私は『ドリームボディ』を一九八二年に執筆して以来、どのように夢が身体疾患と関連し、身体症状に影響を与えるかということに関する理解について書き残すことに、二〇年以上も二の足を踏んできた。『ドリームボディ』の第二章で、私はドリームボディ（二〇二頁参照）と量子論の関連を指摘している。当時、私はそれ以上のことは述べなかった。そのかわり、ドリームボディの神話学にもっぱら焦点を当てた。二〇年たった今、私はドリーミング・ボディに対して試みた心理的ないし身体的な介入の成果に満足している。私は基本的な着想を拡張し、あらゆる意識状態の個人や集団とのワークに適用可能な方法論を探求してきた。世界各地で一〇万人以上の人々と共にしてきた経験、実験、実践は、今日ここに、医学と心理学を非局在性の物理学に関連づける試みとして結実した。

私たちの身体は、私たちがいる場所に局在化されている。その一方で、身体は非局在的でもあり、対人関係や集団、卑近な出来事や宇宙的現象の影響を受けている。周りの人や自然環境が私たちに影響を与えるのと同じように、私たちの内面で起こることは世界を変化させ得る。本書を読み進むうちにわかることと思うが、量子論ですでに述べられてきたそうした変化は、いまや新たな量子的医療《クォンタムメディスン》、あるいは非局在的医療《ノンローカルメディスン》の一部となるべきものである。身体について調べるだけでは身体の問題を解決することはできない。ある種の問題を解決するには、私たちが世界を経験するのとまさに同じ仕方で世界全体と取り組む必要《ワーク》がある。

本書が、患者、医師、理論家に、深い理解と身体的な苦痛からの解放をもたらすことを祈っている。

アーノルド・ミンデル

二〇〇二年、オレゴン州ヤハッツにて

＊注意

本書で紹介する症状に取り組むためのワークは、一時的に意識の変性状態〔ふだんとは異なるこころや意識の状態〕をもたらす可能性があります。あなたが意識の変性状態に不安を感じる場合、本書のエクササイズを試す前に、心理学的あるいは医学的なサポートを受けるようにしてください。

——身体症状に〈宇宙の声〉を聴く◎目次

身体症状に〈宇宙の声〉を聴く——癒しのプロセスワーク

第1部　症状に内在する沈黙の力

第1章　沈黙の力

夢見ることがなければ、私たちは何も見出さないだろう（……）。最もエキサイティングな科学は夢見ることを通して生まれてくるのである。

——NASA長官　ダン・ゴールディン[*1]

身体症状は緊張と苦悩に満ちた激しい闘いの場と言える。症状を否定すれば、闘いを抑圧することになる。すると症状はあなたを一晩中脅かすだろう。一方、症状の現実面だけに焦点を当てるなら、とりわけ症状がすぐに治らないとき、あなたは落ち込み、不安になるだろう。本書は、夢や身体感覚と現実的かつ夢の次元に関わる方法でワークすることが、いかに、また、なぜ身体経験を変化させるのか、という点についての説明原理を提示するものである。

私はそうした原理をできるだけ説得力のあるものとして、皆さんの心と身体の両面で感じてもらうことをめざしている。意識《アウェアネス》は身体の素粒子的領域と相互作用する、というのが私の基本的主張である。二一世紀という新しい千年紀《ミレニアム》の始まりに内面的問題を探求しようという人は、科学がいまだに成し遂げていないことを成し遂げなければならないと思う。臨床医学は進歩を続けているが、それに頼ってばかりではだめだ。自分の身体の深層で起こっているドリーミングや量子的次元をも探求しなければならないのである。そうした次元であなたは「沈黙の力」――身体に内在する、宇宙とつながった知性――と出会うことだろう。

この探求を進めていくために、つまり身体と心を最も微細なレベルで経験し理解してもらうために、私は本書でさまざまな方法を提案している。また、あなたの個人的な（こころの）旅をサポートすることに加えて、医療の専門家、セラピスト、物理学者、生物学者、近代医学および代替医療の実践家たちに、既存の多様なパラダイムをいかにして統一するかということも提案している。私がめざしているのは、現代科学の創意と伝統的な知恵の統合である。症状について理解し、実際にワークするための新たな方法論の輪郭を描くために、私たちは量子的現象、心理学、生化学はもちろん、シャーマニズムにも踏み込んでいくことだろう。

◎過去と現在の仕事

拙著『ドリームボディ』および『ドリームボディ・ワーク』では、夢があらゆる身体症状に反映されることを指摘した。『24時間の明晰夢』では、途切れのない明晰な自覚に基づいたシャーマニスティックなライフスタイルを提案した。『プロセス指向のドリームワーク』では、私たちセラピストがフロイトとユング以来「ドリームワーク」と呼んできた作業をアップデートするために、オーストラリアのアボリジニー（先住民）の「ドリームタイム」という概念、および量子論を参考にした。

そして本書では、以下の点を再考することで物理学や心理学の理論を切り拓いていく。

・症状のドリーミングおよび量子的次元
・生命の起源、また、反老化の要因としての自覚
・量子論が音楽療法になりうること
・コミュニティが身体に影響すること
・健康を増進し、害のないライフスタイル

私の発想が生まれてきた要因には二つある。一つは、四〇年にわたってあらゆる種類の意識状態、および考えうるあらゆるタイプの身体問題を抱えた人とワークしてきた経験。もう一つは物理学である。私にとって物理学は、理論であり、経験的な事実であり、そして、私たちの心の働きのメタファーでもある。数学と物理学は、深い変性意識状態や身体のプロセスを記述する象徴的な方法であると私は考える。物理学の新しいアイディアは、実験や理論によってのみ生まれてくるのではない。私たちの意識が自らの内なる宇宙の新たな側面を発見する準備ができているからこそ、新しいアイディアも生まれてくるのだ。拙著『クォンタム・マインド *The Quantum Mind*』（未訳）で私は、誰でも

物理学を経験できることを示した。物理学における数式は、現実の背後にある夢のようなものである。物理学における測定不可能な量子波動場は、誰もが経験できるものであるが、それは、そうした仮想場が、現実世界の現象の地図であるとともに、身体のもつ微細な傾向性（tendencies）の地図でもあるからだ（以下に示すように）。

現代の科学の主流は、宇宙のゼロポイント・エネルギー〔付録Aの原註6の説明（巻末xiv頁）を参照〕の影響を測定することに焦点を当てている。そして、微細なエネルギーの揺らぎによって宇宙の起源が発生したのかどうか、議論されている。それに対して私は、ごく小さな兆候に注目し、そうしたかすかな兆候がどのように私たちの人生を創造していくかを、「沈黙の力」の観点から捉え返すことを提案したい。『クォンタム・マインド』では、そうした微細な兆候が、量子物理学、心理学、瞑想に見られる〝傾向性〟であることを議論した。物理学の数式（量子論の原理）に見出せる自己反射のパターンは、「沈黙の力」が意識、現実、人生における喜び、問題、症状を創造することのメタファーとみなすこともできる。*2

本書では、そうした微細で普遍的で測定不可能な傾向性が、私たちの身体の内に「沈黙の力」として感じられるものを創り出していることを示そうと思う。さらに言えば、そうした傾向性は、私たち自身だけでなく、宇宙のもつ自己反射（反映、内省）的な能力とも結びついている。そうした洞察から医学に関する結論が導かれる。すなわち、医療に携わる者にとっての最も基本的な仕事は、病気を治すことではなく、自覚を鍛え上げることなのだ。身体症状は単に解決されるべき問題というだけではない。慢性症状は一種の〝公案〟、すなわち意識の拡大（深化）を目的とした、一見答えようのない問いなのだ。そうした症状の多くは、私たちが日常的思考を手放し、自覚の力を高めて身体の内なる沈黙の力を知覚することを要求しているのである。

現在、主流となっている身体に関する生物医学的観点は、私に市内地図を連想させる。地図を見れば、自分の住所や現在地を指し示すポイントを見つけることができる。私たちは、地図上の点として自分自身を位置づけられると考えている。時間と空間のこうした捉え方は確かに真実ではあるが、しかしそれが真実のすべてというわけではない。

夢の中で経験される自分は、量子論の場合と同じように、位置的には測定不可能である。夢においては、あなたはこの地球という惑星の、ある大陸やある島の、ある国の、ある都市の、ある街角に位置づけられるだけではない。太陽系ないし銀河系の中にのみ位置づけられるわけでもない。そうではなくて、合意的現実〔訳註　Consensus Reality　一般に合意・共有された日常的現実〕における地図上の点として位置づけられると同時に、夢の領域《ドリームランド》では、あなたは宇宙全体にあまねく存在しているのだ。自分の身体はこの惑星の特定の地点にのみ位置づけられているという思い込みが、人間関係を阻害したり、症状をつくり出しているとも考えられる。

新しい医療にとって必要なのは、この宇宙（あるいは並行宇宙群）で起きうることはすべて私たちの身体に影響を与えるということに気づき、それを忘れないことだ——同じように、私たちの感じることや考えること（私たちが物事を経験する仕方）は宇宙全体に影響を与えるのである。私たちが生きている宇宙は、実在的ないわゆる「現実」と、不可視の仮想的な現実とで構成されている。したがって新しい医療は、時空間に位置づけられる身体と取り組む「局在的《ローカル》」なものであると同時に、周囲の世界が私たちの身体に影響を与える仕方に注目する「非局在的《ノンローカル》」なものでなければならない。

二一世紀の最初のうちは、量子的現実や主観的経験などは想像の産物であり、あてにするべきではない、と私たちの日常的思考は異議を唱えることだろう。こうした日常的思考に対しては、現代医学やニュートン物理学や化学において知られていることはすべて、本書で述べる新しい理論にもきちんと含まれるということを伝え、安心させてほしい。また本書は、量子論を心理学的な方法で支持するものでもある。第二に、夢の中に象徴化された微細な経験や量子論を無視することが、病《やまい》すなわち身体的な不－安楽（Dis-ease）の一因であることを示唆したい。言いかえるなら、主観的経験と同様に、実験によって証明しうる医学や物理学も必要だということだ。

エクササイズ……虚時間のエクササイズ

宇宙の実在的現実および仮想的な量子的現実について知ることは、〝いま・ここ〟における私たちの身体症状を「地に足の着いた」方法で改善することにどのように役立つだろうか？　本書はこの問いに対する回答として一つの理論を示し、この理論を個人的に経験するためのいくつかの方法を提案するものである。

まず体験することから始めてみよう。これから行なう身体に関するエクササイズは、身体が沈黙の力によって動かされていることを感じさせてくれるだろう。その後に、この力が虚時間の領域における宇宙創造の時点に存在していたという理論について論じていく。

最初に述べておきたいが、沈黙の力は、物理学におけるすべての量子的領域の概念と同じように、直接測定できないために（現実ではその影響が検証できるだけである）、あなたは自分自身の主観的経験と、他者との間で「合意（共有）されていない」現象を感じ取る能力を使い、それを信頼しなければならない。すると、実際にあなたがある方向に向かって動き出す以前に、その方向に向かって思考し、想像し、運動する〝傾向性〟を発見することができるだろう。

＊身体を意識することから始めます。座っていても、立っていても、寝ていてもかまいませんが、ある程度自由に身体を動かせる体勢をとります。座っている場合は、深く腰かけず椅子の端に座るようにしてください。横になっている場合は、少し身体を起こすようにします。

＊しばらくその姿勢でリラックスしましょう。数回、深呼吸します。急がないように。くつろぎ、落ち着いてきたら、先に進みます。

＊自由に、自然に呼吸をしながら、身体をなるべく動かさないようにします。その状態で、可能なら、身体はどういう動作をとろうとするか、どの方向に動こうとするかに気づきを向けてください。しかしまだその方向に実際には動かないように。動かずに、ある方向へ、あるいはある仕方で動こうとする身体の傾向性を探求します。じっくりやりましょう。その傾向性は次第に明らかになってくるでしょう。その傾向性と方向性に注意を向けていってください。たとえそれがあなたにとって違和感のあるものであってもです。

＊その傾向性に気づいたら、それがあなたの身体をある方向に動かしていくプロセスに従っていきま

す。浮かび上がるイメージにも注意を払いましょう。時間をかけて。動くにつれて、どんなイメージが浮かんでくるでしょうか？

＊意識的に動きながら、心に浮かんでくるイメージを通じて、その動作が何を意味しているのか、なにかしら感じられるまで、その動作とイメージを維持します。あなたの中の傾向性、イメージ、動作は、あなたにとってどんな意味があったでしょうか？　その意味に関する自分の直観を信頼してください。発見したことをノートに書きとめておきます。

＊意味を書きとめたら、今やっていた動作に戻ります。そして身体にこう訊ねてみてください。「この傾向性を私に気づかせるために、身体はどんな経験、症状、あるいは症状に対する不安を生み出そうとしているだろうか」と。どのような種類の身体症状ないし症状に対する不安が、その傾向性をより劇的に表現するでしょう？　そのような症状はもうすでに始まっていますか？　そのような身体の状態をあなたは恐れていますか？

死の不安にずっとおびえていた私のクライアントが、自宅でこのエクササイズを一人で行なった。彼は、自分の身体が「リラックスしたがっており、あごがゆるんでくる気配」に気づいていった。あごがゆるむプロセスにまかせていると、突然あるイメージが浮かんできた。それは頭が身体から落ち、残った身体が自由に呼吸し、風に対して開かれているイメージであった。彼は言った。「意味は明白です。頭、すなわち内なるプログラムを手放し、そして、開かれなさい、ということですね」。彼の報告によれば、自分でも驚いたことに、「頭」すなわち合理的知性が死のプロセスにあることに気づくと、死の不安がなくなったということであった。

このエクササイズは、動作が実際に始まる以前に身体の中に存在する傾向性に対する感覚をあなたにもたらしたことだろう。あなたが感じたそうした傾向性——身体を動かす微細な力——を、私は「沈黙の力」と呼んでいる。私たちの多くは、この微細な力が恐ろしいイメージや身体の不快感といった誇張された形で現れたときに初めて、それに気づく。

沈黙の力は身体の背景にある微細な感覚であると同時に、夢の背後にある推進力でもある。それは人生にある意味を付与しながら、ある方向に向かって気づかれることなくあなたを動かしていく。その意味は、人生を振り返ったり、あるいは、その力と接触するときにのみ明らかになる。

少なくとも、沈黙の力に従わなければ、不快感があなたを襲い、「不-安楽（dis-easy＝病気）」になる。微細な沈黙の力の方向に沿って、その力と共に動くとき、あなたの身体はより楽（ease）になるのである。

◎沈黙の力の諸側面

以下の章では、沈黙の力が身体の微細な動作の傾向だけでなく、

・慢性症状
・長期にわたる行動パターン、問題、才能
・自分を悩ませる気分や人たち

・人間関係の問題やコミュニティの問題

の中にも現れることを示していく。

さまざまな傾向性の中に現れる沈黙の力は、単純に言うと、押し出したり引いたりする力である。またそれは、私たちが生活している場に対する感覚や雰囲気、気分とも符合する。私はこの雰囲気やその傾向性を「意図をもつ場 intentional field」と呼んでいる。私たちはふだん、雰囲気の背景にある意図や、無視されがちなかすかな沈黙の力に気づかない。*3

そうした微細な経験に焦点を当てることが、非局在的医療となることを私は示していきたい。というのも、そうした微細な傾向性は、自分自身だけでなく、世界全体、さらには宇宙全体とも結びついている可能性があるからだ。

◎物理学、禅、沈黙の力

こうした経験がどのように宇宙と結びついているか、という理論を示唆することから始めたい。さしあたり、あらゆる物質の素粒子的領域で見出される基本的パターン（量子波動関数）が、宇宙全体の最も基本的なパターンの一つであるとする物理学の仮説からスタートしよう。

量子論の生みの親の一人であるエルヴィン・シュレディンガーは、一九二〇年代にこの波動パターンを最初に発見したとき、それを「物質」であると考えていた。彼はこのパターンの数学的な波動を「物質波」と呼んだ。現在、私たちはこの波動が水の波とは違って、測定できる物質ではないことを知っている。しかしながら、それは目に見える対象や身体の一見明白に思われる物質性よりも根源的なものである。この基本的パターンは数学的に厳密であり、日常的現実（次元）で諸現象が発生する確率を予言する。

この波動関数は、日常的な現象に関するニュートン物理学とはまったく異なる量子物理学の多くの概念の典型と言える（波動関数については次のコラム参照）。

古典物理学と量子物理学

古典的な物理学や医学は、一七世紀後半のニュートンに由来する因果論（原因‐結果思考）と密接に関連している。古典物理学で一つの球体とされていたもの、あるいは、ある対象や身体とされていたものは、量子物理学では原子や分子として考えられるようになった。実際、量子物理学の数式は、素粒子の厳密な意味は言うまでもなく、原因と結果が不確実な世界を記述する。

量子物理学は、日常的現実（次元）に属する観察者が見ることのできるものを、数学的パターンによって確率的に記述する。たとえば、日常的現実においては粒子の位置と速度を正確かつ同時に測定することはできない。加えて、量子物理学の数式を理解する仕方は一つではない。

『サイエンティフィック・アメリカン』二〇〇一年二月号掲載の論文「量子の神秘の一〇〇年」において、ブラックホール物理学者ジョン・ウィーラーとペンシルヴェニア大学物理学教授マックス・テグマークは、「量子物理学の神秘的な側面」についてこう述べている。「量子という概念の当初の成功にもかかわらず、物理学者たちはいまだにこの奇妙で一見特殊な法則から何を理解すればよいのかわかっていない。道しるべとなる原理がないためだ。いったい〝波動関数〟とは何なのだろうか？（……）今日でも、量子力学のこの中心的な謎は強い影響力をもち、論争の的となっている」

ノーベル賞を受賞し、歯に衣着せぬ発言で有名なリチャード・ファインマンは、「もしあなたが量子物理学を理解したと考えるなら、あなたは自分をごまかしている」と言う。アインシュタイン以来おそらく最も偉大な物理学者であるファインマンは、その著書『物理法則はいかにして発見されたか』で「量子力学を理解できる人はいない、と言って差し支えないと思う」と述べている。

とにかく、量子物理学における粒子とは、私たちが通常抱く粒子の概念に当てはまるものではけっしてないのである。そのうえ、粒子の波動関数（その振る舞いを記述する数学的パターン）の解釈は一様ではない。なぜなら、方程式を評価する確実な方法が存在しないからである。多くの物理学者たちは、不確定性原理を発見したウェルナー・ハイゼンベルグのように、量子の世界を測定できないのであれば、その世界について確固とした言明は避けるべきだと考えている。

量子物理学のパターンやその数式が科学者たちに受け容れられている理由は、いわゆるシュレディンガーの波動関数という基本方程式が、判断や検証に耐えうるものであるからだけではなく、統計的に評価可能な結果を予測できるからである。心理学でも同様のことが夢について言える。夢は数学的パターンに似て正確に測定することができない。それが何であるか、誰も正確にはわかっていないのである。それにもかかわらず、夢は夢を見ている当人に起こりうる日常的振る舞いを予言する。解釈の仕方にはいろいろ議論があるが、世界中のセラピストや臨床心理学者がドリームワークという方法を受け容れている。

量子論は、芸術家が絵を描く前に抱くヴィジョンや夢に似ている。芸術家の中には、絵の完全なイメージが心の中にあらかじめ現れるという人がいる。しかし、キャンバスに実際に描き始めると予測できなかった出来事が発生する。そのため、最終的に絵がどう描かれるかは予測することができない。同じように、量子論は宇宙がどのように振る舞うかに関する一種のヴィジョンと言えるだろう。それは輪郭をおおまかに描くことはできるが、最終的なディテールを描けるわけではない。本書では、量子論が物質的な現象だけではなく、心的経験のヴィジョンでもあることを示していく。

宇宙物理学者のスティーヴン・ホーキングは宇宙の起源について考察する中で、創造の瞬間を理解するために量子波動パターンを用いている。彼は、時間の始まりにおいて（時間がゼロのときに）「虚時間」が存在したと提唱している。ホーキングがこの「夢」ないしヴィジョンを使用する理由は、量子論以前の古典物理学では、宇宙が始まった直後の最初の「10のマイナス43乗」秒以降に対してしか適用できないからである。それ以前は、量子物理学以外は適用不能である。ホーキングは宇宙のごく初期の瞬間を論ずるに際して、量子波動を「ヴィジョン」あるいは理論として使用している。

宇宙の始まりに何が起こったのだろうか？　ホーキングは、「実在的な」空間や時間や物質が存在する以前の宇宙では、測定不可能な「虚時間」が支配していたのではないかと示唆している。[*4]この考えはそれほど突拍子のないものではない。つい先程、あなたも、実際に動作が生まれる以前に、それが微細な傾向性やパターンとして想像の中に存在していたことを経験したばかりである。宇宙の始まりでは、私たちの知っている物質的な現実が存在する以前に、微細で、極小で、夢に似た状態の経験あるいは傾向性が、ある種の夢的時間ないし想像的な時間（虚時間）の中に存在するのである。

すでに指摘したように、量子物理学は物質的な宇宙だけでなく、心という宇宙をも記述しているように私には思われる。何万という人々とワークすることによって、私はすべての動作や身体症状が、「実際の」日常的現象に先立つ、極小の、きわめて微細な「想像（界）的な」経験にまでさかのぼれることを見出した。ある意味、**症状（そして、人生のすべての出来事）は、微細な身体シグナル、すなわち沈黙の力として感じることのできる虚時間に始まるのである。**

量子論のもう一人の生みの親であるヴェルナー・ハイゼンベルクは、物質的現実の背後にある量子波動関数は、日常的現実に向かう想像（界）的かつ測定不可能な「傾向性」を説明していると述べた。量子物理学者や宇宙物理学者たちの観点から言うと、実際の現象は測定不可能な傾向性によって記述され、そこから生起することになる。アボリジニーの人々にならってシンプルに言うならば、世界は（物理的時間ではなくそれ以前の）「夢の時間《ドリームタイム》」に始まったのである。「沈黙の力」とは、このドリームタイムの感知可能な諸々の影響力のことである。

ドリームタイムの沈黙の力はあらゆる事象の背後にある。それはこの世界を理解する鍵の一つである。沈黙の力は、諸現象の源の初期の初期の初期に関する概念であり、経験である。この力を使うためには（あるいはそれと共に動き、症状とワークすることを学ぶためには）、静寂の中で自覚に焦点を当てることを学ぶ必要がある。自覚は身体の健康の感覚に対する中核となる要素である。自覚はさまざまな問いに対する答えの鍵となるだろう。

◎禅とドリーミング

意識の収縮状態における自覚は、私の友人が人生における最も難しい問いに答えた仕方を思い起こさせる。京都に住んでいる私の友人、福島慶道老師（臨済宗東福寺派管長）は、彼が禅の師となったときの話を語ってくれた。あるとき、彼は師から公案を与えられた。公案を聞いて、慶道老師は自分の内面に深く入っていった。未知のプロセスに従っていくと、彼の身体は公案に反応して踊り始めたではないか！

彼の師は、この「答え」に満足し、その踊りがどこからやって来たのか尋ねた。師は私の友人に、寺を離れ、その踊りが現存する村に住み、その答えについて考えるよう指示した。その村で数年過ごした後、彼は禅の師となった。彼の師が亡くなったとき、慶道老師は師の墓の前でその踊りを舞ったという。

同じように、人生は私たちに答えようのない問いをたくさん突きつけてくる。それに対して、あなたの身体も踊りを通して答えようとするだろう。自覚に焦点を当てることを学べば、身体症状を含むさまざまな謎に答えるために、前もって予測することのできない動作に身をまかせることができる。

ある意味で身体症状は、自身の最も深い側面を再体験するために、自覚を用いて「踊る」ことを要求すると言える。あなたの量子波動が宇宙と結びついているなら、あなたの身体の微細な動きは宇宙的リズムの舞いでもあるのだ。

◎本書について

こうした考え方をより十全に説明し、インナーワーク（内面に向かうワーク）のエクササイズを提案するために、本書は個人の身体症状、身体症状と対人関係との関連、老い、自由な生き方に焦点を当てた四部構成となっている。

「第1部　症状に内在する沈黙の力」では、医療の中心的な仕事が、生命の微細な力に対する自覚をサポートすることであることを示す。量子物理学と心理学、身体に対する医療的アプローチやスピリチュアルなアプローチを学んだ後、生物医学、代替医療、物理学を組み合わせた「レインボー・メディスン（虹の医療）」について述べていく。レインボー・メディスンは、生命の自発的側面を体験することによって、健康の感覚を与えてくれる。またレインボー・メディスンは、たくさんの「色」を有しているが、これに対して逆症療法や代替療法の多くは単色に近い。すなわち、これらは多層のレベルを想定していない。虹色ではなく単色なのだ。「単色の医療」は、アスピリンやビタミン、リラクセーション技法、治療技法などによって個人的な問題に対処していく。しかし「単色の医療」も医療の全体像を構成する重要な一部である。

「第2部　非局在的医療――症状の中の世界」では、量子物理学とインナーワークのエクササイズを使い、あなたの身体が非局在的であること（すなわち、あなたの身体が遍在すること）を示す。症状は、身体の特定の部位に向けられた局在的投薬によって常に治療されるわけではない。なぜなら、あなたが悩まされている身体の問題は、ある意味、あなた自身にだけ関わっているわけではないからである。

そうした問題の原因は、人間関係やコミュニティの問題の中、あるいは過去や将来起こりうる問題の中にも見出すことができる。

「第3部　老い——化学、仏教、エントロピー」では、沈黙の力が老化、遺伝的特質、祖先との結びつきに対する新しいアプローチを導くことを示す。また、臨死体験や死の不安が人生に創造性をもたらすことについて述べる。同時的状態としての生と死という新しい見方は、今日の心理学と物理学に見出すことができる。

「第4部　量子の悪魔のライフスタイル——時間から解放された身体」では、人間関係における複数の役割やシャーマン的な態度など、症状に取り組む新しい方法を紹介する。本書は非局在性を再考し、自覚によって多様なレベルを統合する、害のないライフスタイルを提案して締めくくる。ここで本書の考え方が要約されている。

巻末の付録では科学に関心のある読者のために、波動、量子物理学、並行世界、クォンタム・マインドに関する基本的概念を取り上げた。

第2章　レインボー・メディスン

生物学的な現象を十分理解するためには、物理学と化学の諸法則に何かを付け加える必要がある。

――ヴェルナー・ハイゼンベルク*1

個人的な意見だが、実在に関する未来の科学は「精神的なもの」でも「物質的なもの」でもなく、なんらかの形で両方を含み、そしてなんらかの形でどちらでもないものになるだろう。

――ノーベル賞受賞者、ウォルフガング・パウリ*2

本章では、「レインボー・メディスン（虹の医療）」という統一的な医療パラダイムを提案し、その概念が、古典的医療や代替医療のみならず、物理学、スピリチュアルな体験、変性意識状態（ふだんとは異なる意識やこころの状態）の研究などの中にも見出せるものであることを示そうと思う。レインボー・メディスンは、医療に対する多次元的アプローチに与えられた別名である。

病気になったとき、なぜ多くの人は否定的な気分になるのだろう？　理由はいくつか考えられるだろう。最も厄介なことは、合意的現実（日々の生活）と結びついている私たちのある側面が、病気を「現実」の現象、あるいは物理的現象（すなわち、夢の世界とはまったく異なるもの）としかみなしていない点である。もちろん、病気は現実であり、私たちの人生をかき乱す。深刻な病気にかかることで働けなくなり、経済的負担を背負いこむことになるかもしれない。痛みが耐えがたくなり、不安におののき、人々との出会いを楽しむことができなくなるかもしれない。要するに、沈黙の力や夢の次元なしでは、病気によって私たちの日々の現実は、きわめて一面的で抑うつ的なものになりかねないのである。

病人を気の毒に思うことは、はからずも病人をこうした日常的現実にのみ結びつけることになる。誰かを気の毒に思うこと、あるいはあなたが当人の身体症状に埋め込まれたドリーミングの無限の力を否認し、彼らが基本的に無力であり、医療システムや運命に隷属していると考えることは、相手を見下すことにもなりかねない。

深刻な病気や差し迫った死に直面すると、誰もが動転する。それにもかかわらず、夢の世界では、症状は永遠の世界からの畏怖すべきメッセージを啓示してくれることがある。あなたや私が、そして一般の医療の専門家たちが、症状の現実面だけでなく、そこにひそむ夢の次元からのメッセージをも認めるならば、医者の示す否定的な診断や態度を恐れている人たちも、自分が尊重されていると感じ、勇気づけられ、もっと援助を求めるようになるだろう。

現在の医療が患者に接する際の標準的な態度では、患者が自分にとって必要な治療を進んで受けようという気にはなれないだろう（保険に入る経済的余裕がない場合の医療費のことは言うまでもない）。レインボー・メディスンの立場から言うと、病気を患っているときのあなたは、生物学的・医学的な観点においてのみ病気なのである。しかし別の観点からすれば、病気はあなたの身体がビッグ・ドリーム、すなわち大きな意味を秘めた「夢」を抱いているということであり、（ある意味で）沈黙の力から重要なメッセージを受け取ることができる絶好のチャンスとも言える。

◎多次元的アプローチを試みるレインボー・メディスン

虹が多くの色から成り立っているように、身体は——他のあらゆる物質と同じように——さまざまな「色」の現実をもっている。そのうちのある一つの「色」は「合意的現実」であり、私たちみんなが慣れ親しんでいる、実体的で、物理的な、生物医学的現実の諸側面である。その現実の中では、「通常の身体」は、頭、二本の腕、二本の足、心臓などからなり、時空間に位置づけることができる対象と見なすことができる。しかしながら、すべての物質と同様、身体は他の「色」、あるいは他の「周波数」をもっている。

身体は夢に似た次元をいくつも有している。それは容易に測定したり、時空間内に位置づけたりすることができない。身長、体重、体温は測定できるが、身体がもっているはずの量子波動パターンな

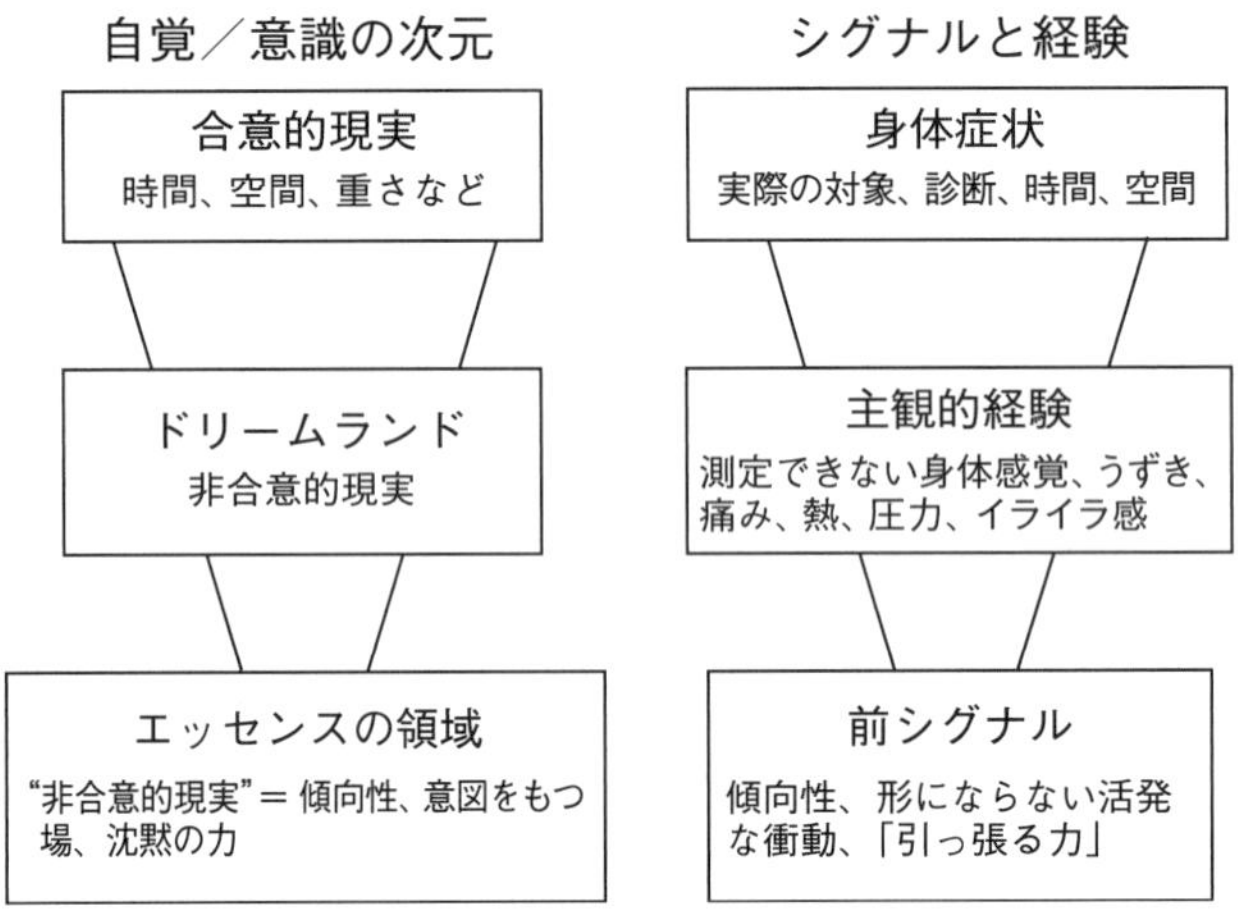

図2-1　レインボー・メディスンにおける自覚の三つの次元

いし微細な感覚は直接測定したり、位置づけることはできない。それにもかかわらず、多くの人たちは、そのパターンが顕現して認識できる以前に、それの微細な傾向性を感じることができる（前章のエクササイズで経験したように）。

レインボー・メディスンは、物質的現実の実際の時間や空間とともに、身体の心理的現実における夢のような次元をも含む。レインボー・メディスンは、解剖、診断、投薬、手術、生物物理学などの古典的医療の要素とともに、主観的経験、夢のパターン、意識のあらゆる次元といった代替医療の方法をも含む。

レインボー・メディスンは少なくとも以下の現実の三つの次元に取り組む。それぞれの現実（次元）は自覚の特定のあり方と結びついている。

1．合意的現実——時間、空間、重量、再現可能な測定の観察

2．ドリームランド（夢の次元）――主観的感情、夢、夢に類似したイメージ経験
3．エッセンス――微細な傾向性の知覚。沈黙の力から夢が生起するプロセスに対する明晰な感覚

これらの次元の一つとしか取り組まない医療を私は「単色の医療」と呼ぶ。対して、レインボー・メディスンは自覚（意識）のすべての次元を含むものである。

◎レインボー・メディスンと単色の医療

単色の医療が焦点を当てるのは、もっぱら一つか二つの次元である。逆症療法《アロパシー》的な医療（訳註　症状の鎮静・抑圧に重点を置く一般的医療）だけでなくほとんどの治療アプローチは、実は図2－1のいちばん上の部分、すなわち合意的現実に主に取り組んでいる。今日、あらゆる種類の医療が必要とされている。「代替」医療も標準的医療もともにレインボー・メディスンの一部をなしている。どの分野も必要である。どれか一つの医療が他よりも「優れている」ということはない。すべてはより完全なシステムの一部なのである。

レインボー・メディスンでは、身体に対する異なるアプローチは、特定のライフスタイルや宇宙に対する見方および経験の仕方と結びついていると考える（第21章で詳述）。すでに述べたように、レインボー・メディスンは虹のように多次元的である。レインボー・メディスンの考え方を説明するために、ここでいくつか質問したい。あなたは季節の移り変わりについて、どう説明するだろうか？　そ

れはただ単に起こるのだろうか？　地球の地軸が傾いているために夏は日差しが強くなり、冬は弱くなるという答えにあなたは満足するだろうか？　あるいは、季節の移り変わりを詩的に描いたほうが納得できるだろうか？　たとえば、サイモンとガーファンクル（あるいは誰でもいいが）が歌った「四月になれば彼女は April, Come She Will」を思い出してみよう。

季節の移り変わりを十分に描写し説明するためには、地軸の角度と夢のような感覚（たとえば、「かつてみずみずしかった恋も今では年老いた」）の両方が必要だ。合意的現実の次元とドリームランドの次元はともにそれぞれの立場から、季節の異なる次元、異なる感覚について語っているのである。

同じように、生命を理解するには、バクテリアについて知るとともに、夢について知ることが必要である。遺伝子やバクテリアは私たちの身体に起こることについて多くを説明してくれる。それに対して夢は、イメージと意味の観点から人生の道筋を説明する助けになってくれる。現在の医療は基本的にニュートン物理学的であり、主に合意的（日々の）現実に取り組み、主観的経験をほとんど無視している。しかし量子力学は――多くの科学者たちは、それの想像的な性質に「半信半疑」ではあるが――まったく異なっている。量子力学は物質という概念の背後にある不可視の次元に取り組むものだからだ。ちなみに、ニュートン物理学的な生物学も量子物理学の不可視の次元もともに、レインボー・メディスンの一部をなしている。

非相対論的なニュートン物理学（古い物理学）では、物質は空間における弁別可能な実体（部分や粒子の固まり）として捉えられている。それに対して量子力学や最新の物理学では、物質はよりエーテル的なもの、すなわち、かつて科学者たちが、宇宙の空っぽの空間を満たしていると推測していたいわく言いがたいもの、とみなされている。もちろん今日、アインシュタインの相対性理論によって、私たちは実体としてのエーテルが存在しないことを知っている。そのかわり、私たちは量子真空場のような現象を知ることになった。物質それ自体はもはやなんらかの大きな固まりではない。それは不可視の空間におけるエーテルのような波動なのである。第1章では、そうした波動が単なる抽象的理論（あるいは数学における虚数）ではなく、感じることのできる「傾向性」、より一般的に言えば「意図をもった場」であることについて示唆しておいた。

量子物理学の数式で記述される傾向性は、合意的現実とドリーミングの世界（現実）とをつなぐ象徴である。*3 この数式は、抽象的な性質をそなえたメタファーであると同時に、人生においてある方向へと私たちを駆り立てるドリーミングの力のメタファーでもある。

西洋科学が発展するずっと以前から、世界中のシャーマニズム的文化における先住民のヒーラーたちは、こうした方向を偉大な精霊《グレートスピリット》の導きとして経験していた。私は個人的に、アフリカやオーストラリア、アメリカの先住民、インドのヒーラーたちと会ったことがあるが、彼らは上記の三つの領域（合意的現実、ドリームランド、エッセンスの領域）に対する自覚を積極的に使っていた。ある意味、私たちの祖先は、そのように呼ばずとも、常に身体の量子的次元を感じ取り、それについて知っていたのである。

今日に至るまで、心や意識について西洋科学が明らかにできたことはあまり多くない。心に関する西洋心理学の洞察は、フロイトによる「潜在意識」という概念化に始まると言えよう。現在の神経科学は意識を脳に還元することができるかどうかという点を探求している。私にとって未来ははっきりしているように思われる。逆症療法的な近代医療の次のステップは、人類初期の宗教的叡知と、物理学、心理学、生物学とを統合するレインボー・メディスンを創造することではないだろうか。

◎レインボー・メディスンの「医師」

医療を定義しなおすことによって、「医師」は自覚／意識《アウェアネス》の専門家になるだろう。未来の「レインボー・ドクター」が合意的現実の身体（肉体）だけでなく、ドリーミング・ボディ（身体の中の夢のような側面、夢の身体）と取り組んでいることを想像できるだろうか。

あなたは肉体的な健康問題とともに、ドリーミングについて援助を受けるために医師を訪れる。そうしたあなたの信念を勇気づけるために医師は言うだろう。「これはとてもたいへんな症状ですが、同時にとても興味深く感じられます。身体に痛みや圧迫感があっていつも疲れているとおっしゃるわけですね。では、そうした問題を探求するために、身体に耳を傾けてみましょう。もしかしたら、そうした症状はあなたに問いを発しているのかもしれません。一種の公案のようなものです。禅の老師がするように、あなたの身体は症状という形で人生についての問いを投げかけているのです」

「この公案の答えをどうやって見つけたらいいでしょう？　現在のところ、この症状の正体は標準的な医学によっては完全に理解されていません。私たちは逆症療法（西洋医学）の伝統にのっとってその病を研究していくつもりですが、頭でわかっていることを超えていく必要があります。いま・この時は、あなたがひそかに待ち望んでいた瞬間かもしれません。これは、あなたという存在の奥底にある本質に触れる挑戦でもあります。もしかしたら、この症状はあなたをある種の悟りに導いてくれるものかもしれませんよ」

もし、これがあなたの出会う最初のレインボー・ドクターならば、この時点であなたはびっくりして、診療室を立ち去ってしまうかもしれない。しかし、時代や文化が変化し、レインボー・メディスンの実践がもっと一般的になれば、そう驚くこともなくなるだろう。もはや科学か神秘主義的伝統か、逆症療法か代替医療かを選択する必要はない。すべてのパラダイムの諸側面があなたの医師（自覚／意識の専門家）の診療室で考慮してもらえるのである。従来の診療室の中での病理や健康といった概念は、「単色の医療」のものとなってしまっており、健康な老後を過ごしたいと願う、合意的現実の中の日常的なあなたと結びついている。だがレインボー・メディスンでは、あなたは病気でも健康でもなく、若くも年寄りでもなく、道の途上にいるだけなのである。それの意図についてあなたはまだ意識していないけれども。

おそらくあなたの医師は、次にこう語りかけるだろう。「あなたの疲労やしつこい痛み、胸の圧迫感といった症状は、ダンスの始まりです。ダンスに身をまかせ、胸の中でその圧迫感を創り出しているプロセスすべてを表現してみましょう」

踊りは苦手なんです、人前でなんてとんでもありません、とあなたは言い張るかもしれない。けれども医師はリラックスするように言い、あなたの両手に何かを表現させてあなたの言わんとすることを示そうとする。それはあなたには、操り人形が何かを向こうへ押しやって圧迫感を創り出しているように見える。身体の内側に意識を向けてかすかな動きに注目し、それに従ってみてください、と彼女は言う。いつのまにかあなたは立ち上がり、踊り始めている。あなたは、外に出ようとして、閉じ込められている部屋の壁を激しく叩く巨人になったように感じている。「出してくれ、出してくれ！」。医師が「なぜ？」とたずねる。理由はよくわからないけれども、あなたは自然に答えている。「出してくれ！　俺はでかすぎて、この胸には収まりきらないんだ！　誰も俺を閉じ込めることはできないぞ。俺は疲れてなんかいない。元気で、もうすでに爆発している。俺にはやるべき、でっかい仕事があるんだ！」

なんということだろう。踊り始める前、あなたは疲れていると思っていた。今、あなたは活力を感じている！　数分後、あなたは自分のやるべきことを発見する。そのとき、あなたは自分や周囲の人を変化させたいと思っているかもしれない。それは（内なる）「巨人」が、あなたが妄想的だと思っていたようなこと、たとえば自分の街を変えるようなことをやりたいと思っているかもしれないためだ。

とにかく、あなたは気分が良くなって家に戻り、挑戦へと乗り出す。この巨人を支えたり、鎮めたりするための投薬はもう必要ではない。さらに、あなたは元の症状がもたらしてくれた気づきによって豊かさを感じ、逆症療法的な医療があろうとなかろうと、そしてたとえ症状が再発しようと、気分が良いのである。

レインボー・メディスンは、疾患や病気、疲労や圧迫感、健康や物質的な原因に関する逆症療法的な概念に加えて、シャーマニズム的な考え方（症状のスピリット、「生命の流れ」「気」「プラーナ」「生命力」といった「微細《サトル》エネルギー」概念、そして何世紀にもわたってヒーラーたちが身体経験を記述するために用いてきたその他のすべての用語）を含む。レインボー・メディスンは現代科学を肯定し、それとともに、個人的経験の多次元性を尊重するために、ホメオパシー、人智学的医療、オステオパシー、カイロプラクティックといったジャンルどうしを結びつけようとする。「あれではなくこれ」ではなく、「これもあれも」を原理としている。

正統医療とレインボー・メディスン

現在の医療は疾患を感染性か否かで分類する。バクテリアやウイルスのような微生物は身体をかき乱し、感染性疾患を創り出しているように見える。非感染性疾患はいくつかの原因に起因するとされる。原因が未知の場合（たとえば、ある種のがんや肥満など）でも、いずれ原因が発見されるだろうと考えられている。年齢、遺伝、文化、経済、地理、気候はすべて、疾患において重要な役割を担っていると認識されている。

一〇〇年ほど前、主な死因は天然痘、結核、コレラであった。現在、「先進」国では、心臓病やがんなどの変質性疾患が死因のトップを占めている。疾患を創り出す要因が発見され、根絶されることによって、老化や疾患に関して、心理的要因やスピリチュアルな要因という新しい課題に取り組むことが可能になった。

漢方、ホメオパシー、指圧、鍼などの代替医療は、数世紀にわたって、原因を特定することのできない疾患や、疾患に関連する心理的要因、ならびにスピリチュアルな要因に取り組んできた。現在、身体の構成要素がどのようにある種の連続性を保ち、相互にコミュニケーションを行なっているか、という点を説明するパラダイムとして、「エネルギー」理論と「情報」理論が競っている。これらの理論は、身体を固定的な実体というよりも、曖昧なものとして捉えている。

正統派医療はその大部分がニュートン物理学に依拠しており、(身体的感覚が及ぶ範囲の)現象の背後にある直接的かつ局所的な原因を理解しようとする。日常的世界には、ある影響をもたらす原因を確かに見出すことはできる。平らなところでボールを押せば、ボールは転がっていく。同じく、ある種の化学物質に影響を受けたならば、身体は変化をこうむる。現在の医療や古典物理学を特徴づける因果論のパラダイムは、(「先進」国では)一二〇年間で寿命を二倍に延ばすことを可能とした。

レインボー・メディスンのアプローチでは、疾患の起源は、バクテリアのような、単一あるいは複数の合意的現実における原因だけでなく、沈黙の力の内にもあるとされる。そして、レインボー・メディスンのアプローチは、因果論的パラダイムでは説明しえないことを説き明かす。なぜある疾患は消失し、別の疾患は致命的になるまで続くのか。なぜあるときは病が自然治癒し、別のときには回復しないのか。なぜ投薬はある心理状態には効いて、別の心理状態には効かないのか、といった疑問を。

◎レインボー・メディスンとスピリチュアルな経験

量子的傾向性のもつ癒しの可能性に初めて関心を抱いたとき、私はこう考えた。「こうした傾向性が心身の快適さに対して非常に重要なものであるなら、それを現代科学の基本概念の中だけでなく、宗教やスピリチュアルな伝統の中にも見出せるにちがいない」

たとえば道教には、人生に対するレインボー・メディスン的アプローチを特徴づける多次元的概念を見ることができる。沈黙の力は、老子の『道徳経』における「タオ」という概念と非常によく似ている。すなわち、神秘的で、「言葉で表現することができないタオ」である。中国学者のハロルド・ロスによると、古代中国（『道徳経』以前）では、タオは「道」「意味」「生命の本質」と定義されていた。[*4] ロスによれば、タオは「健康、活力、精神的安寧の源である」。タオは万事を展開する「一なるもの」「原初」「元素」「人生全体を導く力」なのである。

ここにあるのはまさにレインボー・メディスンの概念である――「生命の本質」「健康の源」「人生を導く力」。ロスはタオに関する初期の記述を引用しているが、それは量子波動が素粒子や宇宙全体を描写するだけでなく、そうした現象を生起させるという記述に類似している。

万物の生命の本質、
それが万物に生命をもたらす。
それは地に五穀を生じさせ、
天に星々を散りばめる。
天地を流れるとき、
それは神秘と呼ばれる。
人の胸に蓄えられるとき、
それは賢人と呼ばれる。[*5]

胸に蓄えられたタオ、すなわち「賢人」こそ、私のいう沈黙の力に他ならない。少し前の例では、タオは今まさに表現される時点にあった踊りであった。この引用では、身体に内在する知性は、星々に内在するそれと同じである。

◎変性意識状態とレインボー・メディスン

後に荘子は、「言葉で表現することができないタオ」を「原初の力」と解釈した。この力は、躍動感や楽な動作や元気さを生み出す動きの傾向としてはっきりと経験することができる。この動きの傾向（可能性）とつながることは、日常的意識に変容をもたらす。あなたは、明晰な自覚を伴った、開かれ、リラックスした心の状態の中で、たくさんの霊的伝統に見出せる中心的な経験である「無為」、つまり何も「すること」なく物事が進んでいく全体性の経験に近づくことができる。

空《から》の開《ひら》け（開放性）は、禅仏教において「無心」、またチベット仏教において「リクパ」と呼ばれる。ソギャル・リンポチェ〔訳註　米国在住のチベット仏教ニンマ派の高僧〕は、前ドリーミング状態ないしリクパ状態について、こう述べている。「本質的な不変の心。万物の背後に存在するある種の知性。それはリラックスして、自我意識を手放し、故郷に戻ることによって経験できる」と述べている。リクパの状態における心の中の、「変化や死にけっして、かつ、どのようなときにも影響されることのない、最も深い本質《エッセンス》は（……）認識それ自体に対する認識と言うことができる」*6

リクパとは、万物が生起し、創造される場（領域、次元）の「エッセンス」の経験に対する自覚である。リクパの状態では、現象の微細《センシェント》なエッセンス（「宇宙の叡智」）が顕現する。そこで人は、いわゆる「日常的」現象の背景にある非局在的、全‐存在的側面を感じ取る。この状態においては、花は文字通りの花ではない。オーストラリアのアボリジニーならば言うだろう。あなたは「花のドリーミング」を発見した、と。それは時間を超越した力である。

量子物理学によれば、粒子は観察される以前はいつでもどこにでも存在しうる。同じように、禅仏教やチベット仏教によれば、無心あるいはリクパの状態では、あらゆる実際の現象に先立つ微細で非局在的な「端緒／現象以前（pre-face）」を感じ取ることができる。あなたは日常的現実に現象が顕現する以前に、ドリーミングあるいは胸の中でそれらとつながっているのだ。

◎創造性としてのレインボー・メディスンと禅

福島慶道老師は、この意識状態を私たちの研究室で披露してくれたことがある。書を始める前、彼は部屋の中央に座り、筆と紙を前にして、瞑想に入った。やがて「正しい」状態に到ったとき、彼は筆を取り、あっという間に書き上げてしまった。微細な傾向性に筆を任せて描くことを老師は示してくれたのである。

レインボー・メディスンの中には、意味の微妙な違いとともに数多くの名称がある。少し例を挙げるならば、ヒンドゥー教において全体性の状態として経験される「ブラフマン」、アメリカ先住民の信仰における「グレート・スピリット」、ユダヤ‐キリスト教やイスラームの伝統における「神」がある。

　福島老師は無心状態を「創造的な心 creating mind」と説明する。英語では無心は普通、「no-mind」「emptiness」「nothingness」と訳されることが多いが、「創造的な心」とは、非常に心理学的な意味を付与された説明と言える。沈黙の力と同調したとき、すなわち傾向性を感じ取ったとき、あなたは空っぽでありながら同時に、深く集中し、創造的な状態にあるからだ。

　この状態では、日常的自己の思考、知覚、感情は、もはやあなたの自覚／意識を支配していない。あなたは微細で予測することができない（自分の身体や自然界すべての中の）揺らぎへと開かれたのである。「スピリチュアル」な次元に深化した意識状態は、人をある種の原初の創造性へと開く。そこは予測不可能なイメージや動作が生起する場なのだ。

◎物理学におけるレインボー・メディスン

　高名な物理学者であるデイヴィッド・ボームは、量子波動を彼のいう「パイロット波」の観点から捉えなおすことで、量子力学にスピリチュアルないし心理学的な次元を付け加えた（パイロット波についてボームは、なんらかの形で情報を付与された、あるいは誘導された物質的対象と想定している。第7章参照）。ボームは、波動関数（あるいは、私が「沈黙の力」と呼んできたもの）とは、ある種の誘導の力であると述べた。それはレーダーが航海する船を誘導するように、どこに行くべきかについての情報を粒子に与えるものとされた。他の物理学者ら（特にヴェルナー・ハイゼンベルク）が科学者たちに、波動関数が測定不可能であることから、明確な概念化を慎むようにと警告したのに対して、*7ボーム（他、多数の物理学者ら）はあえて合意的現実次元の測定を超えて考えようとした。

レインボー・メディスンは、霊的諸伝統や代替医療の考え方だけでなく、物理学の理論にも見出すことができる。レインボー・メディスンは多次元的である。それは微細な導き手である波動、タオ、無心、リクパに対する自覚、その他の似たような測定不可能な状態と同じように、唯物論的なニュートン物理学や身体の化学反応を尊重する。

沈黙の力は、特別な意識状態において見出すことのできる創造的な知性の導きである。それは辺縁《エッジ》の発見である。沈黙の状態から、傾向性が意識から遠い閾下にまず生じ、それが前シグナルになり、最終的にあなたの気を引くかすかな「フラート flirt」〔訳註　ふと気になる現象や身体感覚、動きなど〕になる。日常的な意識状態にあるとき、私たちはそうしたふとよぎる前感覚やかすかな身体感覚を無視しがちである。なぜなら、そうしたフラートは微細で、非合理的で、一瞬の間しか持続しないからである。しかしながら、明晰な注意力が賦活された状態にあるとき、私たちはそうしたプロセスを容易に知覚することができる。

エクササイズ……レインボー・メディスンとしてのフラート

手元にペンと紙を用意して、以下のエクササイズを試みていただきたい。

＊心を開いていきます。少しの間、目を閉じて、リラックスし、呼吸に注意を向けます。焦らないように。静けさがいわば「ゼロ状態」に到達するまで、たっぷりと時間をかけてください。

＊フラートに意識を向けます。心を開き、明晰な意識状態を保つように努めながら、ゆっくり目を開けていきます。あるいは、ゆっくりと目が開いていくのにまかせます。あなたの周辺をゆっくりと見回してみましょう。注意深く見つめながら、同時に何かしら、ちらちらと気になる対象や体感を「無意識の心」に選んでもらうようにします。そして、そのちらついた何か（フラート）に意識を向け続けます。それは微細でとらえにくく、ぼんやりした状態にある目には、曖昧なものとして映るかもしれません。はじめ自分がそれを無視していたことに気づくかもしれません。自覚を使い、「心の目」でそのフラートに意識を向け続けてください。

＊自分の注意を引くものがどんなものであっても、焦点を当てていきます。少しの間、その対象あるいは現象について考えをめぐらしてみましょう。それは何でしょうか？　それは何を思い起こさせるでしょう？　それはどんな感じでしょうか？　それはどのように見えるでしょう？

＊ドリーミングの力を展開させていきます。その対象あるいは現象に焦点を当て続けたまま、それに（あるいは、その中で）起こっている「何か」に注意を払います。このフラートに関して、なぜ「夢のようなある種のイメージを見ていた」のかがわかるまで、注意を向けていきましょう。

＊鉛筆をもち、手が動くままにさっとスケッチします。自分のドリーミングについて理解する助けにするため、フラートされたもののエネルギーを表現するように、紙の上で手と鉛筆が自発的に動くようにしてください。

＊自分のドリーミングがもっている意味を推測します。それのイメージや、いま体験しているプロセスの背後には何があるのでしょうか？　いま・この瞬間、このドリーミングの中であなたにとって意味があるのは何でしょうか？　紙に書きとめておきましょう。

＊沈黙の力を感じていきます。準備ができたら、フラートの中に顕現していたものと「同じパターン」が、最近の内的あるいは外的な経験のどこに現れていたか、振り返って探ります。いまのフラートの中に顕現していた傾向性、パイロット（誘導）波、沈黙の力を感じ、そこに潜んでいる創造性が関連していそうな身体症状、あるいはこの創造性が解明してくれるかもしれない身体症状を想い描いてみます。そこに秘められた力があなた（の身体）を動かすのにまかせましょう。

深まった意識状態において、沈黙の力は症状と関連している可能性のある創造的な衝動として顕現する。沈黙の力とつながることは、あなたにとってある種の治療になるだろう。慎重さが欠けていると、この微細な衝動は意識の周縁に容易に追いやられてしまう。なぜなら、それは一瞬のちらつきでしかなく、きわめてはかなく、取るに足らないものに思われるからだ。自分自身をケアする他の方法と合わせて、そうした状態や場に焦点を当てることを学ぶことが、レインボー・メディスンの目的の一つである。

第3章　ナノフラートと身体の知恵

一九五九年一二月二九日、アメリカ物理学会の年次大会で、リチャード・ファインマンはナノサイエンスの時代を先導する有名な講演[*1]を行ない、次のように述べている。「物理学の諸原理は（……）原子単位で物事を操作する可能性を否定するものではありません（……）。実のところ、それが行なわれてこなかったのは、私たちがあまりにも大きすぎるからなのです（……）。将来、ついに原子を意のままに配列できるようになるかどうか、という究極の問いについて、私は考えることを恐れていません」

これまでの章で、ふと気になるちらつき、かすかな知覚、体内感覚、フラートにはたくさんの知恵が含まれていることがわかった。そうしたかすかなフラート的知覚は、いわば「ナノ‐アウェアネス」、すなわち、最も微細な、極小の経験に対する自覚である。

◎私の親戚が経験したフラート

フラートに関して、今、次の話を思い浮かべている。ある日、親族の集まりがあり、とある親戚との話に退屈した私は、自分が行なっているワークを彼に説明し、やってみてはどうかと提案した。私たち二人はソファーに座り、私は彼に、リラックスして、ただ呼吸に焦点を当てるよう言った。しばらくして、私は彼に、自分の身体をスキャンして、たとえ小さくても注意を引く何かがあったら教えてほしいと言った。やや間を置いて、なぜかはわからないが、のどが「渇いている」ようだと彼が言った。「気になるほどではないけれど、君の質問に答えるとしたらそれだと思う」

フラートしたその渇きに焦点を当て続けるよう、私は彼に言った。目的がはっきりとせず、意味のなさそうなプロセスに注意を払うよう促したのである。「自分の身体に注意を払ったときに現れる、かすかな感覚に焦点を当ててください。そのことを意識的に再体験してみましょう。想像するのが楽になるように、いま感じている感覚を増幅してもかまいませんよ」

彼は目を閉じ、眉間にしわを寄せた。何かを真剣に考えているようだった。それから、微笑んで、目を開けた。彼はとても興奮した様子で、渇きに焦点を当てていると、自分が広大な乾燥地帯にいるところが見えたと言う。「砂漠……いや、広大な砂漠の大地に座るアメリカ先住民だった。妙なイメージだね？」

私は自分の興奮をかろうじて押し隠しながら、砂漠の人物は何をしているのかと尋ねた。「その男は……うーん……、祖先の声とおぼしきものに耳を傾けているような……。人間関係のごたごたの一切を手放し、すべての人に対して責任を感じる必要はないと語っている声だ！」この時点で彼は自分自身に戻った。彼は驚き、笑い、自分はいつも周囲の人に対して過剰に責任を感じてしまうのだ、と語った。「乾いた砂漠に響くこのアメリカ先住民の祖先の声は、私に語りかけていたに違いない！」「責任を感じることの何が問題なんですか？」と尋ねると、彼はこう言った。「何かおかしいんだよ。人の世話を焼こうとするときまって、咳の発作が出るんだ。それと渇きの感覚とはどういう関係があるんだろう？」私は、彼自身がこの問いに対する答えを知っていることを示唆した。しばらくして彼は言った。「あっ、そうか！ 責任を感じるのではなく、その祖先の言葉をきちんと実行すべきなんだ」と言った。

この話はいくつかの点を示唆している。

- かすかな感覚やフラートは、創造性やイメージ、物語や夢の始まりである（のどの渇きは「広大な砂漠の大地に座るアメリカ先住民」のイメージを導いた）。
- フラートは症状の基盤である（渇きは咳払いと結びついていた）。
- フラートは症状の核ないしエッセンスであると同時に、その薬である（のどの渇きという感覚は、咳払いを緩和するための処方箋——対人関係の中で世話を焼くのではなく、「祖先」と共にいること）。
- 症状はそれ自身の薬である。

◎ナノ - アウェアネスと医療

現在に至るまで、物理学も心理学もそうした小さなナノ現象から十分に収穫を得てきたとは言いがたい。ある意味、心理学の中で取るに足らないものとして注目されずにきたフラートは、物理学における電子や原子の運動に似ている。心理学におけるフラートは、物理学におけるナノ現象と言えるだろう。

ナノサイエンスの生みの親であるリチャード・ファインマンが言うには、私たちがナノテクノロジーを試してこなかった理由は、私たちが「大きすぎる」からだ。同様に心理学は、もっぱら言語的な経験や物語に焦点を当てることによって、主に合意的現実や夜見る夢を取り扱い、個人的で一見無意味に見える微細なシグナルについては、それが「語ること」ができるぐらい大きく明確なプロセスになるまで無視してきたのである。

「フラートの心理学」は、ナノ身体現象の主観的経験に向けたものであることを提唱したい（第9章で「量子的状態の交差」という考え方についてより具体的に議論する）。科学と心理学はこの領域を現在に至るまで無視してきた。その理由は、主流派の考え方や生き方が合意的現実に向けられているからである。この合意的現実は本質的に、ナノ現象に対しては無神経な乱暴者と言える。反復される合意的次元の現象にのみ焦点を当てることで、私たちの心の働きは鈍くなり、日常的現実やドリームランドに先立つ極小の微細なフラート的経験を簡単に迂回するようになる。

ナノサイエンス

「ナノ」という語は、単位の一〇億分の一（10のマイナス9乗）を表わす接頭辞である。たとえば、ナノメートルは〇・〇〇〇〇〇〇〇〇一メートルで、原子の大きさがおよそこれくらいだ。ナノセコンドは一〇億分の一秒である。

ナノサイエンスとナノテクノロジーの世界では、原子間力顕微鏡とスキャナーを用いて、いくつかの電子の運動を数えたり、異なる素材の表面上の原子の並びを動かしたりすることが可能になっている。現在、この新しい分野の発展によって、化学や医療のあり方が変化してきている。たとえば骨のような組織を扱う場合、その分子群ではなく、個々の原子に働きかけようとしている。[*2] 量子物理学はナノサイエンスを生み出し、組織や素材をほんの数原子の範囲で探求するために顕微鏡やスキャナーを使うのである。

医学は主に分子や細胞に取り組んでいる。しかしながら、ナノメディスンでは原子レベルが重要となってくるだろう。ナノメディスンがさらに発展すれば、分子や細胞に働きかける薬の多くはもはや必要ではなくなるだろう。ロバート・フレイタスはナノメディスンに関する著作の第一巻の序文で次のように述べているが、私も同感である。「医療の対象を原子レベルに移すことが可能になれば、予想もしなかった力が医療の実践にもたらされるだろう。これから数十年のうちに、治療の大革命が起こるかもしれない[*3]」

エクササイズ……ナノ‐アウェアネスと身体の知恵を探求する

ごくかすかな知覚を尊重することによって、とてつもなく大きな変化が起こりうる。私たちはすでに第1章の「虚時間」のエクササイズを通じて、沈黙の力がかすかな動きの気配に現れることを知っている。第2章の「レインボー・メディスンとしてのフラート」のエクササイズでは、沈黙の力が視覚的なフラートを組織化することに焦点を当てた。次のエクササイズは、ふと気になるナノ的な身体感覚に焦点を当てる。それは多かれ少なかれ通常の意識状態に現れる。

＊時間をかけて自分の身体を感じ、そして、呼吸に意識を向けていきます。どんなものであれ、知覚されることを「求めている」と思われる、ちょっとした、ほんのかすかな身体感覚に注意を払います。「ふと気になる」、フラート的な、突然侵入してくるような身体感覚に注意を払ってください。

＊その小さな「何か」に自覚を向けていきます。感覚をたどり、それが望むように展開させていきます。それを感じたり、イメージしたり、耳を傾けていきます。それが展開していくプロセスを疑念や理屈で止めないように。

＊ナノ‐アウェアネスを維持します。あなたにとってなんらかの意味をもつまで、こうした感覚をイメージを通じて展開していきましょう。

あなたが体験したことは、現在あるいは過去の身体症状となんらかの関係があっただろうか？　あなたが注意を払ったフラートは、どのような点でそうした症状の核となる経験なのだろうか？　いま気づいた核となる経験ないしエッセンスは、どのようにあなたの人生を豊かにしてくれるだろうか？

あなたのナノ身体経験は、新しい空間と意識状態の扉となる場合がある。症状はあなたの心の働きや最も特別な「力」と結びついている。症状へのフラートは、人生全体の「薬 medicine」（その言葉の深遠な意味において）になりうるのである。

◎量子波動と意識

プロセスワーカーとして、あらゆる意識状態にある人々を相手に数十年にわたって心理療法を実践してきた経験から、私はナノ的経験に注意を払い、内省を深めることが、拡張された意識を創り出すことを目にしてきた。身体感覚や症状には素晴らしい知恵が埋め込まれている。しかしながら、物理学や医学はいまだ、自覚の意味や意識とは何であるかについて確信をもつには到っていない。

私は「自覚 awareness」について、基本的感覚に対するほぼ自動的かつ不随意的な知覚という観点から捉えている。自覚を培うなら、私たちはドリーミングの世界に対して相当程度意識的になることができる。そのとき、私たちは「明晰 lucid」であると言える——明晰夢の中にいるように。

一方、「意識 consciousness」という用語は、たとえばある経験について話す能力のような、つまり、より日常的な随意的活動に対して用いたい。意識は自覚に根差しているのである。

物理学における意識

ジョン・フォン・ノイマンは、現在のコンピュータの原型であるＥＤＶＡＣコンピュータを開発したことでよく知られている。しかしながら、彼は量子物理学における最初の偉大な数学者の一人でもあった。彼は一九三〇年代に、意識が物理学の方程式に入り込んだと明確に述べている——それがどこに位置するのかは理解されていなかったが。ノーベル賞を受賞した物理学者ユージン・ウィグナーは、なんらかの形で意識が現実を創造していると述べている。現在、他の物理学者たちも同意している。

アリゾナ大学で開催された「意識の科学」会議は、『意識研究ジャーナル *Journal of Consciousness Studies*』（英国インプリント・アカデミック出版）や『先端科学ジャーナル *Journal of Frontier Sciences*』（フィラデルフィアのテンプル大学出版）、そして数多くの個人や研究所と同じように、科学における新しい動向の典型であった。

屈指の宇宙物理学者ロジャー・ペンローズは、『心の影』（一九九四年）において、「意識の問題と深く折り合いをつけない科学的な世界観は、完全性を主張することはできない。意識は宇宙の一部であり、それに適切な場所を与えないすべての物理学理論は、世界の真の記述を提示することに根本的に失敗している」と述べている。しかし、今までのところ、意識を説明することに非常に近づいた物理学理論、生物学理論、コンピュータ理論はないことを確認しておきたい。

物理学における意識研究を追うことに関心があるなら、ニールス・ボーアの『原子物理学と人間の知識 *Atomic Physics and Human Knowledge*』（一九五八年）から始めるのがよいだろう。ウェルナー・

ハイゼンベルグの『物理学者の自然概念 *Physicist's Conception of Nature*』(一九五八年)には、最も基本的な考え方を見出すことができる。次に、スチュワート・ハメロフとロジャー・ペンローズによる一九九六年の論文「脳微小管における量子コヒーレンスの組織化された収縮——意識のモデル」を読むとよい。全体像は『皇帝の新しい心』(一九八九年)や『心の影』でロジャー・ペンローズが提示している。

* * *

意識における観察者

それ自身を見つめるシステムを想像できるだろうか。あるいは、可能ならば、あなたが自分自身を見ていただきたい。しかし、最もいいのは、あなたとティーカップのような二つの対象が、互いに相手を「見ている」ことについて想像することだ。下記の図において、実線の矢印は観察を表わしている。あなたとティーカップの下に描かれた点線の矢印は、互いに観察していることを意識する以前に対象間(たとえば、あなたとティーカップ)に生じるフラートを表わしている。

実線の矢印によって表わされたプロセスは、あなたとティーカップの間のシグナル交換としてビデオカメラで追跡し、振り返ることができるが、あなたがフラートを追跡することはできない。あなたはフラートによって「肩を叩かれた」ように感じて、カップをちらっと見るだけである。点線の矢印は対象間のフラート(非合意的次元における微細な相互作用)を表わしている。一方、日常的現実で観察が意識的に行なわれると、「私は自分のティーカップを見ている」と言うことができるようになる。

　フラート現象は物理学の数式に暗示されている。ワシントン大学の物理学者ジョン・クレイマーによれば、二つの点線はイマジナルな（想像界的／虚数）領域における波動として理解することができるという。彼は、観察のプロセスの中で起こることを、観察する側と観察される側、あるいは観察者と観察者自身との間で交わされる「反射するオファーとエコー波動」の観点から理解することを提唱している。[*4] 日常的現実においては、そうした想像（界）的な波動を測定することができないことを思い出していただきたい。それらは数学的概念である。虚数の領域において波のような性質を持つために、それらを私たちは波動として捉えている。そうした波動は時系列上を前進するだけでなく逆行もすると理解することができる。

　これはサイエンス・フィクションの中の話だろうか？　そのとおり。しかし現代の心理学では、サイエンス・フィクションという考え方は、もはや存在しないのではないだろうか。新しい物理学においては、現実化する可能性のあるすべて（すなわち、想像可能なことすべて）は異なる次元において現実でありうる、と考えられているからである。フラートは非合意的現実（次元）に存在する。それは二一世紀の大都市に住む人々（つまり主流派《メインストリーム》の

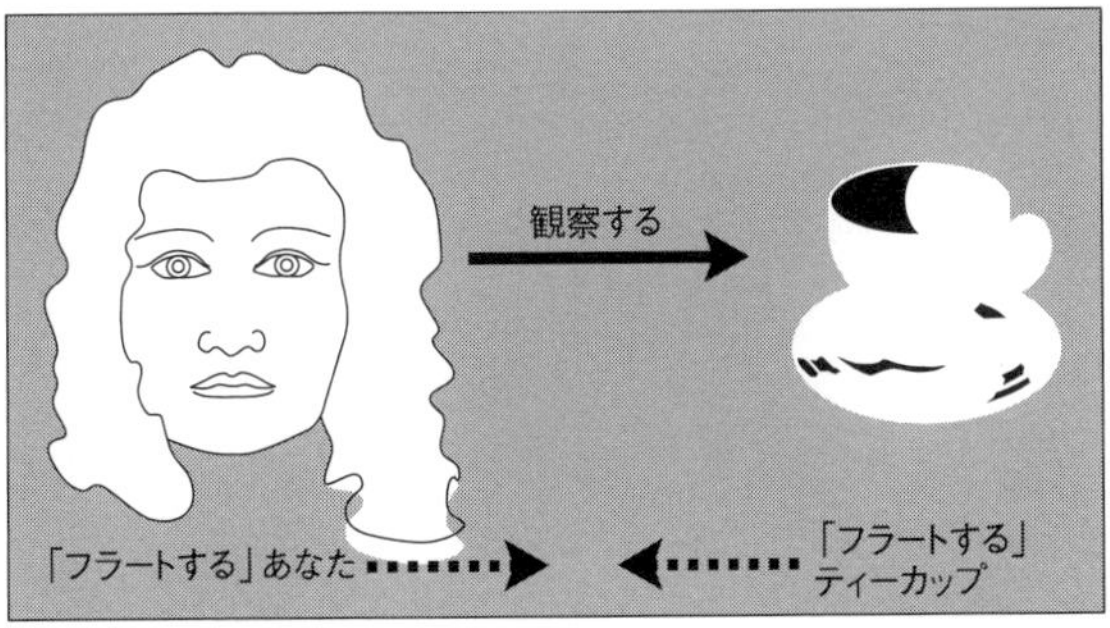

図3-1　観察

人々）の間では、存在するという合意を得られないことを意味している。ビデオカメラでフラートを捕まえることはできない。

それはともかく、クレイマーによれば、（非合意的現実における）フラートは、二つの量子波動として描くことができる。

物理学の数式では、この二つの波は同等の強度と振動数をもっているが、互いに反対の方向に流れている。クレイマーによれば、二つの波の相互作用は遠隔通信機の相互作用に似ている。コミュニケーションが生じる前に、ある種の「握手《ハンドシェイク》」が成立していなければならないのである。と同時に、二つの波は忘れ去られる。ちょうど、ファクスや電子メールに先立つブザー音や信号音が、回線につながるのと同時に忘れ去られるように。

物理学の観察プロセスの背後にある数式においては、この二つの波は相乗作用で大きくなり、私たちが通常期待している場所に何かを産み出す。たとえば、特定の時間と空間に粒子を存在させるのである。観察する以前には、そうした測定できない数々の量子波動は非局在的であり、宇宙全体に拡散している。観察することによって、それらは時間と空間の内に位置づけられる実際の物事の確率的な記述になる。

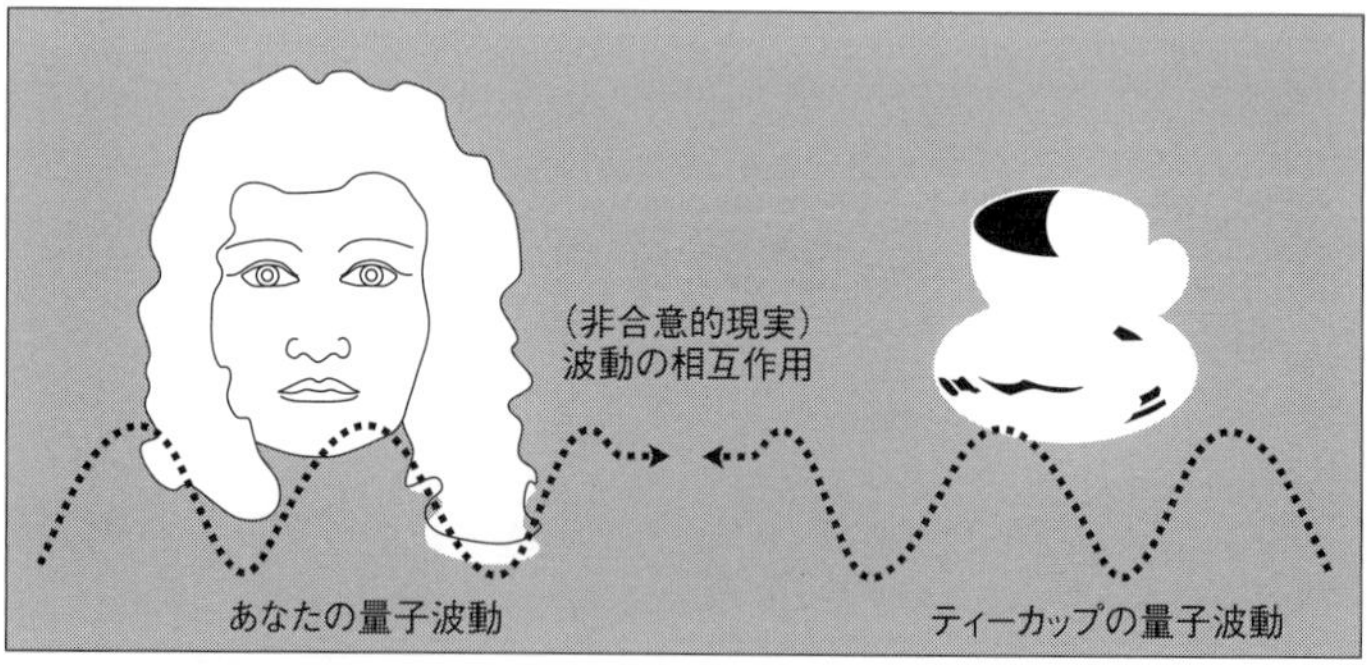

図3-2　波動の相互作用

物理学者たちは今のところ、なぜこうした諸波動が現実の中で位置の確率を生み出すために数学的に反射しなければならないのかという点について、うまく説明できていないようだが、私はその理由を示唆したい。

量子波動の反射は、かすかなフラートに注意を引かれて、私たちがそうしたフラートを反射する仕方を反映しているのである。フラートが私たちによって反射された後、すなわちフラートが私たちの注意を引いた後はじめて、私たちはフラートを「生み出した」対象を観察していることについて考える。木のフラートが私たちの注意を引くと、私たちはフラートを反射する形で無意識的に木に注意を向ける。この反射の結果は、日常的現実（次元）においては観察と呼ばれる。しかしながら、いったん何かが観察されると、私たちは観察の背後にある（量子の次元の）微細なフラートを忘れ去ってしまう。フラートのような経験に焦点を当てることを学び、それを尊重し、内省するならば、それに内在する知恵が浮上する。以上のように、ナノ‐アウェアネス（極めて微細な自覚）と身体知と意識とはみな結びついているのである。

簡潔に言えば、量子物理学は宇宙の自己反射的な傾向性に基づいている。宇宙はそれ自身を反射する。量子波動、傾向性、沈黙の力は、日常世界を創造しながら自らを反射する。あなたはこのプロセスが自分の心に起こっていることに気づくことができる。私たちが何かに注意を向ける場合、多くの人は自分の意思でそうしていると思っている。しかし、内省や瞑想の訓練を積めば、物事の方が最初に「あなたの肩を叩く」ことを発見するだろう。あなたがある対象を見る以前に、それがあなたをフラートするのである。先住民たちは、対象にはそれを見ることを強いる霊的な「力」が宿っているという観点から、自然の自己反射について語る。図3-1と図3-2は、私たちが物事の方を向いて、それを見る以前に、あるいはそれと同時に、物事が「私たちの肩を叩く」ことを示している。[*5]

物理学者たちの多くが、宇宙のどこかに知性、想像力、偉大な力が存在すると推測している。アインシュタインは、「私は神の心を知りたい（……）他は些細なことにすぎない」と述べた。デイヴィッド・ボームは一九五七年に偉大な力に関する自分の信念を理論化して、「物質の基礎構造は原子力エネルギーを遥かに凌《しの》ぐエネルギーを間違いなく内包している。原子力エネルギーが化学的エネルギーを超えているように（……）。（ゼロポイント）エネルギーは、現今の私たちのレベルでは利用不可能な不変の背景を提供している。しかし、宇宙の状態が変化すれば、その一部は私たちのレベルでも利用可能になるはずだ[*6]」と述べている。

ゼロポイント・エネルギーやそれと関連する量子の揺らぎの力に関するそうした考えは、先住民によって昔から知られていたことと似ている。「聞きなさい。白人よ。何かがそこにあるのだ。わしらには本当のところ、それが何かはわからない。エンジンのような、すさまじい力のような（……）何かだ。それは大変な働きをする。それは物事を押し進めるのだ[*7]」

◎波動、蛇、医療

宇宙の力は、物理学における量子波動だけでなく、神話学における蛇の波動にも見出すことができる。相互に絡み合う二つの波動の根本的な力は、古代から医療のシンボルとされてきた。

図3-3では、二匹の蛇が交互に杖に巻きついている。「カドゥケウス」と呼ばれるこのシンボルでは、二匹の蛇が杖を中心に絡み合い、そのてっぺんに羽根がある。この杖は、医療行為のシンボルであり、またアメリカ陸海軍の医療部門の紋章になっている。

ギリシア神話に登場する神々の使者ヘルメスは、この杖で死者の魂を冥界へと導き、また人々の眠りや夢に魔術的な力を行使した。言いかえれば、カドゥケウスは生と死、日常と夢、合意的現実とドリームランドを往来する力の象徴であったといえる。現在、カドゥケウスは商業、郵便、外交のシンボルとしても使われている。

医療の（またコミュニケーションや郵便の）シンボルである二匹の蛇が互いに向き合うカドゥケウスのイメージは、物理学における（共役《きょうえき》した）*8量子波動（コミュニケーションそして知覚の基本）や、レインボー・メディスンにおける癒しの基本「物質」であるフラートを思い起こさせる。量子レベルでは時間は対称性をもつ。つまり、出来事は時間を往き来するのだ。これは人間関係におけるシグナルの微細な性質についての混乱と関連している。私たちは二人の内のどちらが最初に何をしたか、しかけたかを正確に言うことなどできないのである！

図3-3　癒しの象徴、カドゥケウス

ところで、蛇の二重性あるいは時間の対称性は、アメリカ大陸では双頭の蛇として象徴されている。一方が生を象徴し、もう一方は死を象徴する。次頁の図３－４は、一三世紀から一四世紀頃のメキシコにおける双頭の蛇をある芸術家が表現したものである（詳細はフォン・フランツ『時間――律動と休息』図９参照）。

◇◇

癒しの杖

『テーバー医学百科事典』によれば、二匹の絡み合う蛇のシンボルは、紀元前四〇〇〇年頃のバビロニアで登場している。それは繁殖、知恵、癒しを象徴していた。マリー－ルイーズ・フォン・フランツの『時間――律動と休息 *Time: Rhythm and Repose*』によれば、蛇は地中で時間を過ごし、脱皮によって若返るので、ギリシアでは人間の魂のエッセンスと結びつけられ、死後の魂を象徴するために使われた。

生命の源としての蛇という考え方は、エジプト神話にも見出せる。エジプトでは、蛇は生命のエッセンスとして、生命の樹を囲んでとぐろを巻く姿で描かれる。その後、ギリシアの伝令官や外交官がこの杖を持つようになった。このシンボルは神聖なものとされたのである。この杖を持つ者は、攻撃から守られると考えられた。その後、カドゥケウスはローマで、休戦、中立性、非戦闘状態のシンボルとなった。

◇◇

◎フラートとクンダリニー

フラート現象は、私たちの祖先によって大昔から直観されていたと思われる。中国では、そうした波動はタオの龍脈〔訳註　大地を走るエネルギーの流れ〕や微細な気のエネルギーと関連づけられていた。

インドでは、このエネルギーはサット（正確にはサット・チット・アーナンダ〔訳註「存在＝意識＝歓喜」を意味するサンスクリット語〕）あるいは蛇のエネルギー、すなわちクンダリニーである。図3-5には、瞑想者に覚醒をもたらすクンダリニー・エネルギーが図示してある。エネルギーはチャクラ〔訳註　体内に存在するとされるさまざまな霊的中枢〕を通り、最終的には頭頂部から抜けて、永遠の存在であるアートマンと結合する。

タントラ・ヨーガの実践では、瞑想によってこの蛇エネルギーに触れ、覚醒させ、非局在的なパーソナリティとつながろうとする。それは自らがあらゆるものとなり、あらゆるところに存在する経験でもある。

脊柱を上昇するクンダリニー・エネルギーの描写は、波動関数やその揺らぎ、あるいはフラートのようなエネルギーや傾向性に関し

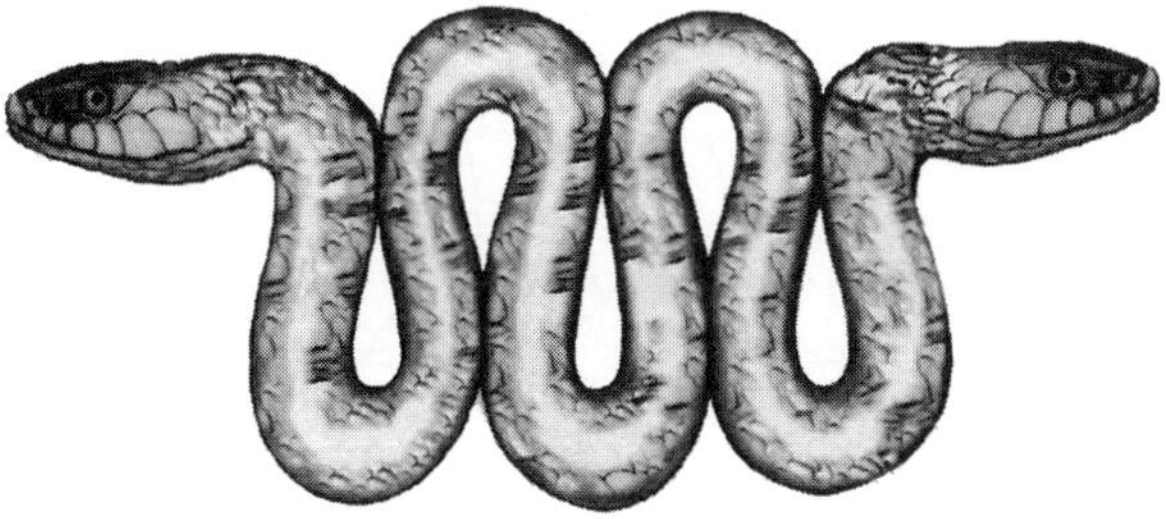

図3-4 時間の往還する性質

て個々の物理学者たちが描いたイメージを思い起こさせる。一九六〇年代に、私の心理学の師であるユング派分析家M‐L・フォン・フランツ、そしてスイスにある中央ヨーロッパ研究機関の高名な物理学者カール・F・フォン・ヴァイツゼッカーと個人的に面会したとき、私はヴァイツゼッカーが心理学と物理学の関連に魅せられていたことにびっくりした。それゆえ最近になってヴァイツゼッカーの次のような見解を発見しても私は驚かなかった。彼はヒンドゥー教のクンダリニー・エネルギーであるプラーナ[9]を微細な「運動潜在力」と呼び、波動関数と比較していたのだ。[10]このアナロジーがヴァイツゼッカーだけでなく、他の多くの物理学者たちにも共有されていたに違いないことを私は確信している。波動方程式の発見者であるエルヴィン・シュレディンガーの『生命とは何か』を読むと、彼にとってどれほどインド哲学やヴェーダーンタが重要であったかがわかる。

世界のあらゆる地域において私たちの祖先は、何世紀にもわたって、波のような、あるいは蛇のよ

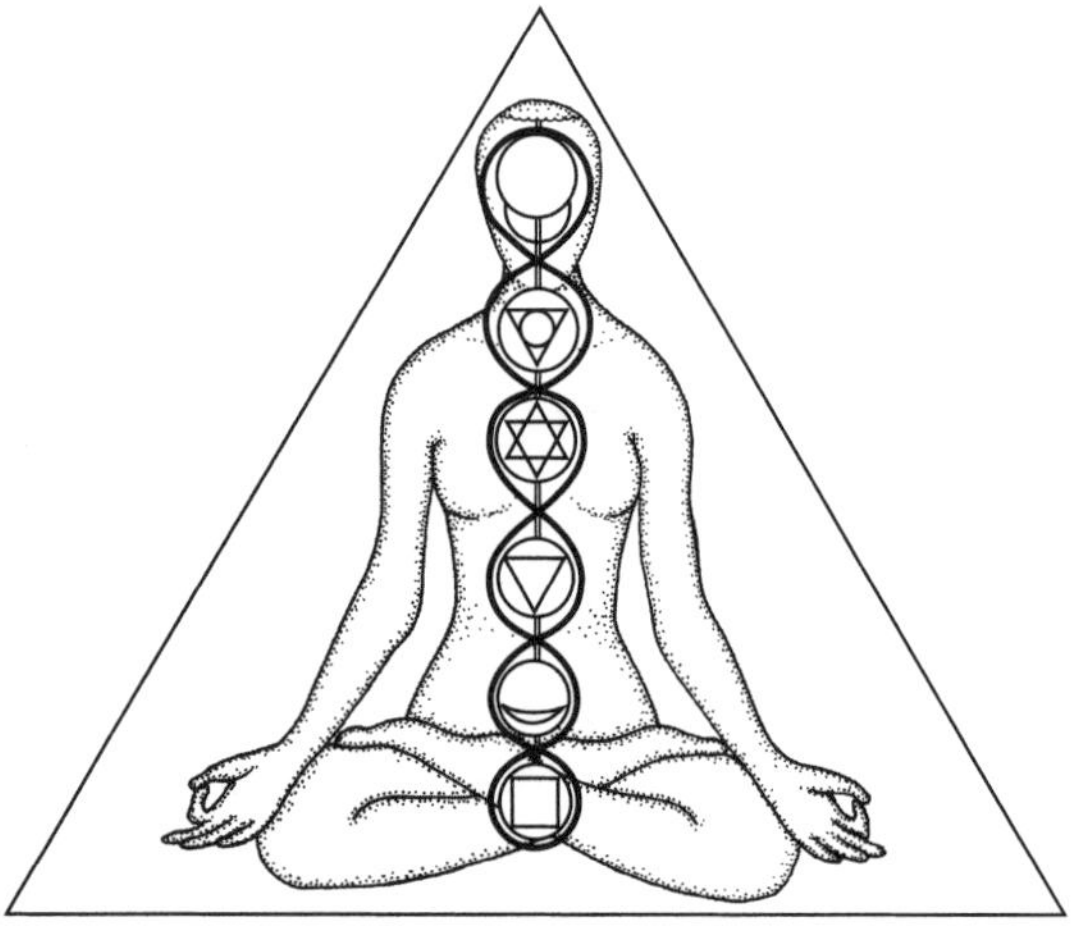

図3-5　蛇のエネルギーのクンダリニー

うなエネルギーが「微細な生物学」の基底にあることを感知していた。私たちもまた、測定不可能な経験に焦点を当てるよう促されると、微細な感覚、衝動、律動、脈動性の振動──「エンジンのような、すさまじい力のような何か」（アボリジニーの言葉）──を感じることができる。それは身体意識の下に存在しているように思われる（ちょうど蛇が地表や地中にいることができるように）。

ある人にとって、そうした振動は、単なる揺れ、痙攣、動悸、あるいはちょっとした身震いでしかないだろう。しかしながら、別の人にとって、こうした微細な感覚は、神話的な意味をもっていることがある。たとえば、晩年のスワミ・ムクターナンダのようなシッダ・ヨーガの瞑想者は、この感覚を女神シャクティの微細な力として経験した。

ムクターナンダは沈黙の力をシャクティとして経験した。それは自発的な運動や意識の起源である。第1章では、運動が生じる以前に身体で感じる傾向性や、意図をもった場という観点から、このエネルギーについて述べた。この隠れた衝動や脈動に従うとき、微細な運動が新しい世界を開示するように思われる。

神話学と物理学のアナロジーは魅力的である。波動関数が現実を創り出す二つの同等かつ正反対の波動として描かれるのと同じように、クンダリニー‐シャクティが癒しや意識を創り出す二つの同等かつ正反対の波動として描かれることに注目しなければならない。さらに、宇宙物理学者たちが波動関数を宇宙の始まりに存在すると考えているように、シャクティは世界の「種子」ないしエッセンスと言える。

女神シャクティ

精神的な師の一人として私が尊敬している、シッダ・ヨーガの行者スワミ・ムクターナンダは、クンダリニーをシャクティとして捉えている。すなわち、クンダリニー・エネルギーをヒンドゥー神話における女性的な生殖原理と同等に考えている。ムクターナンダによると、「シャクティは（……）響きであり、絶対者の振動であり、宇宙を顕現させる。彼女は言葉を生み出し（……）この宇宙を創造する力を持っている（……）彼女は神の意志の力である（……）彼女はクンダリニーである（……）常に遊んでいる（……）彼女は（……）自分自身を照らし出し、知らしめようとする」（『プレイ・オブ・コンシャスネス』）

クンダリニー‐シャクティは、女神のイメージで表わされたフラートである。彼女は光り輝くエネルギー（現実の世界を創り出す響き、力、エンジン）である。彼女は「蛇の力」のイメージであり、虚時間における創造の神話的相対像である。スティーヴン・ホーキングをはじめとする宇宙物理学者たちは、量子波動の虚時間次元が宇宙の始まりに存在したと述べている。

ムクターナンダによれば、「種子が木全体を潜在的な形態として内包しているように、クンダリニーはヨーガのあらゆる形態を内包している。彼女〔クンダリニー〕が師の恩寵によって覚醒したとき、彼女はあらゆるヨーガをあなたの中に自発的に生起させる。それが悟りである」

ふと気になる微細な身体感覚（フラート）、現実のドリームランドにおける起源、量子波動、クンダリニー‐シャクティ・エネルギーといったもの同士の相似性は、かろうじて知覚できる感覚に関するいくつかの側面を示唆している。

1. ふと気になる身体感覚は意識的経験の最初の段階である。
2. そうした初期段階は蛇のようなシンボルや波動の数式によって象徴される。
3. 蛇あるいは波のエッセンスは自己反射（自己反映）的である。
4. 自己反射を通して、彼女（シャクティ）は素粒子的ないし識閾下的な身体の知恵に基づいて合意的現実を創り出す。

クンダリニー、気、カドゥケウスの象徴、蛇の力、傾向性、「意図をもつ場」、量子波動などは、どんな人の中にもある自発性や創造性に関するイメージや概念である。微細な沈黙の力とつながる瞬間、あなたはそれまで抱いていた健康に関する不安がナノシグナルであり、新しい知恵に向かう扉であることを感じ取るだろう。

第4章　症状にひそむ超空間《ハイパースペース》

（……）すべての可能宇宙は同時に存在しているが、われわれはその果てしない数の分析から始めなければならない。

——物理学者ミチオ・カク[*1]

二世紀前であれば、私たちはレインボー・メディスンのことを、魔術か、あるいは神をも恐れぬ「近代科学」と結びつけて考えたことだろう。今日、レインボー・メディスンといえば、単に多次元的医療を指し示すにすぎない。単色医療がもっぱら自覚／意識の一つないし二つの次元に焦点を当てるのに対して、自覚の全レベルを取り扱うのがレインボー・メディスンというわけだ。

時代は枠組みのより大きな医療の方向へと急速に変化しているが、現在主流の医療的態度は一般的に、「疾患」として特徴づけられているものの物質的、空間的、限定された時間的な側面に焦点を当てるというものだ。一方、心理学的アプローチは多くの場合、物理的（医学的）身体を回避し、もっぱら行動的あるいは夢的（トランスパーソナルそしてスピリチュアル）な経験に焦点を当てる。単色医療や単色心理学は、自覚の一つかせいぜい二つの次元ないし「空間《スペース》」にしか焦点を当てない。

この章では、多次元的な自覚が「超空間《ハイパースペース》」の経験と関連していることを議論する。そして、この空間がさまざまな科学や実践をどのようにしてレインボー・メディスンのパラダイムの中に織り上げていくかを示そうと思う。

◎「内的」時間と「外的」時間

私たちの多くは、合意的現実、すなわち人間関係、直線的な時間、空間、物質などの世界の方が、夢や傾向性の経験よりも重要だと決めつけている。おそらくあなたも、自分が見た夢を、心に浮かんだ単なる絵空事として片づけた経験があることだろう。たとえ夢の空間や時間が、恐ろしいほど、あるいは我を忘れさせるほど「リアル」であっても。さまざまな世界や次元を移行することは、ときに当人を混乱させる。たとえば昏睡状態から目覚めた人は、夢の中にいるかのように話すことがある。医療の専門家たちは、夢を見ている状態でコミュニケーションが続く現象を病理的なものとみなしがちである。

身体の主観的経験は、内的経験の多くと同じように、合意的現実の速度（時計の速度）とは異なる時をもつ。この違いは誰でも感じることができる。あなたの日常的意識がドリーミング・ボディに対して、それが望まない仕方で無理強いしようとするとき、身体はある種のストレス反応を創り出す。それは日常的な時間に対する内側からの反乱である。

直線的な時間に従うことによって、身体の時間つまり身体感覚の時間からあまりにも遠ざかると、「風邪」や「流感」といった形での反乱が起こるかもしれない。日常的意識とは対照的に、タオイスト的な意識状態では、現実の行為とドリーミングボディの経験は継ぎ目なく一つになる。タオは古代ギリシアのカイロスという概念を思い起こさせる。

古代ギリシアの漁師たちは毎朝、甲板の上でくつろぎながら、漁に出るカイロス――すなわち、正しい時――がやって来たかどうかを考えたという。カイロスを知覚するとは、天候や非合理的な経験を知覚して、それを幸先のよい環境が整ったかどうかを判断する指標とすることであった。カイロスがそこにあるならば、漁師たちは仕事に出た。当時のギリシアでは、カイロス（それは本質的に、多次元的な知覚である）は合意的現実の一部であった。現在、合意的現実とは、直線的時間の神クロノスだけに従うことを意味する。「身体が何と言おうと、時計通りの順序立った（クロノロジカルな）時間を守れ！」

合意的現実および非合意的現実に対応するこの二種類の時間、すなわちクロノスとカイロスは、隣り合って存在している。カイロスの時間は、センシェント（微細）な経験あるいは身体的時間に似ている。それは直線的な時間に比べていいとか悪いとかいうものではない。それは単に「超空間的《ハイパースペース》」であるだけだ。すなわち、日常生活でおなじみの三次元ないし四次元を超えた、もう一つの次元なのである。

私のいうレインボー・メディスン的ライフスタイルは、さまざまな現実、空間、時間に対する自覚をサポートするものである。自覚を保ちつつ夢見状態に入る訓練をし、もっと「明晰」になるなら、人は日常的世界を見失うことなしに、微細な身体状態を認識し、経験し、それに従うことができるようになる。自分の多様な経験を信頼できるようになると、人生は多数の現実に満たされていく。明晰な注意力と日常的意識があれば、症状の合意的現実の次元（圧迫感や体温の変化）を理解するとともに、別の次元（たとえば、夢の「怪物」や「亡霊」、特別な力や微細な感覚）を経験することができる。こうして、たとえば、がんがん叩かれているような頭痛と同時に、太鼓奏者が踊りながら「叩いている」場面を視覚化し、あなたはリラックスして別の意識状態に入っていくことだろう。このトランス状態は頭痛を解消する可能性を秘めた超空間である。こうして、症状はそれ自身の薬になる場合がある。言いかえれば、超空間は日常的な空間と時間の問題を解決するのである。

高次の次元（超空間）は、心理学や医療にとって重要である。私たちは一般に自分自身を三次元的存在と決めつけている。自分自身に関する四次元的イメージすらもっていない。なぜなら、もしそうなったら私たちは自分自身を時空間に拡がる動的なプロセスとして見なければならないからである。しかし四次元的イメージをもっているなら、鏡に映った自分の姿に見とれるかわりに、そうした状況を笑えるようにもなるだろう。鏡に映った自分の姿は三次元のものでしかない。私は四次元的なのに！　私は一つの時間や一つの場所でしか見ることのできない単一的イメージではないのだ、と。

超空間が問題を解決する仕方

合意的現実に対する現在の見方は、三次元的ないし四次元的（長さ、高さ、幅、時間）である。紙のような二次元の平面に四次元を表現することは難しい。少しの間、三次元的な合意的現実を二次元（幅と長さ）に単純化したい。説明のために合意的現実を少しつぶすことにしよう。すると合意的現実は一枚の紙のようになる。この「平面世界《フラットランド》」に高さはない。この合意的現実は二次元的である。

この二次元的な平面世界の現実に上下はない。この世界の中にいて、左から右に車（当然、紙のようにぺしゃんこの車だ！）を運転していることを想像していただきたい。途中で直線の仕切りとぶつかる。仕切りがそれほど長くなければ、その仕切りを迂回して進み、反対側まで行くことができる。（図4－1）

だが、仕切りとぶつかったときに、仕切りがとても長ければ、その仕切りを避けて進むことができない。そこで行き止まりである。言いかえれば、平面世界に生きることには制限がある。行き止まったら、それはただ行き止まりでしかない！（図4－2）

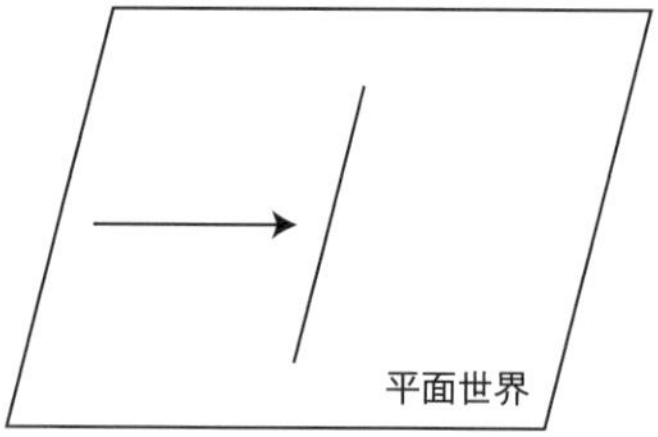

図4－1

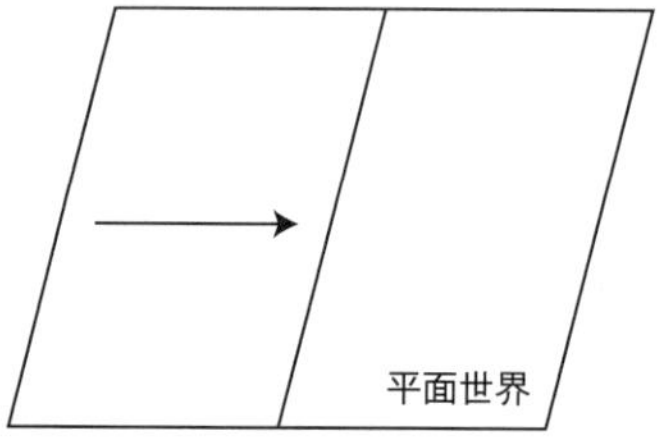

図4－2

そこに幸運がやってきたとしよう。他の宇宙からの存在が平面世界にやって来て、高さという新しい次元を付け加えてくれたのである。この新しい次元によって、新たな可能性が開かれる。あなたは上下に動けることを経験し、二次元的な仕切りを乗り越えて先に進めることを発見する。問題を解決するために必要なのは、新しい次元を付け加えることなのである。

平面世界の中にいるならば、高さが超空間だろう。ふだんの私たちは平面世界の中に生きているようなものである。もちろん、地球で生きることは二次元的ではない。それは三次元あるいは（時間を含めるならば）四次元的である。私は以下の考え方を簡単に想像するためのアナロジーとして平面世界の例を使ったのである。

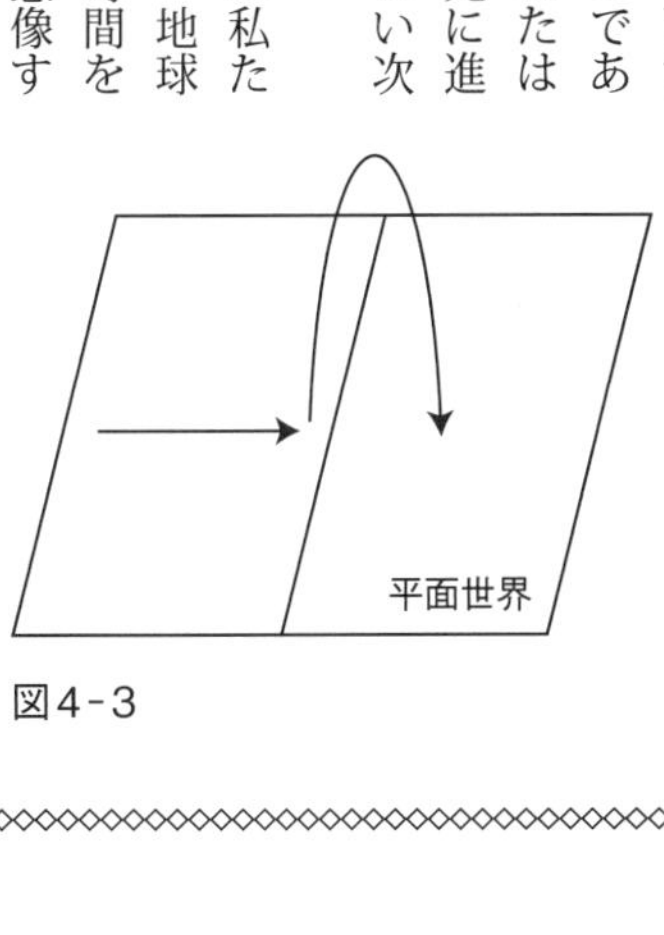

図4-3

通常の世界、つまり日常的な空間（三次元）と時間（四次元）に別の次元を付け加えることは、超空間に参入することである。**超空間は、より低次元の空間で構成される「現実」では不可能な問題を解決する**。たとえば、がんがん叩かれているような頭痛を出発点として、ヒーラーが叩いている太鼓のリズムという経験に開かれていくことは、四次元を超える超空間に参入することであるといえる。叩かれているような頭痛は日常的現実における症状ないし現象であるが、ヒーラーの太鼓のリズムを聞くのは超空間においてである。

数学者や物理学者は、三次元あるいは四次元の彼方にある空間を超空間と考える。合意的現実に次元を付け加えることは、可能性がないと思っていた問題に解決を与える。次元を付加することによって、科学者たちは高次元宇宙について考えるようになった。[*2] 同じように、レインボー・メディスンは「実際の（合意的現実の）」症状にドリーミングの次元を提供するものである。

もし四次元的な鏡というものがあれば、私たちはおそらく、星くずとして存在していたときの自分、過去世の自分、誕生時、そして臨終のときの自分といった、長きにわたる感傷的な自己イメージをそこに見るかもしれない。それに対して二次元の鏡では、今この瞬間のニキビやシワだけを見て、自分自身に関する時間（四次元）的側面やドリームランドの側面を無視するのである。

二次元的あるいは三次元的な観点があれば、人生の多くの目的には十分であろう。しかし、解決するために別の次元を必要とする問題も数多くある。超空間的な視点からあなた自身を見れば、あなたは生きているのでも死んでいるのでもなく、健康でも病気でもない。あなたは、そうしたすべての状態の中や、状態と状態との間を移動する、現在進行形のプロセスである。いかなる場所にいようと、私たちは死んでいると同時に生きている、ということが可能なのだ！

そういう言い方はしてはいないが、深層心理学者たちは常に超空間を活用している。だから、クライアントが行き詰まったとき、彼らは夢について尋ねるのだ。夢はある種の超空間であり、合意的現実に付け加えられたとき、新しいイメージの次元をもたらし、平板な古い合意的現実では不可能に思われた問題を解決する方法を提供するのである（合意的現実の行動や認知的問題に焦点を当てることがなくても。しかしながら、深層心理学者たちにも限界がある）。

単色の医療は多次元的な諸問題に対して、フラットランド的な解決法を提供する。頭痛のときは、アスピリンを飲みなさい。気分がよくなれば、もうそれについて考えないように、と。しかしながら、頭痛が再発するなら、ドリームランドやエッセンスの次元を付け加える必要が出てくる。

◎ジャック・リュセイランと超空間

私たちが超空間を無視する理由の一つは、それが小さすぎてよく見えないためだろう。私たちの肉眼は小さなものを的確に捉えることができない。たとえば、スパゲッティが一本床に落ちていても、「ちらっ」と見ただけでは、線のようなものが描かれているとしか思わないだろう。では、同じスパゲッティがちっぽけなノミにはどのように見えるか、想像してみてほしい。（スパゲッティの上のノミは）丸い世界の上をもぞもぞ歩いているように感じるかもしれない。同じように、小さなフラートは日常的現実からすれば些細なものに見える。私たちの通常の知覚がナノレベルの現実のきらめきを捉えるように訓練されていないからである。けれども夢の中では、世界全体がそうしたフラートそのものになる場合がある。

言いかえれば、超空間は通常の空間のすぐ隣、まさにそこにある。あるいは、通常の空間と並行して存在している。ドリームランドのような超空間が遍在するというこの考え方は、自由のために闘った盲目のジャック・リュセイランの素晴らしい自伝の中で強く提唱されている。彼は著書『そして、そこに光があった *And There Was Light*』の中で、八歳で盲目になったときに、イメージやフラートのような知覚が可能になるドリームランドの宇宙に対して、どうやって自覚を培っていったかを語っている。[*3] 盲目の原因となった事故の後、彼は新しい種類の「視覚」を育んでいった。「今や私の耳は、音が生まれる前に音を聞くようになった。(……)人が話し始めるより先にその声が聞こえてくるように感じられることが、しばしばあった」

彼は、私たちが何かに触れる以前に、その対象の方がまず私たちに触れることについて述べている。「触れようとする思いが生まれてくるのと同時に、あなたは〝それ〟の方が実際あなたに触れていることに気づく」[*4]

あなたとあなたが関係する対象とは、非二元的な世界において親密につながっている。普通、あなたは「私があの花瓶を取ろう」と考えるかもしれないが、量子心理学のよりセンシェントな世界では、あなたが行動しているのではなく、むしろ「互いに近づくこと」が生起している。明晰な意識状態ならば、あなたは自分自身であると同時に、自分が近づこうとしている対象でもあると感じるのだ。

老荘思想では、「言葉で表現することができないタオ」は存在に先立ち、神にさえ先立つとされている。たとえば、『道徳経』の第二五章には次のようにある。

ぼんやりとした何かがまず存在しており
天と地より先に生まれた。
沈黙し、空っぽで
独りで立ち、不変であり

あらゆるところを動き回り、疲れることがない。
それは万物の母と呼んでよい。[*5]

タオの領域は超空間であり、それは感知することはできても、測定したり、言葉で正確に表現したりすることができない世界である。

エクササイズ……変身

身体のもつ超空間に参入することが、いわゆる症状を解決することにどのように役立つか、実験してみよう。このエクササイズでは、かつてのシャーマンがやっていたように、心の力で異なる形態に変身したり、別の次元に参入したりしてもらう。おそらく変身については子供たちのほうが得意だろう。子供たちは役割を演じるだけではない。仮面を身につけると、実際にその役割になりきり、しばしの間その世界に生きるのである。

＊楽な姿勢で座るか、横になります。できれば、日常的意識をリラックスさせましょう。深呼吸をして、身体を感じてください。
＊準備ができたら、意識を身体に向けて、ゆっくり探求していきます。頭、肩、胸、腹、骨盤、脚などを確かめていきましょう。

*身体を見て、感じて、身体に耳を傾けましょう。以前には気づいていなかった、自分の注意を引く微細な感覚を書きとめます。

*ふと気になるかすかな圧迫感、重さ、震え、痛み、熱さなどに注意を払います。体内で感じるかすかな圧力、感覚、音といった、微細なシグナルに注意を向けていきます。

*その感覚に自覚と注意をしっかりと向けます。その感覚はあなたが恐れている身体症状と関連しているでしょうか?

*明晰になり、その感覚をつかまえてください。それは摑《つか》もうとすると、するりと逃げてしまうウナギのようなものかもしれませんが、心の目でその感覚を保つようにします。

*それに焦点を合わせます。あるいは、それの軌跡や記憶に焦点を当てます。それはどのように見えるでしょう? どのように感じられるでしょう? どのように聞こえるでしょう? その有り様、感覚、音を少しだけ増幅してみましょう。その経験をやや強めて、もう少し感じてみましょう。自分の気づいたことに焦点を当てるとき、呼吸を使うと役立つことがあります。その感覚に「焦点」を当てるように呼吸をしてみるのです。その感触をつかんでください。

*こんどは、自分が経験していることを表現するように、片方の手を動かしてみます。自分の内的経験を表現することができたら、自分自身にこう問いかけてください。「自分の手は何を表現しているのだろうか」と。ここでは自分の内的経験を信頼しなければなりません。たとえそれが非合理的なものであったとしても。

*手を動かしながら、そうした動きの背後の源にある働きを探していきます。その経験の「種子」を探

すためには、同じ強さを感じながら同じように手を動かしつつ、徐々に動きを小さく微細にしていき、そのエッセンスの感覚をつかむようにしてください。

＊そうした手の動き、あるいは様子、感覚、音の背後にあって、まっさきに感じられる傾向を捕えるようにします。それは非合理的に思われるかもしれません。それがどんなものであれ、それを信頼するようにします。そのエッセンス、源にある傾向、身体経験を浮上させた種子に焦点を当てます。あなたが焦点を当てている感覚の背景にある基本的な傾向、意図、動機、エネルギーを想像、あるいは経験してください。

＊そのエッセンスをあなたの心に音やイメージで表現させてみます。音とイメージ（あなたが感じたエネルギーのエッセンスの音とイメージ）を両方とも見つけたならば、音を出しながら同時にイメージを見ることを試みてみましょう。

＊この音、このイメージ、このエッセンスの世界は、どのような点であなたにとってなじみがあるでしょうか？　同時に、どんな点であなたの日常的世界とは異なるでしょうか？

＊この音／イメージの世界の時間や空間はどのような感じでしょうか？

＊シャーマンになったつもりで、その世界の中のイメージに変身してみてください。ゆっくり時間をかけて、この超空間の中に入っていきます。

＊もしあなたがこの世界を日常生活で無視しているとすれば、その理由を自分に問いかけてください。あまりにも微細でとらえにくく、新奇で、よくわからないものだからなのでしょうか？　このエッセンスの世界をどのように活かすことができるでしょうか？　あるいは、それをあなたの慣れ親しんだ

世界に、どのように組み込むことができるでしょうか？
＊この新しい超空間《ハイパースペース》に溶け込んでいる自分自身を想像してみてください。あなたはどんなふうになっているでしょうか？
＊自分が経験したエッセンスを書きとめます。こんどは、この超空間の中で生きることを想像してみてください。その世界、そのエッセンスの時間と空間の中で生きるのです。
＊このエッセンスの世界の中で生きると、自分の身体経験がどのように変化するかを感じてみてください。この新しい超空間がもともと自分の身体感覚の経験と結びついていたとすれば、そうした感覚は症状とつながっていたでしょうか？　そうした感覚の背後にある超空間、このエッセンスの世界の中で生きることは、そうした症状に取り組むことに非常に役立つことでしょう。
＊この超空間を日常世界に組み込むために何を感じたり、行なったりする必要があるでしょうか？

たとえば、心臓に問題のあった女性は、身体を確かめたとき、胸に熱さと脈打つ感覚を感じた。この熱さの感覚のエッセンスは彼女にとってある種の「火花」であった。それは小さくて微妙な「生命の衝動」であった。その空間の中で生きることは、彼女にとって「かすかな感覚にもっと気づきを向けること」を意味すると語ってくれた。それは彼女の「しっかりした、意固地な性格がめったに認めない」ことであった。

◎症状にひそむ空間

今のエクササイズで、あなたはいくつかの身体の次元、あるいは超空間に気づいたに違いない。微細なエッセンスの経験は、浮上するにつれて、あなたの注意をフラートする(引く)。それはエッセンスの次元では、かすかな感覚、揺れ、思いつき、脈動のような形で現れる。沈黙の力のエッセンスの経験が無視されると、それがドリームランドの知覚、感覚、夢のイメージになりうることは想像できるだろう。さらにそれが無視されると、最終的に、それは目に見えるシグナルや気づくことのできる症状として現れることがある。

身体の超空間は、創造的な衝動あるいは症状が沸き起こってくる場である。明晰であれば、あなたは微細な経験やそれが開示する世界を周縁化せずにすむ。すると症状はあなたの注意を引いたり、あなたが何を無視してきたかを思い起こさせたりする必要がなくなる。そうした空間に注意を払うことによって、あなたの身体症状は軽減され、何よりも、あなたのライフスタイルがもっと創造的で、喜びに満ちたものになりうるのである。

第5章　シャーマニズムと症状のエッセンス

量子力学を理解できる人はいないと言って差し支えないと思う。だから、モデルにそってきちんと理解しなければと思って、講義をあまり真剣に受け取りすぎないように（……）。リラックスして楽しんでいただきたい。私がこれからお話しするのは、自然がどのように振る舞うかということについてだ。自然はこういうふうに振る舞うんだということをすなおに認めるなら、あなたは喜びに満ちた、うっとりするような自然と出会うことだろう。

——リチャード・ファインマン＊1

ファインマンを引用した文章中の「量子力学」という言葉を「沈黙の力」に置き換えれば、物理学ではなくそれはそのままレインボー・メディスンの話になる。私は彼の言葉を次のように言いかえたい。

沈黙の力を理解できる人はいないと言って差し支えないと思う。だから、それを理解しなければ、と強迫的に思う必要はない。リラックスして楽しんでいただきたい。あなたは自然がどのように振る舞うかを自分自身で発見することだろう。自然とはあなたが自然を経験する仕方のことなのだということを素直に受け容れるなら、あなたは自然が喜びに満ちた、うっとりするような超空間《ハイパースペース》であることに気づくことだろう。

これまで議論してきたように、自覚／意識《アウェアネス》――量子的世界の傾向性――の初期段階は、本質的に、沈黙の力である。最初、あなたはかすかな感覚に気づくだけである。このレベルでは、イメージ、創造性、物質、魂、内面、外面などの違いはない。シグナルや症状、その他人生の諸々のことが生起してくることにあなたはただ気づくだけだ。この自覚を周縁化すると、あなたは三次元の中の身体という観点で自分を考えるようになり、不 - 安楽（病気）すなわち症状をもつようになる。明晰な自覚を働かせるなら、あなたの人生はより創造的になり、ファインマンの言葉を借りれば、「うっとりするような」超空間になる。

自覚の訓練は、他のいろいろな能力を訓練することに似ている。技能を高めるためには私たちにはなんらかの教示や訓練が必要である。けれども、他の訓練とは違い、同時に多様な世界に自らを開くために、（技法ではなく）自覚を使って自分自身を訓練するのである。拙著『シャーマンズボディ』で、このワークに必要とされる特別な種類の自覚について述べた。ちなみにその本は、人類学者カルロス・カスタネダが賞賛する師、ドン・ファン・マトゥス（メキシコ、ヤキ族のシャーマン）に関する私の解釈である。

『シャーマンズボディ』の最初の章で私は、ドリーミングのプロセスを促進する勇気について述べた。ある意味で、それは終わりのない仕事である。その仕事に成功したかどうかは、自分自身の身体経験と夢だけが教えてくれる。おそらくそのために、世界中のシャーマンたちは、弟子に夢や病気や脱自我的体験《エクスタシー》を促して、弟子を試すのだろう。[*2] その経験は、彼らが歩んでいる道を確認し、次に何が必要かを教えてくれるからだ。

私にとって、症状の存在は大きな夢に似ている。つまり、新たな種類の訓練に取り組むよう私たちに「呼びかけている」ように思われるのだ。この訓練に必要な技能は努力だけでは学ぶことができない。それにまた、自分自身の中で出会う状況は毎回異なり、前回よりもずっと曖昧なものであったりする。「永遠の哲学」は、この段階の知恵の探求者にとっての最良の選択は、謙虚になることであると忠告している。どれだけ成就したとしても、あなたは常に初心者なのである。

シャーマニズムやレインボー・メディスンにおいても学ぶべき技能は存在するが、その技能を自分のものとするには何年もの修行が必要である。自分を鍛えている過程で、おそらくあなたは繰り返し、自分にそんな能力などあるのかと疑うことだろう。なぜかというと、一つには、運命はあなたに提示するものを常に変化させるからである。一所懸命修行しても、症状が消えなかったり、その性質が変化していったりすることもある。修行は複雑で、説明不可能な力に満ちているように思われる。したがって、日常的意識によって人生をコントロールするという考え方はいったん捨てて、自然を仲間として捉え、それに従っていくという新たな感覚とともに生きていく必要がある。修行のどの段階においても、あなたを最も不安にさせるのは、自然のもつ「沈黙の力」と十分に触れ合っていないからだということを知るべきである。

合意的現実において降りかかってくる厳しい運命——たとえば病気——と見えるものが、じつは克服すべき敵などではなく、盟友となりうるものであることをシャーマンは理解している。説明不可能な力が、怪物や神、身体問題、世界や関係性の問題など、どんな形で現れてきたとしても、それらはあなたに、自らのアイデンティティを拡げ、超空間へ参入することを学ぶよう促しているのである。そうした力は、それらを名づけるよう私たちを誘惑する側面をもつ一方、日常的な描写から逃れようとする側面ももっている。

◎症状の超空間の訓練

物理学とシャーマニズムのおかげで、私は症状に対して多次元的に理解し、アプローチできるようになった。症状に関する以下のエクササイズを始める前に、症状に苦しみながらも、それらについてワークすることをためらったり怖がっている日常的なあなたに共感の意を表わしたい。とはいえ、症状に共感しすぎると、それらの力を弱めてしまい、結果、その問題に埋め込まれている潜在的な力を失わせてしまう場合がある。

これまでに自らの内的経験を十分学び、瞑想し、自分自身に取り組んできた方であれば、ここで症状に焦点を当てることには気が進まないかもしれない。特に慢性病や、苦痛に満ちたもの、恐ろしいものの場合は。自分はもう症状については十分取り組んできたと感じて、うんざりし、イライラするかもしれない。しかしながら、以下のインナーワークは厄介な経験を超えて未知なる超空間に参入する方法である。シャーマンの弟子の心構えをもとうではないか。すなわち、異なる領域、異なる世界を探求して、さまざまな経験レベルで自覚をどのように使うか、学ぶことを楽しむのだ。勇気をもとう。しかし、さらに重要なのは、このワークを自覚の訓練として捉えることである。

自分の経験に意識を向けて注意を払う時間を確認する。以下のエクササイズは一人でも人と一緒でも行なうことが可能だ。本文中の（　）内に、他人の経験の例と説明を加えておいた。その部分を先に読んだほうがエクササイズを始めやすいと思うなら、そうしていただきたい。だが、「処女航海」を好むなら、読み飛ばしてもかまわない。

エクササイズ……症状に対する基本的ワーク

＊焦点を当てていく上で、まず厄介な症状を一つ選んでください。おそらくすでに思い浮かんでいる症状があるかもしれませんが、できれば今、身体に感じることができる症状か、あるいは過去、身体に感じた症状で、その理由がよくわからなかったものがよいでしょう。「厄介な」というのは、あなたを困らせたり怖がらせたりするという意味です（たとえば、ある読者はずっと続いている膀胱の圧迫感を選択した）。

＊パートナーの助けを借りて——あるいは自分一人で——、その症状がもたらす感覚に焦点を当てま

す。それに注意を払い、その感覚を他の人の身体か粘土でできた人体像（どちらでも好きな方でかまいません）に再創造できるぐらいまで、症状の感覚を正確に感じてみましょう。他人が見てもその感覚が伝わるぐらい、症状の描写を迫真的なものにしましょう（私の読者は、膀胱の圧迫感について、何かが膀胱壁を突き破って外に出ようとしているように感じられると言った）。

＊症状があなたに及ぼしている影響だけに焦点を当てないこと。自分自身の内的経験、その症状を創り出している側のエネルギーについて想像し、焦点を当てていきます。エクササイズのこの部分は、とても非理性的に思われるかもしれません。それでも、自覚を用いて、まるで夢のようなその経験を捉え、それを覚えておいてください。（たとえば、刺すような頭痛があって、ぐったりしているとしよう。その場合、頭痛の影響としての疲労に焦点を当てるのではなく、最初に感じた頭痛の鋭さや刺すようなエネルギーの方に焦点を当てること）

＊こんどは症状の背後にあるエネルギーを展開していきます。それには、片方の手を使ってそのエネルギーの動きを真似て表現してみるのです。この動作は、私の言う「症状の創り手」――実際の身体症状に先立って存在したドリームランドにおける存在――へとあなたを導くでしょう。変身のエクササイズの要領でドリーミングの領域を探求してみましょう。その症状の創り手となって動き、感じてみるのです。やがて、その動きの経験からあるイメージが浮かび上がってくるでしょう。

症状の創り手のイメージに変身したまま、自分の音や動きが何を表現しているのか、勇気をもって結論を下します。そのメッセージは何でしょうか？　症状の創り手は何を考えているのでしょうか？　症状の創り手側の体験に気を配っていきます。

私たちは非合意的な超空間、ドリームランドの中でワークしています。あなたは自分で自分の体験を捉え、それを信頼しなければなりません。あなたが経験していることについての一般的合意はありません。あなたの経験はあなた自身の内的な現実なのです。（膀胱に圧迫感を感じていた読者はこう述べている。「この圧迫感は自由になろうとしている小さな悪魔のようです。そこに壁、監獄があって、それを内側にとどめています。なんらかのスピリットが自由になりたがっています」）

＊次に症状のエッセンスを見出します。そうするためには、症状の創り手のエネルギーや動きに変身します。そして、そのエネルギーを感じながら、動きを次第に小さくしていくのです。それから、症状の創り手のエッセンスを名づけるとしたら何になるか、考えます。（私の読者は、壁に向かって手を押しつけたと語った。しかし、壁を押す前、そこまでイライラする前まで、その「悪魔」は単に拘束されていることについての感覚であり、自由への衝動でしかなかった）

＊いったんエッセンスを見出したなら、そのエッセンスからイメージを創りあげます。このイメージは、あなたがそれまで抱いていた他のイメージとはだいぶ異なるものになるかもしれません。こうした相違は意外なものではありません。というのも、私たちは今、ドリームランドからエッセンスの世界へと移動しているからです。そのエッセンスを見ることができたなら、その世界に入っていきましょう。

（私の読者の場合、それは繊細な花の世界だった）

＊そのエッセンスの世界の時間や空間はどのようなものでしょうか？　その世界の中にいることはどんな感じでしょうか？　今、その世界を生きてみましょう。（私の読者は、花の世界には空間という感覚はなく、自由の感覚があり、時間については、昼から夜、季節から季節へと自然に移行する感覚

があると述べた）

＊新たに変身して、エッセンスの世界を探求していきます。音、手や身体の動き、ダンスのような動作、簡単なスケッチなどの手段によって、あなたの体験を表現してみましょう。自分を沈黙の力が創造する動的な影像、生きたアートと考えてみるのです。集中力（自覚）を保ち、イメージがそれ自身についてあなたに説明することができた、と納得するまで展開させていきます。（私の読者は、この世界に入ると文章を書きたくなるという。花々、太陽、そよ風が頬《ほお》をなでる、と。花たちはこう言う。「落ちついて。あなたはすみやかに成長するでしょう」。動悸と不安で苦しんでいた別の人は、そうした動悸が始まる直前には、その瞬間に対する繊細さがあったことを見出した。それは真実を語る知恵をそなえた師として現れた）

＊ゆっくり時間をかけて行なってください。準備ができたら、「この経験は私の日常生活、身体感覚、姿勢、食事、私の振る舞い方にどのように影響しているだろうか？」と自分自身に問いかけます。家庭、職場、人間関係などにおいて、この症状のエッセンスを経験するとどうなるか想像してください。（たとえば、自分の身体にもっと繊細になったり、立ち居振る舞いや姿勢にもっと自覚的になるかもしれない。食べ方が変わるかもしれない。症状の超空間に生きるならば、家庭や職場での生活は変化し、人間関係の問題はもっと扱いやすくなるだろう）

＊この経験がすでにあなたの人生に現れようとしていたことはないでしょうか？　人や物、事象にこの経験を投影していたことはありませんか？（膀胱に圧迫感のある読者は、その感性を花に投影していたと言う。彼は花を買うのが好きだった。また「花のような」他の男性たちにもその感性を投影して

いた）

＊この経験の世界から、自分の身体をケアするために必要なことは何かを感じ取りましょう。「薬」となるエッセンスは何でしょう？　この問いに対する答えは、あなただけがその空間から感じることができるのです。身体の知恵からの答えに気づくまで、注意をそらさないように。（私の読者の答えは明快だった。彼は花の世界でもっと時間を過ごす必要があったのだ。彼は自分の花を含めた瞑想の儀式を創り出すことにした。また、彼は太っていたのだが、もっと軽くなり、自由になる必要を感じた）

症状がどのようなかたちで「薬」を含んでいるかに気づいていただきたい。それは症状だけでなく、人生全体に効く薬なのだから。

◎自覚《アウェアネス》の訓練

症状とワークするとき、それを癒そうとするだけではいけない。大事なのは症状のもつ未知なる内的領域について学ぶことに集中するとともに、いろいろな方法で自覚を用いる実験をして、自覚を鍛えることに注意を向け続けていくことなのだ。

特定の結論や洞察に至ることは役に立つし、興味深いことだが、症状に最も影響を与えるのは、多くの場合、自覚の訓練それ自体（自分自身の超空間にアクセスし、意識とリアリティの世界を拡大していくこと）によるところが大きい。瞬間瞬間の自覚を培っていくと、ライフスタイルが次第に首尾一貫したものになってくる。よりいっそう本来の自分に近づいていくのだ。

自覚の訓練はあなたの日常世界を新たな種類の時空間へと変容させる。症状のエッセンスと身近に生きるとき、あなたはそれの量子的《クォンタム》レベル、あるいは不可視の次元に触れているのである。

◎自分自身および他者とのワーク

レインボー・メディスンのやり方で自分一人で、あるいは他の人とワークするときには、ある症状についての合意的現実の見方を尊重しつつも、「自分」とは身体（肉体）の中だけに位置するものではない、という量子的身体の可能性を考慮することが重要である。シャーマンたちは、今起こっていることが、時間と空間におけるある一定の位置にのみ存在するものではないことに気づいている。他の人とワークするとき、あなたの感情や気分もその人と共有する場面全体の一部である。レインボー・メディスンの観点を採り入れると、医師や援助者という役割は明確に決まっているものとは言いがたく、また患者やクライアントの役割も容易にそれと同定できるわけもない。たとえば、あなたが援助している相手が行き詰まったときには、行き詰まりに関する援助者自身の主観的経験を用いる。相手があなたの主観的経験の中に入ってきたときや、その人自身の経験を通してあなたの経験を変えようとするとき、相手からのフィードバックに十分な注意を払うこと。

もしあなたが（あなたたち二人が共有する間主観的《かんしゅかん》的）経験のエッセンス・レベルの近くにいるならば、相手が何かを行なおうとする以前にそれについて感じ取れるかもしれない。人とワークするときに最も役立つのは、自分が相手と経験を共有しているという感覚である。実際、（日常的次元では）たとえ相手のことをまったく知らなくても、まるでその人の人生についてすべて知っているかのように思えるときさえあるだろう。

あるクライアントに起こった変容体験について思い出したことがある。腰痛に苦しんでいたその人とワークしたときのことである。彼は症状の創り手の側を「イライラの素」と表現し、それが腰の筋肉をこわばらせると説明した。そのイライラの素は彼の意識を非常にかき乱すものであるため、彼はどんな種類の腰痛であっても感じることを拒否するほどであった。そのため、腰痛のプロセスに自覚の焦点を当てるかわりに、彼にかわって私が（共有する間主観的経験に従って）そのイライラの素の中に入っていった。私はそのイライラの素になり、手で宙を引っかく動きを始めた。それになりきった私は、とてもむしゃくしゃした気分になり、大声で叫ぶぞ、とクライアントに警告した。

突然、クライアントはたくさんのことに対して「自分も」怒っているのだと認めた。クライアントが発言を続ける前に、私は怒りのエッセンスに入り、たった一言「ノー」という言葉を口に出した（それが何を意味するかわからないままに）。「ノー。怒る前に、始めに、ただ『ノー、私はやらない、私はしたくない』と言わせてくれ」――自分が何を言っているのか私にはまださっぱりわからなかった。クライアントは突然笑い出し、自分は「ノー」と言ってはいけないと言われてきたのだと告白した。「ノー」という言葉をしばしば感じはしても、彼はけっして言ったことがなかったのである。

「ノー」という言葉について話すだけで、クライアントの腰痛はやわらいだようだった。彼は私にとても感謝し、私のことを気に入ってくれたのか、恥ずかしそうに、自分と二人だけの親密な時間を過ごしてもらえないかと尋ねてきた。一瞬、私は心の中でどぎまぎしたが、大声で「ノー！」となんとか言うことができた。そして、私たち二人は涙が出るほど大笑いした。

第6章　生命とは何か？

（……）真空を圧縮すると、以前には何もなかったところに粒子が現れることが発見されています。つまり、物質はなんらかのかたちで真空の中に内在しているらしいのです。こうした発見は科学と、仏教の「中観派《ちゅうがん》」の「空の哲学」の見解が合致する領域を提示しているように思われます。

——第一四世ダライ・ラマ法王*1

生命は無から突然出現したように思われる。現象は突然生起する。この点に関して量子物理学と霊的諸伝統はほぼ合意している。シャーマンたちは、ナノレベルの身体感覚や超空間を通してレインボー・メディスンを知っており、沈黙の生命力を活用する。この章では、生物学や生物物理学で描写される生命の考え方について探求する。次の章では、スピリチュアルな伝統、シャーマニズム、量子物理学の考え方を、生物学の考え方と結びつけていく。この結びつきによって新しい人間像が生まれてくるだろう。

物理学と医学では、合意的現実における人間の定義は、ドリームランドとエッセンスの諸世界を周縁化することに基づいている。新しいパラダイムには、カルロス・カスタネダの著作に登場するシャーマンのドン・ファンが言ったように、「集合・凝集点（立脚点）」の移動がある。あなたの「凝集点」とは、あなたが「凝集」する仕方あるいは自分を同一化する仕方である。自分自身を実在的な一種の点と考えるならば、あなたの凝集点は合意的現実に存在するだろう。しかし「自覚を向ける主体（観察主体、俯瞰する私）」に自分自身を同一化するならば、あなたの凝集点はドリーミングや現実のさまざまなレベルに広がるだろう。本書の観点からすれば、このことは私たちのアイデンティティが合意的現実と同一のものではなく、他の世界すべてを生起させる沈黙の力の経験を含むことを意味する。

レインボー・メディスンのパラダイムでは、人間とは現実（物理的身体＝肉体）であるとともに、量子波動（傾向性あるいは意図をもつ波動の経験）でもある。最初、私たちはエッセンスや「意図」であり、それがドリームランドの諸形態に展開して、さらに合意的現実で認識可能なアイデンティティとして現れてくる。私たちはその中の一つを選択し、それを「人間」と規定しているのである。新しいパラダイムでは、あらゆる現象は多次元（全体）的である。合意的現実において偶然生じた意味のないものと思われているもの、あるいは問題や病気として捉えられているものはすべて、レインボー・メディスンでは全体性を回復するためのサインになる。

新しいパラダイムでは、「安楽でない状態 dis-ease」（病気）は、生命の神秘のサインである。それによって、生命の新しい未知なる形が浮上しうるからだ。凝集点を移動し、さまざまな傾向性に満ちた超空間を内側から経験するならば、あなたは自分の非局在的なあり方——合意的現実における身体を含みながら、さまざまな仕方で顕現する意図の存在に気づくことだろう。

◎生命の起源についての理論的視点

宇宙のあらゆる物質は多次元的であり、周囲のすべてと「絡み合って」いる。だが、現在の生物学は、多くの場合、合意的現実の次元だけで生命について語る。非局在的な量子力学の世界を含む超空間的な思考がなければ、生命に関する明快で、局在的で、身体指向の定義すら生み出すことは難しい。

天文学者や生物学者らは、およそ三〇億年前、地球上に生命が誕生したと考えている。いくつかの科学的な理論や証拠から考察すると、ビッグバンに始まった宇宙の起源は一八〇億年前である。もし宇宙物理学者たちが正しいならば、地球や太陽系ができたのは、およそ五〇億年前である。それから二〇億年後に生命体が地球上に登場したというわけである。しかし「生命」という複雑なものがどのように誕生したのか、確かなことはわかっていない。いったい何が、化学物質の集まりを突然、生命という形に結合させたのだろうか？

量子力学は確固たる答えをもたないが、量子論によれば、物質的な粒子は無から、すなわち真空から、いわゆるゼロポイント・エネルギーの状態から「突然、出現」したという。仏教も同じように考えているが、その状態を「空」と呼んでいる。この章の最初に引用した言葉でダライ・ラマ法王は、物質、そして生命それ自体も、非二元的かつ非局在的なエッセンスの世界に「内在」しているのではないかと述べている。

「夜に溶け込み」、闇の中を自在に動き回るシャーマンの「力」を得るために、周囲を感じるようにしろとドン・ファンは弟子たちに教えている。この感覚は非局在的な内的連関や、あるいは八歳で盲目になったジャック・リュセイランの言う、観察する側と観察される側をつなぐ生命の絆の経験に類似している。リュセイランは、テーブルを感知したときの様子を次のように述べている。

(テーブルを)見つけるために、私の指はすごく努力しなければならなかった。ところが驚いたことに、瞬時にテーブルが働きかけて答えたのである。私は盲目なので、物を見つけるためには自分が努力しなければならないと考えていた。しかし、かわりに物が私の方へとやって来たのである(……)。自分が「リンゴ」に触れているのか、それともそれが私に触れているのか、わたしにはわからなかった。私はリンゴの一部になり、リンゴは私の一部になった(……)あらゆるものが圧力をやりとりしていた(……)。私は物に寄りかかり、そしてこんどは物が私に寄りかかるままにし、そのようにして何時間も過ごした。[*2]

通常の視覚がなければ、私たちは「超感覚」を使わなければならなくなる。その感覚を用いて、日常生活で周縁化されている超空間を探っていくのである。「対象を注視するlooking」のではなく、

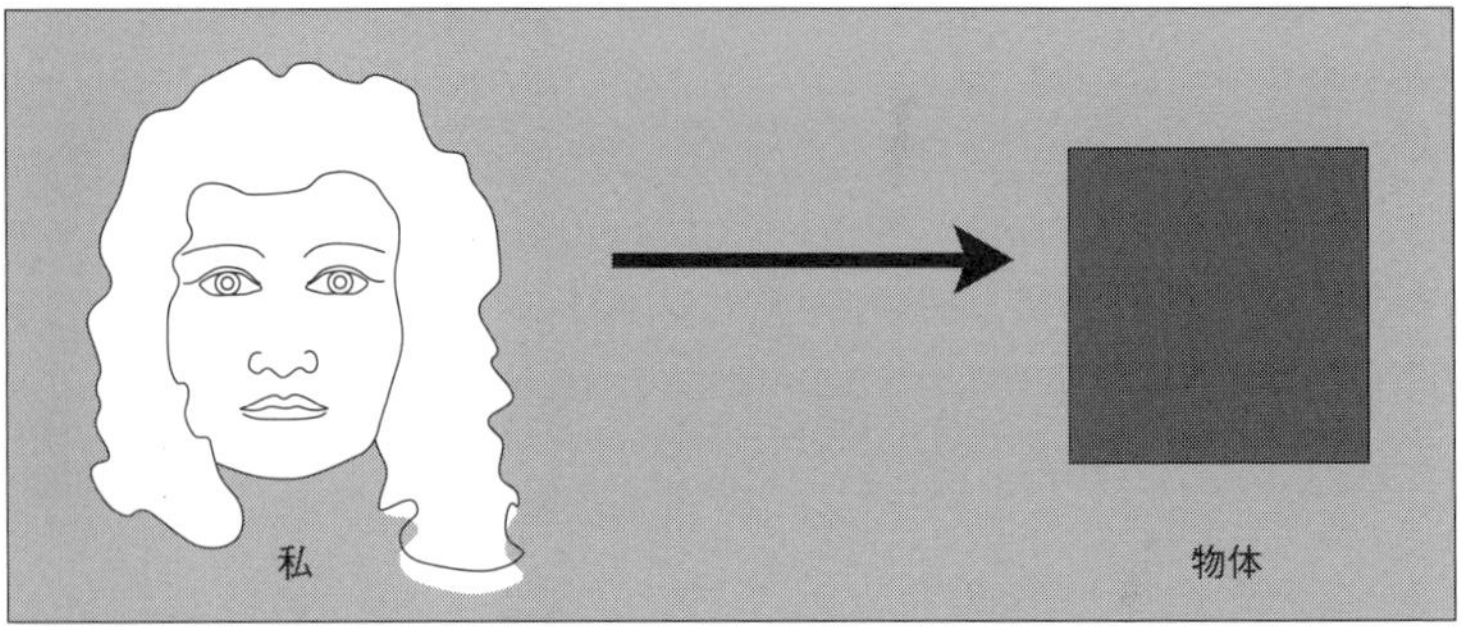

世界Ⅰ（合意的現実）では、私が物体を見る。そのシグナルが私のところへやって来る。

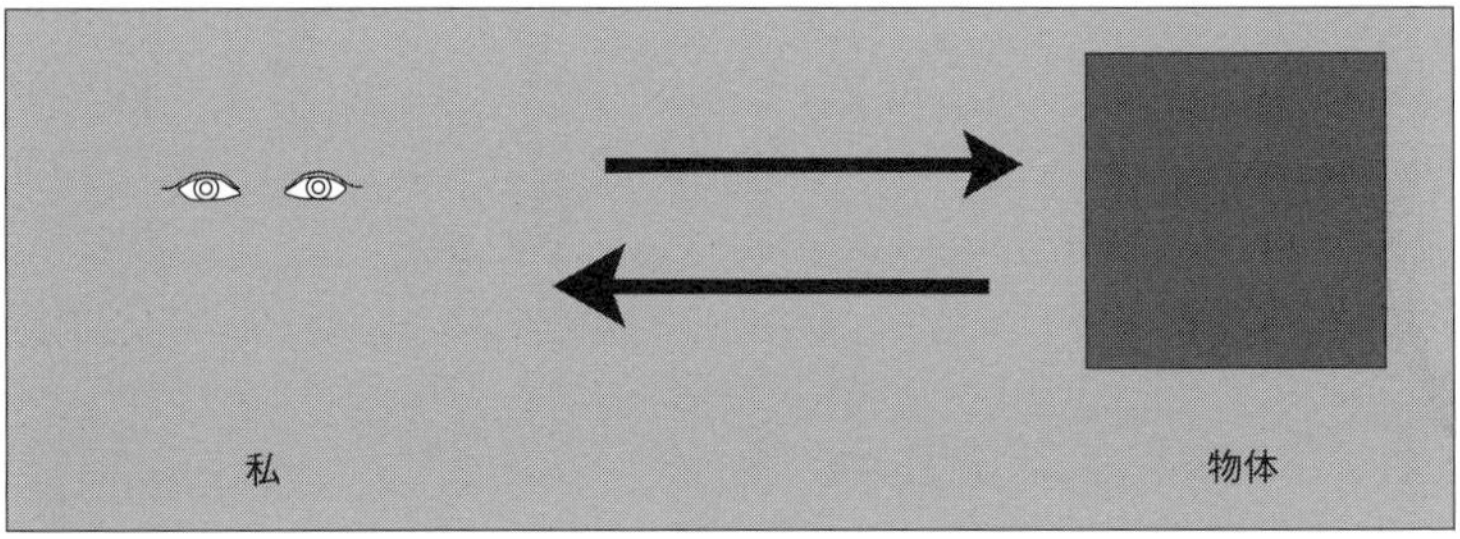

世界Ⅱ（ドリームランド）では、「物体」が最初に「私」を見るように思われる。シグナルは前シグナルのようになり、測定することが難しくなる。

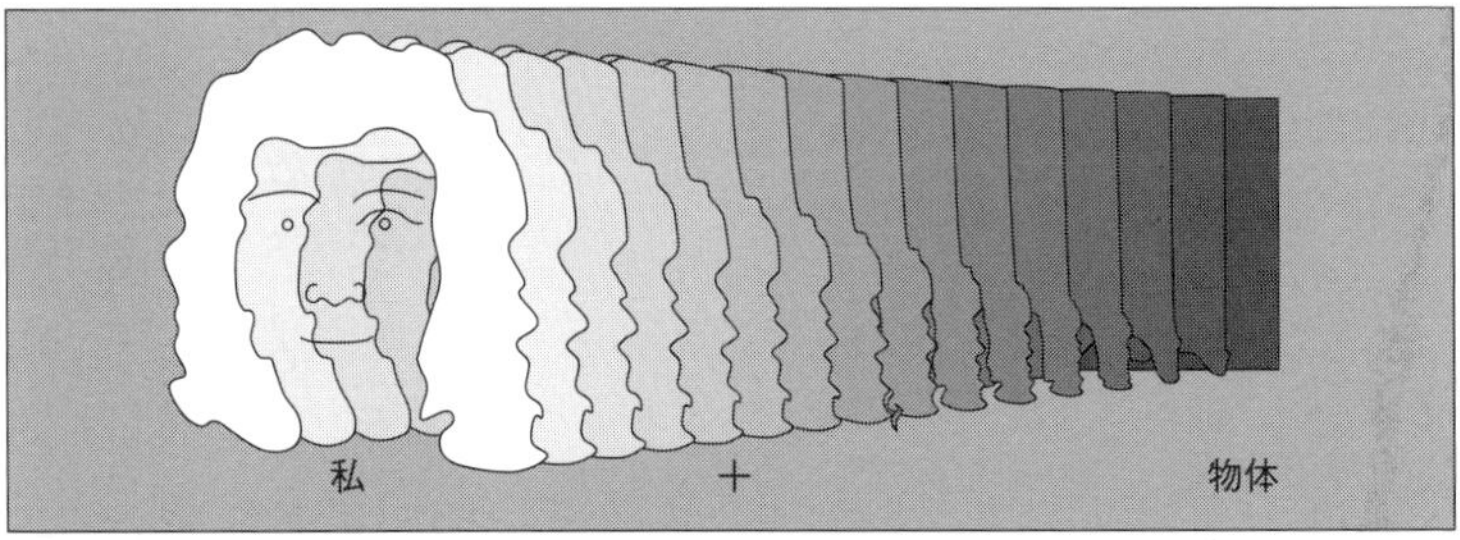

世界Ⅲ（微細な傾向のエッセンス・レベル）では、絡み合う私と物体の間にぼんやりとしたつながりの感覚がある。

図6-1　物質の多次元的経験

「ただ眺めるseeing」とき、私たちは生命が周囲のありとあらゆるものと絡み合っていることを感じ取る。リュセイランは「自分が［リンゴ］に触れているのか、それともそれが私に触れているのか、わたしにはわからなかった」と述べている。[*3] この言葉は、「反射波 reflected waves」によって特徴づけられるジョン・クレイマーの量子世界を思い起こさせる。私はそれを「共反射する刺激 co-reflective impulse」と呼んでいる。[*4] 深層のレベルでは、自分がシグナルや経験の送り手なのか、あるいは受け手なのかを言うことはできないのである。

知覚や自覚（意識）は自分の内面だけに存在するものではないようである。[*5] 生命の源それ自体は特定しうる身体（肉体）に属するものではなく、すべての人、環境、宇宙といったありとあらゆるものを含んだ、共有される絡み合いの経験であることを私は示唆したい。

◇◇◇◇◇◇◇◇◇◇◇◇◇◇◇◇◇◇◇◇◇◇◇◇◇◇◇◇◇◇

精神と物質に取り組む物理学者たち

図6-1の「世界Ⅲ」、すなわちエッセンス・レベルの世界（ダライ・ラマのいう「空」）とは、数人の物理学者たちやジャック・サーファッティやデイヴィッド・ボームのいう量子波動関数に相当すると思われる。世界Ⅲにおける経験とは、ぼんやりとした分化していない内容と言える。サーファッティは、量子波動とは「思考に似た」経験であると述べたデイヴィッド・ボームの言葉を引用している。[*6] 自然科学者のフリッチョフ・カプラやフレッド・アラン・ウルフも精神の量子的領域の特徴について言及し、物理学を仏教や他のスピリチュアルな教えと関連づけている。[*7]

◇◇◇◇◇◇◇◇◇◇◇◇◇◇◇◇◇◇◇◇◇◇◇◇◇◇◇◇◇◇

通常の合意的現実では、人は「自分の」人生についてあれこれ心配する。だが拡大された意識〔訳註　自我の拡大ではなく、自我を超えた次元へと意識の立脚点が移動すること〕があれば、人生とはさまざまな位置から絶えずフラートが展開している、一つの「共有プロセス」であることがわかるだろう。

仏教や物理学の経験的および理論的視点によれば、生とは合意的現実の事実であると同時に、測定不可能なドリームランドの経験とも捉えることができる。「life」という言葉の元来の意味から判断すると、私たちの祖先は明らかに「life」と「tendencies（傾向性）」がつながっていることを知っていたと思われる。メリアム・ウェブスター辞典によれば、「life」は「エネルギー」「活力」「火花」そして「作用する傾向」と関連づけられている。

◎生物学における生命

生物学は生命を定義する上で合意的現実に存在する要素にもっぱら焦点を当てている。『エンサイクロペディア・ブリタニカ』（二〇〇二年度版）の「生命の定義」の項で、こうした例を多く見ることができる。たとえば、「生物系は、食物を取り込み、環境に適応し、成長し、子孫を繁殖する能力を有している」など。生理学的システム理論に見られる生命に関する生物学的定義は、「生きているシステムは新陳代謝する」としている。新陳代謝する生命に関する定義にはアイデンティティが含まれている。生きているシステムには「明確な境界があり、外部と物質を交換する。しかし長期にわたって自身を保つ」という具合に。

進化と遺伝子

ダーウィンは『種の起源』（一八五九年）で「適者生存」の闘いについて述べた。この言葉は、他者よりも環境に適応した者が生き残りやすいことを意味する。進化に関する基本的な遺伝理論によれば、DNAの中にコード化されている遺伝子が分裂し、新しい細胞が形作られることによって私たちは複製される。あなたが異性と性交渉し、二人の遺伝子が融合すると、新しい人間が生まれる。その新しい人物が誰かと性交渉すると、再び遺伝子が融合する。ときに突然変異が起こり、遺伝子が「壊れる」か、さもなければ変化する。

この図は、人物1と人物2の遺伝子が一つになり、新しい人間が生まれることを示している。新たな人物が別の人物と出会い、性交渉する。しかし、図の下部では、なんらかの突然変異が起こり、ある遺伝子に予期しない変化が起きている。

ダーウィンの理論によれば、突然変異によって誕生した人が「適応」することができると、その人は生き残る。さもなければ、死ぬことになる。しかし、突然変異のほとんどがこの運命のゲームの敗者であり、「適応することができない」生命の形を生み出しているのである。

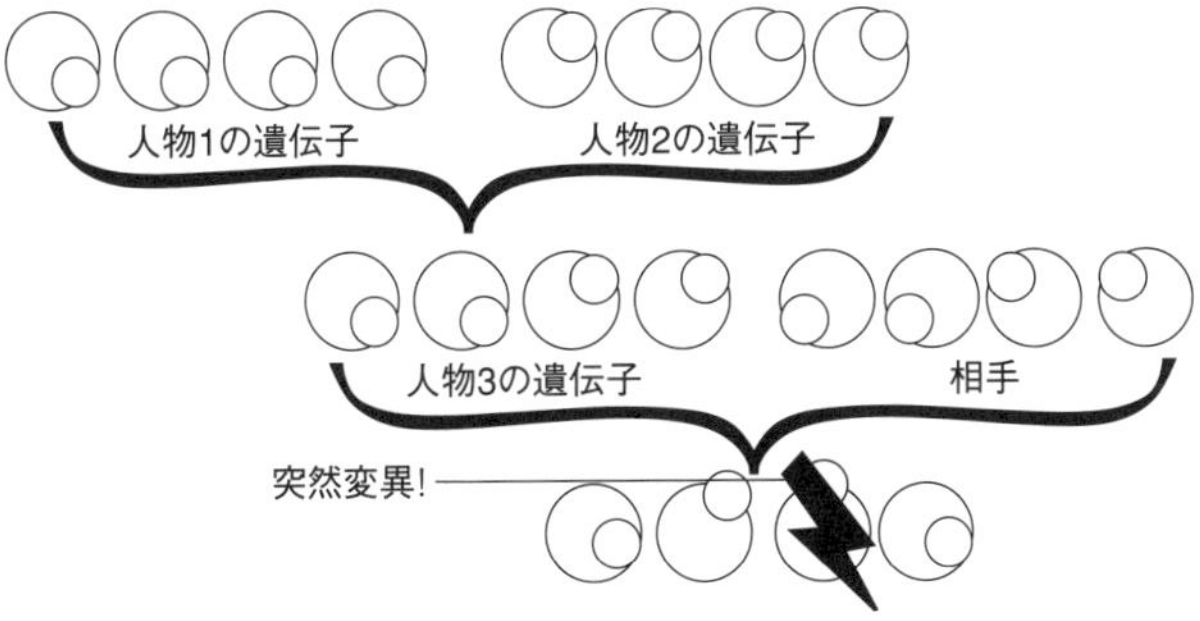

図6-2　突然変異

こうした合意的現実の定義には問題がある。自動車は境界をもち、ガソリンという食物を「代謝している」と考えることもできる。が、多くの人はそんなふうに自動車が「生きている」とは思わないだろう。生化学では、生きているシステムは「繁殖し、核酸分子の中にコード化された遺伝情報を運ぶ。そして、酵素を使って新陳代謝する」とされる。[*8]

生命に関する医学や生物学の理論は進化論に基づいており、そうした生命理論は、経験を不適切なものとみなして放棄する合意的現実の心理を反映したものである。[*9] この種の思考は、文化的差異に対する無自覚や外国人嫌悪に通じるものである。自分自身の一部を周縁化することは多様性の問題を引き起こす。そこから、自分たちの「標準」に「適応」しない歴史を軽視するといった姿勢が生まれてくるのである。未知なる他者を周縁化すればするほど、私たちはさらにその他者を恐れるようになる。あらゆる不安は、無視された自分自身の一部や外的世界と結びついている。言いかえれば、進化論は、問題を抱えた私たちのふだんの心の在り方を反映したものにすぎないのである。

◎生命についての熱力学的定義

生命についての熱力学的な捉え方を考えてみよう。生命に関する局在的な生物学的定義は、エネルギー伝達の物理学によって拡大されている。それは「共有される宇宙のエネルギー」という観点から生命を説明している。熱力学によれば、私たちの生命は、太陽および遥か未来にやってくるその死や、私たちの周囲にあるその他のエネルギー源に依存した、ある種の秩序である。生命は太陽のようなエネルギー源のネゲントロピー〔訳註　負のエントロピー。シュレディンガーの用語で、エントロピーの法則に反する生命系を説明するために導入された概念〕に由来する。ある意味、星々は私たちが生きるために消えていくのである。私たちが生きるにつれて、次第に身体の秩序は無秩序に向かい、「死」によって灰になる――入れ替わりに、他の生命が生まれてくる。エントロピーやエネルギーの概念を使うことは、このように生命を相互依存的な現象と捉える際に役立つ。地球上のあらゆる生命は、星々のエネルギーと宇宙的につながっているのである。

◎生命についてのレインボー・メディスンの視点

生命に関するレインボー・メディスンの視点では、宇宙のあらゆるものはドリームランドで「生きて」おり、生命プロセスの一部をなしているとみなされる。ふと気になるちらつきやフラートの経験は主客のいずれに属するのでもない相互依存的なもので、それは生命が宇宙全体と本来的に共有されたものであることを示唆している。ドリームランドや超空間では、物や人はすべて活気がある。たとえ、それらが合意的現実において生きている場合だけでなく、「死んでいる」ように見えたとしても。[*10]

〝生命〟現象は多次元的な現実であり、合意的かつ超空間的な考察を必要とする。生命や健康は合意的現実の事実やエネルギー、遺伝子や太陽、食物や水だけでなく、量子的領域の経験にも左右される。私たちの生命の感覚は、超空間と強く結びついている。沈黙の力とのつながりに明晰ならば、あなたは生きいきとした健康を感じるだろう。そうでなければ、慢性的な軽い抑うつ感にとらわれ、創造性

熱力学

エネルギー伝達と物質についての理論である熱力学は、巨視的世界のプロセスを決定する。

すべての利用可能なエネルギー、たとえば生命についての合意的現実の概念を構成するものを、物理学者たちは「ネゲントロピー（負のエントロピー）」と呼んでいる。エントロピーは無秩序である。単純に言えば、生命は秩序あるいはネゲントロピーである。秩序あるいはネゲントロピーを失うとき、そのシステム（系）は消滅するか、死んでいく。したがって、地球上では、私たちの主なネゲントロピーの源は太陽である。地球上の生命の起源は、ネゲントロピーの源である太陽から送られてくる利用可能なエネルギーと結びついている。図では、太陽が地球にエネルギーを供給している。地球上の私たちの身体は、ある部分、太陽から生命を得ているのだ。

太陽は私たちにネゲントロピーをもたらしている。しかし、全体のバランスにおいて見ると、私たちが太陽から光を受け取ることによって、太陽はエネルギーと「生命」を失っている。

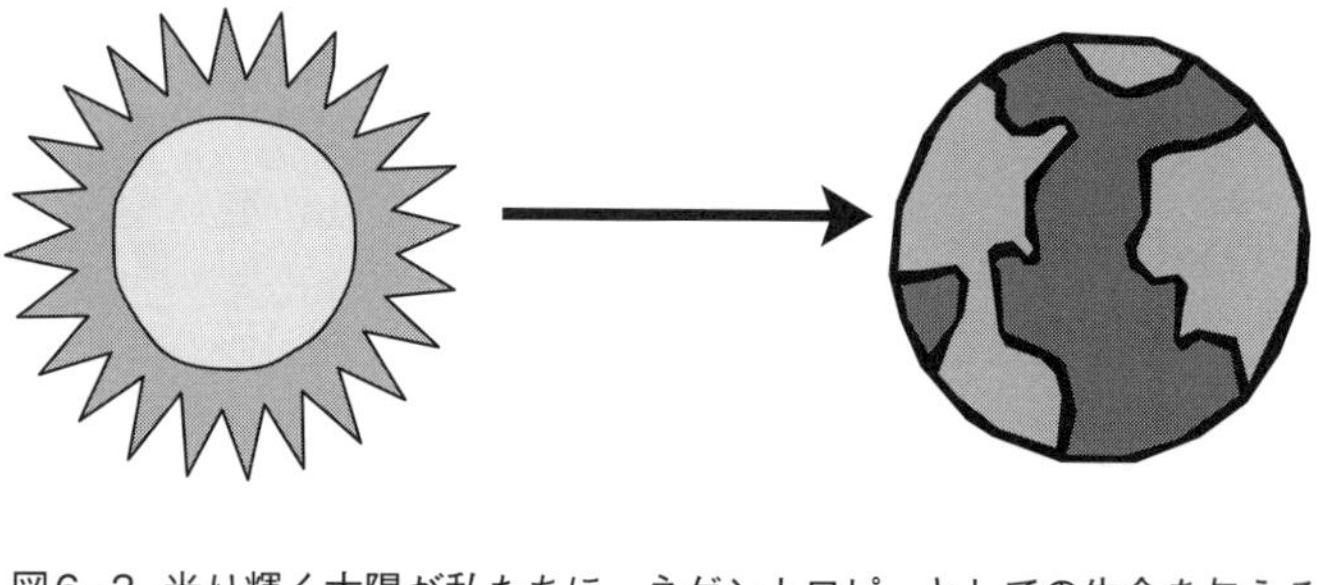

図6-3　光り輝く太陽が私たちに、ネゲントロピーとしての生命を与える。

を欠いた状態になってしまう。そのとき、新しいフラートや火花がとつぜん出現するかわりに、あなたの注意は症状にひきつけられ、身体の健康や病気の程度を確かめようとし始めるのである。

ときどき、生命がおとぎ話の登場人物のようなものに思えることがある。善良な妖精が嫉妬深い怪物に変身し、「俺を無視するな！　いつも創造的に生きろ。小さなちらつきに気を配れ。さもなければ、俺様の（そしておまえの）創造性を認めさせる何か（つまり病気）を創り出してやるぞ！」と言っているかのようだ。

単色の医療の仕事が生命を保護することであるとすれば、レインボー・メディスンの仕事は、自覚を呼び覚まして、症状のもつ意図や、私たちの注意を引くあらゆるものを選び取らせるようにすることである。生命とは、今この瞬間における創造性である。単色の医療と同様、レインボー・メディスンは症状を癒すことを目的にしている。しかし単色の医療とは違い、この新しいパラダイムは不‐安定（病気）を歓迎し、さまざまなレベルで病気に取り組む。疾患や老いを新しい創造性の形として捉えるのである。

第7章　原子の幽霊

アボリジニーの創造神話は、ドリームタイムのすべての大陸を放浪した伝説的な種族霊（トーテム・ビーイング）について語っている。その種族霊は道ですれ違ったすべての存在たちの名を歌う――鳥、動物、植物、岩石、水たまり――その歌によって、世界が出現したのである。

――ブルース・チャトウィン『ソングライン[*1]』

ブルース・チャトウィンは『ソングライン』で、アボリジニーの文化においては、人生を旅するために、その土地の神聖な歌を知らなければならないことを述べている。人々は変性意識状態の中で歌を歌うことが世界を変化させると常に信じていた。先住民の人々であれば「沈黙の力」のことを、土地を聖なる領域に変容させ大地を形づくる「偉大な精霊《グレートスピリット》」と呼ぶだろう。

歌、音楽の感覚、波は、生命に形をもたらす。物理学に一石を投じた有名な科学者、デイヴィッド・ボームの仕事に基づいて判断するならば、物理学はそうした古代の考え方に追いつくことを試みているといえるかもしれない。第2章で、量子波動は非合意的な情報を内包している、ないしそのものであるというボームの考え方を論じた。彼の言葉によれば、「パイロット波」は、まるでなんらかの内的な知恵をもっているかのように物体を導くという。アボリジニーのドリーミングとボームの「パイロット波」は身体を作動させる「原子の幽霊」と呼べるかもしれない。

◎エンテレキー――導く力という考え方

生物および非生命体である物質を導く一つの力が存在する、という考え方は古来数多くある。ギリシアの哲学者アリストテレスは、生命とは有機体に性質を与える力であると考えていた。[*2] さらに彼は、諸部分に分割できない有機体として宇宙全体を見ていた。現代の理論物理学者ポール・デイヴィスはその著書『第五の奇跡 *The Fifth Miracle*』の中で、生命を誘導する生気的な力という古代の概念を科学がほとんど信用していないことを指摘している。[*3] それは物質に内在する捉えどころのない、測定不可能な要因であり、生命を創造し、物質がどのように振る舞うかを導いていると考えられていた。

けれども、神秘的な力という考え方は、けっして消え去ることはなかった。たとえば、一九世紀に電気が発明されると、メアリー・シェリーはフランケンシュタインという想像上の人物を創り出した。それは哲学としての生気論がまだ保たれていたことを示している。彼女の小説では、想像上の人物フランケンシュタインが、雷雨の稲妻を彼の「怪物」の首のボルトに導いて生命をもたらす。

導く力という考え方は、常に人類の思考の一部であった。一七世紀ドイツの哲学者・数学者・科学者であり、(ニュートンと同時期に)微積分法を発見したライプニッツは、物体の究極の現実を「モナド」あるいは「エンテレキー」と呼んだ——それは情報を伝える霊であった。彼によれば、すべての物体は内面に自己決定的な生命の力を宿している。二〇世紀ドイツの生物学者ハンス・ドリーシュは、エンテレキーの概念を内的完全性の原理を示すために使った。彼はエンテレキーがすべての有機体に存在することを主張した。この生物学者は、アリストテレスやライプニッツの歩いた道を辿《たど》っており、生命を導く力としてエンテレキーを捉えている。彼にとってエンテレキーとは、あらゆる生物の成長を導くある種の魂であった。

現在、指導霊や波動という考え方は、生命の起源が地球独自の化学物質の偶然の変異に見出せるとする科学の主張によってほぼ全面的に取って代わられている。多くの科学者たちは、化学的、熱力学的、電気的な環境による特別な組み合わせによって、生命の最初の兆候が偶然に生み出され、それが後に続く進化を決定づけたと考えている。しかしながら、一九九六年八月以降、一部の科学者たちが、生命は地球上のみに存在するという信念を考えなおし始めている。

火星から地球に飛んできた古代の隕石を研究することによって、火星に生命が存在した証拠が発見されたのである。現在、一部の科学者たちは、生命が宇宙の自然の秩序の一部であり、火星からやってきたと考えている(科学者たちの中には、アミノ酸といった生命の基本要素が星間空間で生み出され、隕石によって地球に運ばれてきたと仮定している者もいる)。

アリストテレス、ライプニッツ、ドリーシュと同じように、物理学者ポール・デイヴィスは、物質の目に見えない情報的性質（informational properties）から生命の秘密がやって来ることを信じている。彼は『第五の奇跡』で、そうした情報的性質を波動関数に位置づけられるのではないかと述べている。デイヴィスによれば、生命（すなわち、自律性、複雑性、生殖性、代謝性、養育性という属性をもつ有機体の成長と発展）は非局在的でグローバルな波動関数の情報的内容に由来する。言いかえれば、蛇のような波動関数は現代におけるある種の「指導霊 guiding force」なのである。

◎波動関数とクンダリニー

オックスフォード大学の宇宙物理学者ロジャー・ペンローズはその著書『皇帝の新しい心』で、意識と重力の関連に焦点を当て、重力が量子的プロセスを通して生物‐分子に影響を与えていると主張している。彼の見方によれば、生命の起源は重力、すなわち空間の湾曲する性質、そして宇宙の起源と結びついている。

意識と生命に関する物理学の新しい考え方の多くは、二〇世紀半ばにデイヴィッド・ボームが著した『分割不可能な宇宙――量子論の存在論的解釈 *The Undivided Universe: An Ontological Interpretation of Quantum Theory*』に根ざしているように思われる。その本でボームは物理学の核心を探求し、初めて行なった非局在性の実験によって明らかになった宇宙の統一性と非局在性を説明している。[*4] ボームによれば、量子波動関数は情報の運搬者であり、周囲のすべてのものと絶え間なく相互作用している。

ある現象が生起するとき、そこにはすべての存在が関与している。諸現象のあらゆる側面はつながっている。たとえば、あなたの波動関数は、他の人々との関係性、椅子、コップなど、周囲のあらゆる物事を共創造の参加者として描写する。

ボームは波動関数の「能動的」情報を説明するのに「パイロット波」という用語を使う。パイロット波が粒子の振る舞いを導いていると彼は想定したのだ。アリストテレス、ライプニッツ、ドリーシュによるエンテレキーの概念と寸分の違いもなく、波動は物体の振る舞いを導き、それと共に旅をするのである。

◎飛行する量子波動

物理学者たちが唱える量子波動の概念は重大な意味をはらんでいる。それを理解するために、電子銃から発射された電子に何が起こるかを考えてみたい。

図7-1「電子の飛行」の三つのエリア（Ⅰ、Ⅱ、Ⅲ）を見てみよう。エリアⅠでは、電子（黒い点）は銃の中にあり、スリットからまだ発射されていない。エリアⅡでは、電子の正確な飛行軌跡ないし弾道は追跡することはできない（物理的に測定不可能）。なぜなら、測定によって波動関数が崩壊するからである。エリアⅢ（電子探知器が鳴ることによって、電子が到着したことが示される）のB点に当たるまでは、（量子波動方程式によって）電子を波として表現できることが知られている。

この見方において、電子はエリアⅠから発射される以前は粒子として想像される（その正確な性質

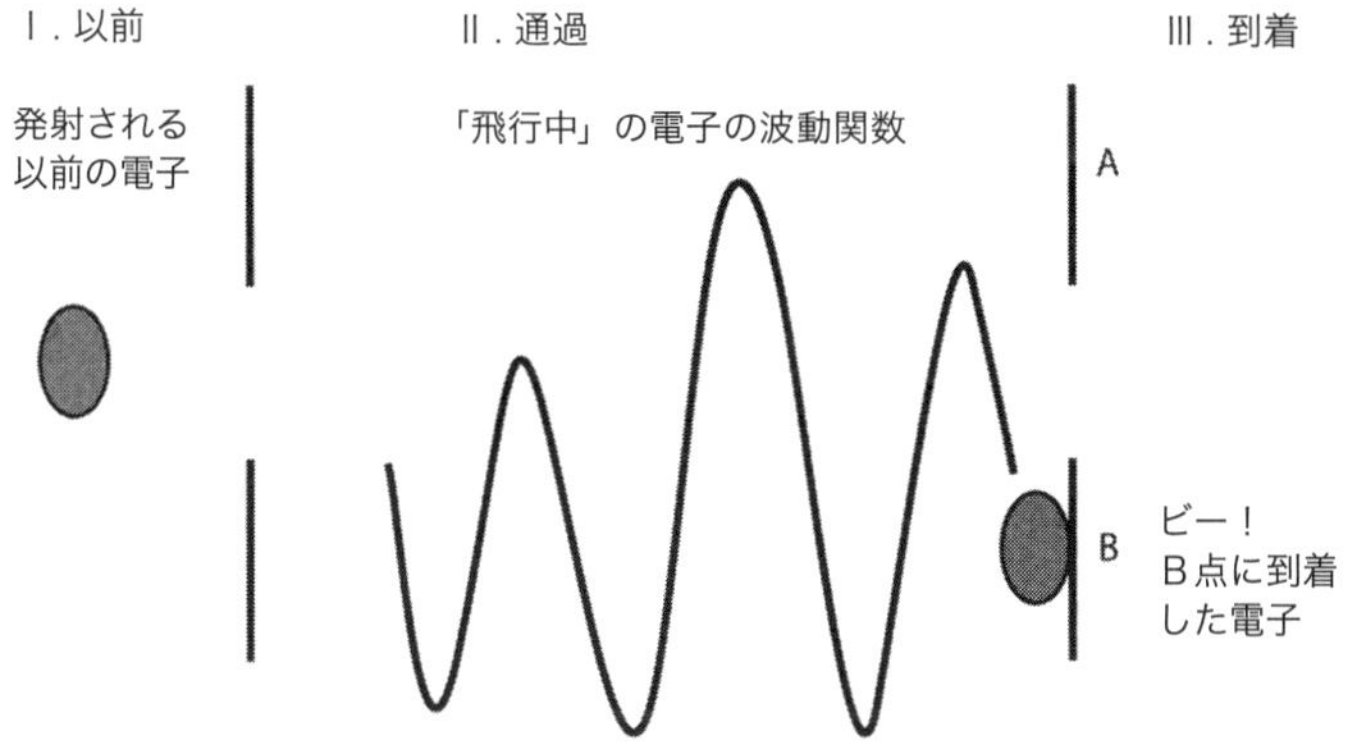

図7-1 電子の飛行

を見ることはできないが）。エリアⅡでは、量子物理学はその粒子を仮想波として記述する。この数学的な公式は厳密だが、合意的現実においては測定できない。

量子レベルの波動という概念は、虚の（想像上の）複素数である。それはドリームランドであり、脈動のような考え方であり、考えたり感じたりすることはできるが、見たり測定したりすることはできない何かである。波動関数の虚数的（想像上の）性質は、合意的現実の中に多くのアナロジーを生じさせた。そのため、量子物理学が発展し始めた一九二〇年代より、量子波動の発見者エルヴィン・シュレディンガーは、それを実際の「物質波」と信じていた。しかしながら、そのような波動は合意的現実の実験においてはけっして観察されなかった。

ボームは明らかに、波動関数の振動的な性質に関するこの初期の考え方を採用している。それはすでに初期の量子物理学者ルイ・ド・ブロイによって部分的に提唱されていた。ド・ブロイは（ソルボンヌ大学の大学院生だった）一九二三年に、粒子が「疑う余地のない内的循環プロセス」を記述

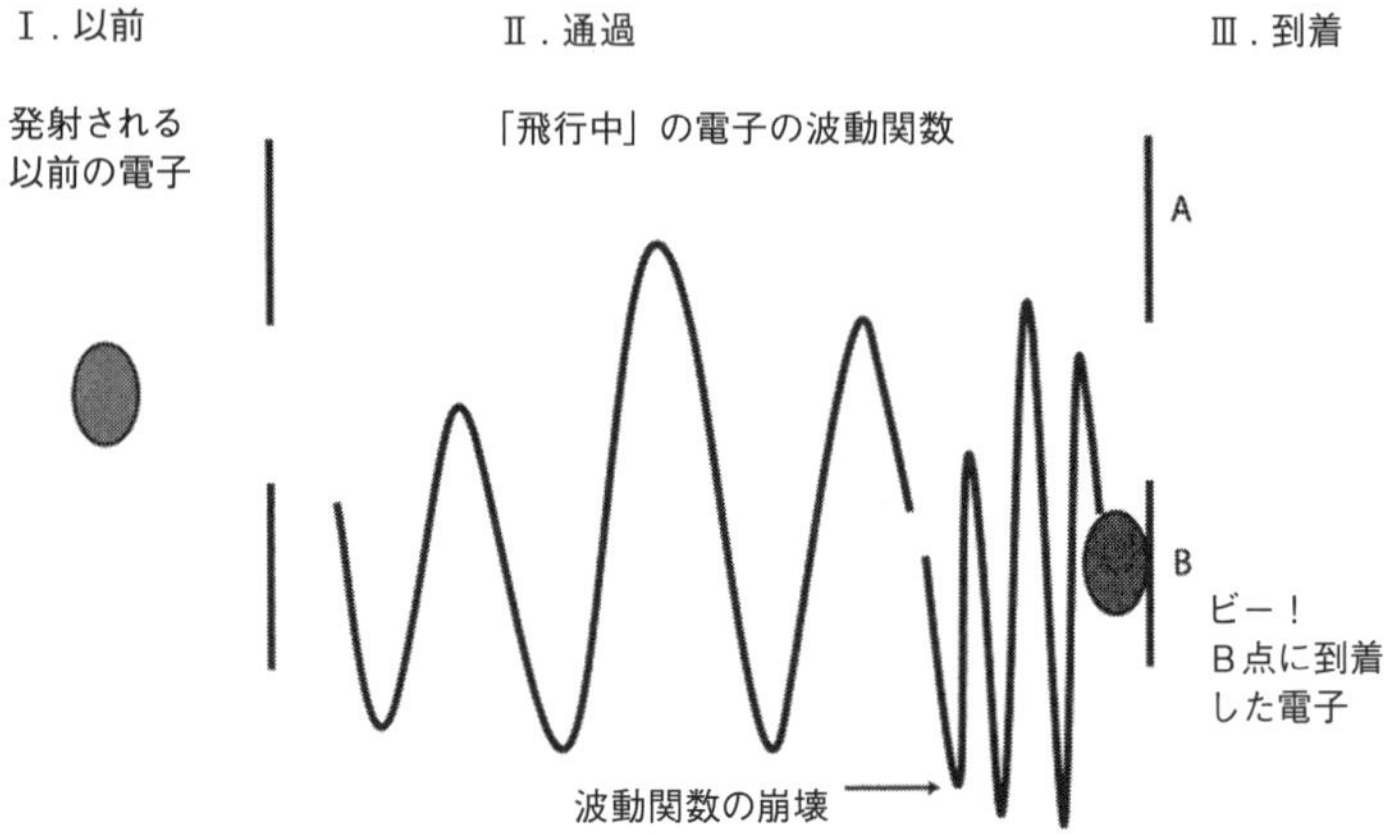

図7-2　エリアⅡの非局所性

する波のような性質を示すことを発見している。物理学のその後の発展によって「物質波」は測定できないことが示されたが、現在の物理学者たちの中には今なおボームの「パイロット波」の考え方に言及する者がいる。[*5]

ボームは『分割不可能な宇宙』で、（エリアⅡの）波の記述が数学それ自体と同じぐらい厳密であることを論じている——「したがってこの想像（界）的な質的概念は、結局のところ、（量子論の）全体的な様相の特徴であると同時に、厳密かつ抽象的な数学的概念でもある。両者は一つになって片方だけではなしえなかった、より包括的な様相を提起するだけでなく、それぞれが互いのさらなる発展のための鍵として奉仕するのである」

◎非局在性

波動方程式は量子論における非局在的現象を表わしている。すなわち、エリアⅡの測定不可能な状態において、それまで粒子だったものが波動として現れ、それは宇宙のあらゆる場所あらゆる時間に存在しうるのである。「粒子」は観察されたときにのみ、波動的な性質から「崩壊」して粒子的存在となり、たとえばBのような点に局在化される。図7-2を見てほしい。どのようにしてこうしたことが起こるのか、これまで科学的に説明されていない。量子力学の謎の一つである（私はこれを、日常的現象の背後にある微細な背景の周縁化という観点から解釈した）。

エリアIIでは、波動関数ないしパイロット波は、測定によって「崩壊」するまでは非局在的である。誘導する波という「より大きな」非局在的状態は宇宙のいたるところにあり、すべてと関連している。

ボームは、船を誘導するレーダーという視覚的アナロジーを想定することによって、粒子と波動の考え方を一つにした。測定可能な（合意的）現実において、それ自身だけ測定される波動や粒子といったものは存在しないが、ボームは想像力を使って、粒子を誘導するものとして量子波動を視覚化しうることを説明したのである。彼は海に浮かぶ船のアナロジーを使い、粒子は船、波動関数は航海中に船を導くレーダーに喩えられると述べている。（図7-3）

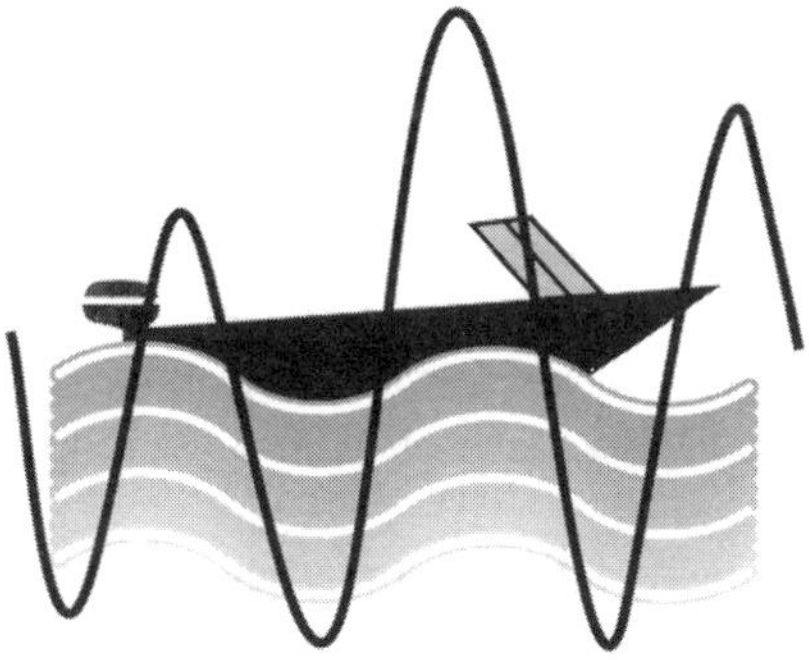

図7-3　パイロット波。ボームは航海する船を導く情報の流れとして量子波動を描いた。

この視覚的なアナロジーにおいて、船は波動を「感知」し、それに従って自身を導いていく。この船で起こることのすべて（船長の判断、乗組員の行動、エンジンの動作）は、パイロット波の「知性」とつながっている。このようなイメージは合意的現実とドリームランドとの関係を示している。ここで船として象徴化されている粒子あるいは物体の合意的現実の側面は、仮想的あるいは数学的な描写であるドリームランドのイメージとの組み合わせによってより深く大きなものとなっている。

◎レインボー・メディスンにおけるパイロット波ないし量子波動

心理学のスラングを使えば、すべての粒子や人間はある種の「ざわめき buzz」ないし生命力をもっていると言えるかもしれない。私たちはここまで、自分の周囲の測定可能な電磁場と測定不可能な場について議論してきた。自分自身の人生や、個人、カップル、グループの方向性を導くパイロット波のようなものをすでに経験していなければ、私はボームのパイロット波の考え方を願望充足的なものとして無視してしまうところだった。私の心理面接室や世界中のセミナーでワークした数万人の人々のこと、そして私自身の人生の展開の仕方について考えてみた結果、一生を動かし、導く、ある種の情報的な波動パターン（個人神話、関係性神話、集団的ヴィジョン）があるのではないかと私は思い始めた。スイスの精神医学者であり、私が最初に学んだ分析心理学の創始者であるC・G・ユングが今も生きていれば、きっと彼は、「確かにパイロット波は私のいう個人神話だ！」と言うことだろう。

私は、最初は物理学に興味をもっていた。ＭＩＴ（マサチューセッツ工科大学）で応用物理学を専攻していた私は、非常に不思議な偶然によって、アインシュタインに魅力を感じてスイスに留学することになり、一九六一年、ユングが亡くなった一週間後にスイスに到着した。私が教育分析で見た最初の夢は、「心理学と物理学を結びつけなさい」とユングから告げられる、というものだった。そして私は、ユングと共同研究を行なったノーベル賞物理学者ウォルフガング・パウリが亡くなった日に生まれたエイミーと結婚した。こうした出来事は偶然だろうか？　私はユングが亡くなった週に到着し、エイミーはパウリが亡くなった日にこの世に「到着」した。

たとえ、それを何と呼んでいいのかわからなくても、あなたも間違いなく自分の人生を特徴づけるある種の反復的パターンを何度も感じたことがあるはずだ。身体の観点からすれば、「船長」とは、「自分」の船の舵取りをしていると考えている私たちの一部分である。私たちの抱える問題の多くは、ドリーミングの広大な広がりから「自分」の考えのすべてがやって来ていることに、「船長」が気づいていないという事実に起因する。自分の人生を完全に支配することはできず、人生が一連の思いがけない偶然の出来事のように見える何かによって導かれていることは、誰でも感づいているだろう。

私たちのパイロット波（の種、骨子）は幼児期のごく初期の記憶や子供時代の夢に見出すことができる。それは多かれ少なかれ私たちの心理的経験がどのようになるかを予言し、私たちを導いている。実際、深化／拡大された自覚があれば、私たちは日中のあらゆる瞬間において、物質的身体に宿りながら、同時に、私たちの周囲にある種の「意図をもつ場」が存在すること、そのざわめきに気づくことができる。それは私たちを微細な仕方で穏やかに動かしている。しかし、私たちはたいていの場合それを周縁化している。すでに述べたように、周縁化されたものはしだいに強度を増して、現実における直接的な押し引きとしてはっきりと感じられるようになり、いわゆる症状として顕現する。あるいは症状の脅威や力は、龍や蛇として夢の中（次元）に現れるかもしれない。

◎逆影響

ボームは、パイロット波が完全に粒子＝船の道を決定するとは考えておらず、粒子＝船の振る舞いもまたパイロット波に影響を与えると考えていた。彼はこの影響を「逆影響 backaction」と呼んだ。逆影響は身体と心の間のある種のフィードバックでもある。より正確に言うならば、それは身体と自覚（意識）と沈黙の力との間の非合意的フィードバックである。

逆影響の心理学的アナロジーは、日常的態度（自我の態度）の変化が夢の成り行きに影響を与えるという事実の中に見出せる。逆影響は、情緒的バランスや心理的バランスの感覚にとって極めて重要なものである。

量子波動の経験や沈黙の力とまったく触れることのない日常的意識にとっては、このエネルギーは恐ろしいものに思われる。私はクンダリニー、つまり創造的な力や、道教における龍、すなわち陽の力を思い起こしている。

いったん日常的意識がこのエネルギーと調和しはじめると、恐ろしい龍は波に乗る永遠のタオイストの姿に変身し、幸せそうな様相を呈するようになる。（図7-4参照）

この永遠のタオイストは、私たちが波動パターンと一つになるときの姿といえるだろう。私たちのあり方（態度）が海の魚や空の雲を映し出す。私たちが日常的世界から傾向性の超空間へと「凝集点（立脚点）を移動させた」後、パイロット波と自分自身との間のギャップは、分裂の感覚がなくなるまで小さくなる。その瞬間、あなたは、何かをするのではなく、何かがなされることを経験する。

図7-4　タオイストの龍[*6]と永遠のタオイスト[*7]。パイロット波経験の変容。龍の姿から波の上で踊る姿へ。写真：Jeff Teasdale. 以下より転載。*Tao: The Chinese Philosophy of Time and Change* by Philip Rawson and Laszlo Legeza (Thames & Hudson Inc., New York)

読者の中には物理学の数式になじんでいる人もいるだろうし、「空」と「創造的な心」の双方を意味するタオイストのアナロジーや〝無心〟に関する禅仏教の教えになじんでいる人もいるだろう。私にとっては、意図をもつ波動の誘導する力がレインボー・メディスンの基本である。それは今でも物理学に存在する生気論的哲学に反映され、量子波動の概念に投影されている沈黙の力である。

この非合意的な力については、以下のように考えられてきた。

・生命の根源
・気の身体エネルギー
・世界や宇宙の始まりにおける偶然の化学変化
・生殖、アイデンティティ、進化のスピリット
・宇宙空間からの隕石の中に存在し、地上の生物分子に影響を与えるもの

おそらくそれは、遍在する、永遠なる私たちの一部なのだろう。私たちはコミュニティでもあり、世界でもある。このことはジョン・ジョンソン博士が教えてくれたアフリカのことわざを思い出させる。「私がいるのはあなたがいるからである。そして、あなたがいるのは私がいるからである」。生命はあなたにも私にも属していない。私たちが生きているのは、あらゆるすべてのおかげである。

今日私たちが「原子」と呼ぶものの幽霊は、先住民の人々によって聖なる歌として感じ取られ、表現されてきた。それは未知なる領域を通して私たちを導いている。ヨーロッパでは、ライプニッツが

あらゆる生物やいわゆる無生物の中に情報を与える霊が存在するのではないかと推測した。彼はそれを「モナド」あるいは「エンテレキー」と呼んだ。現代科学では、デイヴィッド・ボームや、もっと最近ではポール・デイヴィスなどが、波動関数の目に見えない情報的性質の中にその力を見出せると信じている。

私にとっては、「意図をもつ波動」の導く力が情報や癒しの量子的な源である。この「無形の情報(in-formation 内的形成物)」に対する明晰な自覚は、生気論的哲学や現代物理学に反映されている沈黙の力を、微細ではあるものの直接的な身体経験としてもたらしてくれる。

第8章　並行世界《パラレルワールド》の歌

ホーキングの主張を真剣に受けとめるなら、すべての可能宇宙（possible universes）は同時に存在しているが、われわれはその果てしない数の分析から始めなければならない。率直に言えば、「宇宙 universe」という語の定義は、もはや「存在するすべてのもの」ではない。今やそれは「存在可能なすべてのもの」を意味しているのである。

――物理学者ミチオ・カク[*1]

この章では、波動理論、アボリジニーのソングライン、そして物理学が、夢や身体症状を理解する助けになることを示したい。

これまでの章で私は、人生が多次元的な意識経験であり、それは私たちが現実として経験する世界の「背後」あるいは「真下」に存在する量子波動の数式に反映されることを示してきた。また、最も深い生命感覚とは、日常意識がリラックスしたときに感じられる動作傾向（実際の動き以前の動く気配）であることも述べてきた。夢はそうした微細な動作傾向や沈黙の力から生起してくるのであり、それは量子物理学では、物体の波動関数として象徴化されている。この波動関数、ないし意図をもつ波動を私たちは、何かに導かれているというかすかな感覚、個人神話の感覚としてのみ、直接的に経験することができる。そうした傾向性とつながっているとき私たちは最も気分よく感じるためである。それゆえ私は、意図をもつ波動を「心ある道」と呼んでいる。それは複数の意識状態、経験、ないし並行世界から成り立っているものである。

◎パイロット波の多世界

「沈黙の力」は、それを記述している人の自覚のレベルによって、さまざまに記述される。

・**合意的現実**　合意的現実では、実験物理学だけがエッセンスの世界、すなわち沈黙の力の可能な側面を測定できると考えられている。すでに述べたように、観察できるものを基準にするという考え方が、合意的現実を創造するために必要とされるすべての仮想的側面を周縁化してしまう。それはまるで木を見るだけで根の重要性を周縁化してしまうことに似ている。合意的現実の視点から見たり、経験したりすると、沈黙の力は意図をもたない偶然に思われる――ドリームランドのイメージは、簡単に無視されるのである。

・ドリームランド　理論物理学では、「沈黙の力」は想像上の（虚数）〔想像界的〕空間における波動として現れる（すなわち、波動関数の数式が複素数の数学的空間においてそれを記述する）。ドリームランドの経験では、沈黙の力は夢や身体のイメージとして現れ、それは長い年月の間に均等化されて個人神話が形成されていく。

・エッセンス　この領域を言葉で表現することはできないが、エッセンスや誘導的な意図の感覚という概念は、傾向性やフラートといった沈黙の力の、非二元的な経験を指している。すでに議論したように、ボームはこの領域を「パイロット波」の観点から想像した。エッセンスは心理学の背後にも（個人神話として）、また物理学の背後にも（波動関数として）存在し、ゆえに合意的現実のすべての対象の背後に広がっている。これらのさまざまな概念やイメージを一つにすると、下図のようになる。

◎水、量子、夢の波動

パイロット波が、あるいはどんな波でもいいのだが、他のたくさ

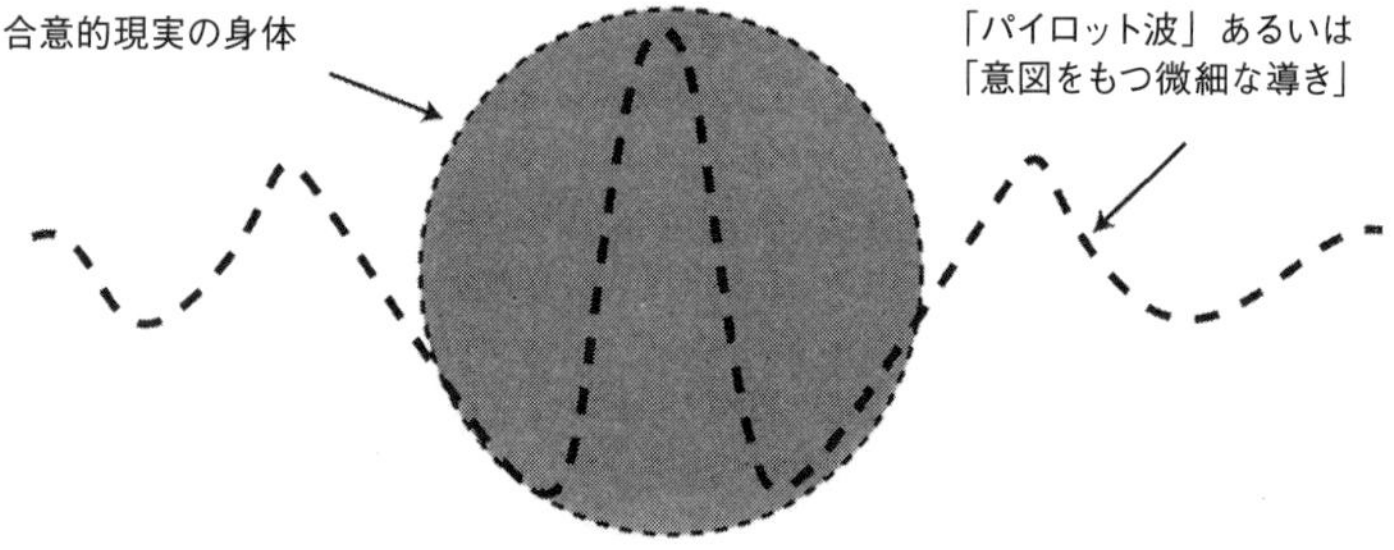

図8-1　合意的現実のあなたとあなたを導くパイロット波

んの波（そしてたくさんの世界）から成り立っていることを理解するために、あなたが湖や海岸にいるところを思い描いていただきたい。通り過ぎるボートが水面の波を乱していく。ほんの一瞬、ボートの波がそれまでの波に加わり、新しい波を立てる。それははじめの二つの波の合計である（図8-2参照）。

波は素晴らしい！[*2] 私は波に強く引きつけられる。新しい波（図に示したのは数学的に厳密なものではないが）は、ボートの波とボートが通り過ぎる以前から存在していた波の合計によるものである。波に魅了される私をもっと驚かせることは、ボートが通り、その波が過ぎ去った後、水面が以前のパターンに戻ることである。言いかえれば、水の波（そして波全般）は、多かれ少なかれ、互いに独立しているのである。海のような非常に大量の水の場合は特にそうだ。波は互いに影響を与え合い、「融合」した後、また別途の道を行く。それぞれの波はそれ自身で成り立つ世界なのである。

心理学と物理学を関連づけるために、そうした波の性質

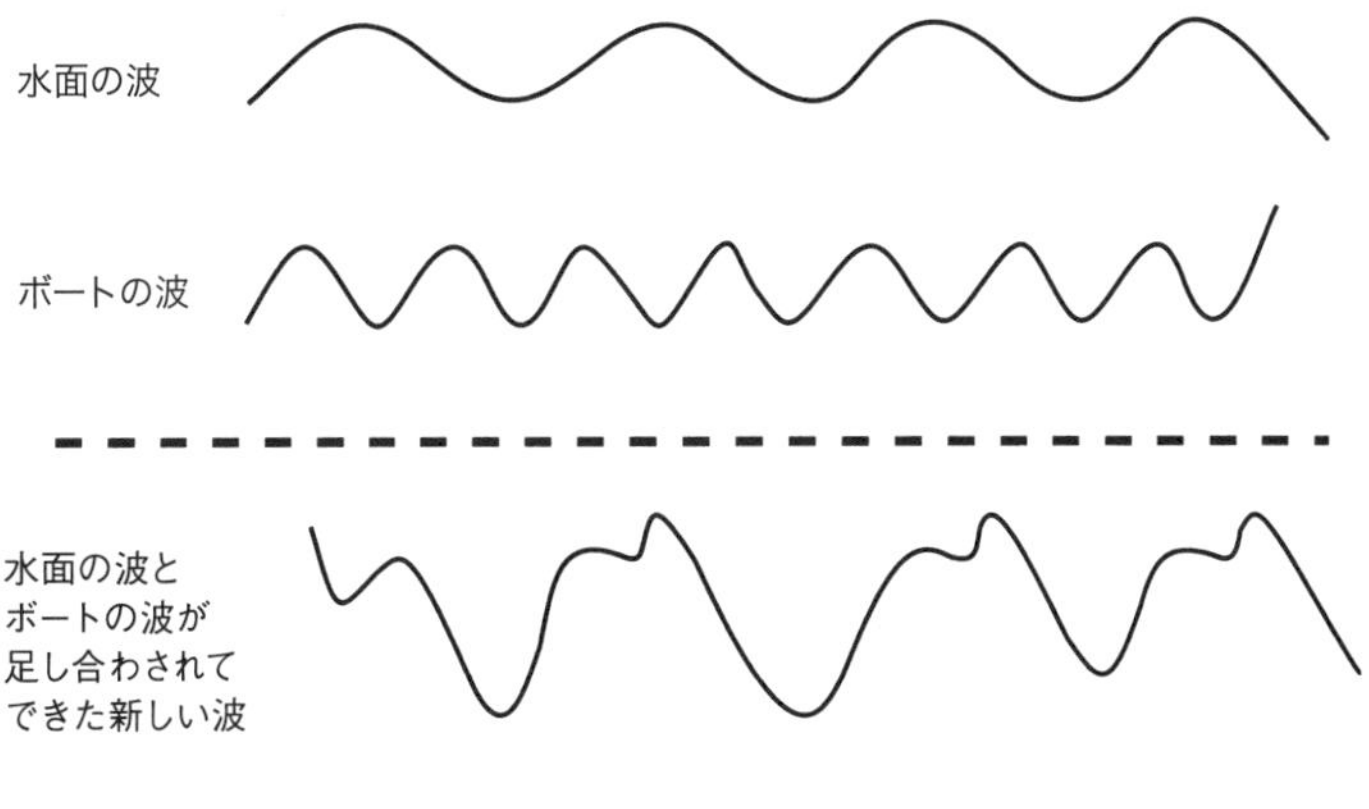

図8-2 互いに足し合わされる波

を使うことができる。原子のような粒子が量子波動やパイロット波をもち、人が量子波動や個人神話をもつことはすでに論じてきた。原子のパイロット波や量子波動は、互いに干渉しない下位波動へと壊れることがある。[*3] それぞれの下位波動は、原子が「振動する」仕方を示している。

同じように、私たちの基本的パターンや個人神話は、下位《サブ》パーソナリティから成り立っている。それは波のように、ふだんは互いに干渉することなく存在している。それぞれの下位パーソナリティは、私たちが振る舞うパターンを示している。夜になると、私たちはさまざまな下位パターンや断片について夢を見る。ある晩、夢に現れたさまざまな下位パーソナリティや断片は、互いに相互作用することがほとんどないように思われるかもしれない。私たちは、ある状態で賢い女性になり、別の状態で怒った子供になることがあるが、二つの状態が互いに相互作用する（関係をもつ）ことはほとんどない（だから私たちはセラピストの助けが必要なのである）。

一つの原子の全体的な波動が原子のさまざまな下位状態の合計であるように、私たちは海に浮かぶたくさんの「ボート」に起因する一つの波である。したがって、いろいろな友人や敵は、異なる世界にいる下位波動と考えることができるかもしれない。

エクササイズ……下位パーソナリティと音楽

自分が他の多くの波の合計であることを理解するため、また、波動理論の理解を深めるために、以下のエクササイズを試してみたい。

＊最近見た夢、あるいは昔見た夢を一つ選びます。いくつかの場面や登場人物を伴う夢を一つだけ思い出してください。

＊その夢に出てきたものの中から一つ選び、それについて考えます。夢に登場したそれ（フィギュアA、場面でも人物でもよい）をシンプルな音やリズムで表現してみてください。あまり時間をかけないように。その対象について考え、それを表現するのにぴったりする音やリズムを作り出します。（この音やリズムが、フィギュアAの意味についてヒントを与えてくれることに気づくかもしれません）

＊次に、同じ夢の中のフィギュアBについて同じことをしてみましょう。さっきとは違う別のシンプルな音やリズムでそのイメージを表現します。（その音やリズムが、フィギュアBの意味についてヒントを与えてくれることに気づくかもしれません）

＊最後に、創造性を発揮して、二つの音／リズムを一つにしてみましょう。できるでしょうか？　新たに生まれた音やリズム（この「音」をフィギュアCと呼びましょう）は、AやBよりもあなたの全体性をよく表現するものです。

フィギュアAとBの音楽は、Cという音の「下位状態」あるいは下位《サブ》パーソナリティである。最終的なCという音は、あなたの全体的パターンやその時点での「パイロット波」の感覚を与えてくれるかもしれない。[＊4]

一生涯の夢に登場する数々の人や物（ドリーム・フィギュア）の総和は、ある意味で、あなたの人生のパイロット波である。あなたの下位状態の総和は、あなたの本質全般をより厳密に表現するものとなる。音楽の諸波動は、水や量子の諸波動と（数学的には）同等である。おそらく、アインシュタイン、パウリ、ファインマンといった物理学者たちが音楽――その響き、音色、倍音など――に魅せられていたのはそのためであろう。

どんな波も、どんな音（あるいは経験）も、他の波や副次（下位）波動、他の音や副次音《サブトーン》（あるいは倍音）を内包している。私たちがふだんしているように、最もよく聞こえる音、あるいは自分の性質の最も際立った部分にのみ焦点を当てることは、下位の音やパーソナリティを周縁化してしまう。一つの身体状態（たとえば、何か一所懸命やっていること）だけに焦点を当てるなら、そうすることで自動的に、大きな「あなた」やあなたの全体的パターンを創造するのに必要とされる、より深い意識状態が周縁化されてしまう。あなたの全体的なパイロット波の一部（たとえば「善人」の部分）だけに同一化することを選ぶなら、あなたの中にある他の諸々の性質やその「副次音《サブトーン》」を周縁化することになる。

◇◇◇◇◇◇◇◇◇◇◇◇◇◇◇◇◇

音楽的な音、倍音、波動

あらゆる波動が下位波動の総和として理解できることは、すべての科学理論の中でも最も驚くべきことの一つである、とリチャード・ファインマン[*5]は述べているが、私はその見解に賛成する。音楽家は副次波動ないし副次音《サブトーン》を感じ、知っている。たとえば、ピアノで一つの音符を弾くとき、実

◇◇◇◇◇◇◇◇◇◇◇◇◇◇◇◇◇

際には同時に複数の音が響いている。それが〝倍音〟である。ピアノ（ギター、チェロなど）の音は、実際はたくさんの音の豊かな組み合わせなのだ。倍音は微弱なので、訓練によって音楽的な耳を培っていなければ聞こえない。倍音とは、弦楽器や管楽器が全体として振動するときの、基音（ファンダメンタル・トーン）よりも高い（あるいは低い）微弱な音である。

ギターのいちばん低い弦（E線）を鳴らしたとしよう。弦を鳴らすと、基音であるEの音が大きく響く。そのとき、弦の真ん中にやさしく指を触れると、弦が全体として振動せずに、指の先端で振動していることに気づくだろう。そして、音は一オクターブ高くなる。E線を鳴らして、弦の真ん中に指を触れると、オクターブ高いEが聞こえるのである！

もっとエキサイティングなことは、以下の発見である（何世紀も前にギリシアで発見された）。基音を鳴らすと、基音の微細な一部としてそれより高い音を聞くこともできるのである。高い音は基音の「倍音」である。弦は同

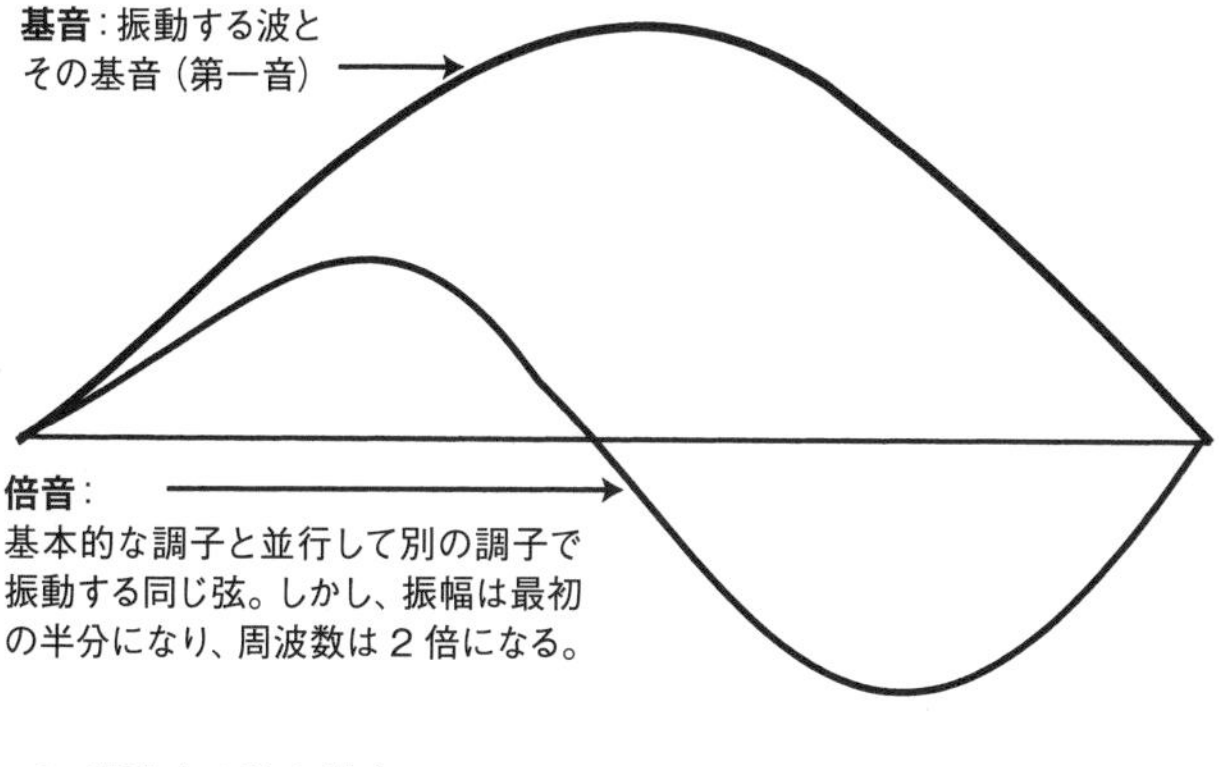

基音：振動する波と
その基音（第一音）
倍音：
基本的な調子と並行して別の調子で
振動する同じ弦。しかし、振幅は最初
の半分になり、周波数は２倍になる。

図8-3　振動する弦と倍音

時にいくつかの異なる仕方で（異なる方向に向かって）振動することができる。すべての弦や波と同じように、私たちが聞く音は、複数の音の組み合わせなのである――複数の波や倍音は、水の多様な波が互いに足し合わされていったように、お互い重ね合わさっているのである。

倍音は常に存在している。それを聞くには訓練が必要なだけである。平均的な聞き手は、普段もっぱら基音のみを聞いている。集中したときにのみ、微弱な倍音を聞くことができる。

図は、基音と第一倍音を示している。別の振幅を示す別の倍音もある。しかし、わかりやすくするため、先ほどのギターの例と同じように、基音と第一倍音だけについて考えてみよう。Eの音を奏でるどんな弦楽器や管楽器にも、程度の差はあれそれの倍音が含まれている。自分では気づいていなくても、私たちは楽器が奏でる特定の倍音に無意識的に注意を向けて、その楽器がEの音を出していることを判断する。

音量が同じであっても、倍音の強さは楽器によって異なっている。異なる強さの倍音が組み合わさることによって、私たちはある音を聞いたとき、それがピアノや声ではなく、トランペットだとわかるのだ。楽器が違っても同じ音符を演奏していることがわかるのは、主音（メイン・トーン）の強度による。

物理学者や数学者は（それから、あらゆる種類のヒーラーたちも）、人や物の全体的な音が基音と倍音の組み合わせであることを知っている。

エクササイズ……身体を表現する音

自分の下位状態や副次音《サブトーン》の一つを無視することは、不全感や気分の悪さをもたらす。いついかなる瞬間にも人は日常的自己を生きているとともに超空間にも生きているわけだが、それらに対する自覚を高めるために、自分自身にこう問いかけていただきたい。「私が感じている基音は何だろうか？　その倍音は何だろうか？」

身体感覚を響きや音で表現する以下のエクササイズを試してみよう。

＊心の準備ができたら、自分の身体の内側や周囲の雰囲気を感じ取りましょう。今この瞬間、あなたの身体の状態を最も明確に表現する音は何でしょうか？　その音は鋭い？　うねっている？　深い？　やわらかい？　固い？　あなたの現在の内的状態を表現する音を出してみましょう。音を出すことが恥ずかしくても、思いきってやってみてください。その音を長くのばして、シンプルではっきりとした音にしてみましょう。

＊次に、自分の出した音を聞いて、その音についていろいろ想像します。その音、あるいは想像した世界に入っていきます。その音が展開する物語を想像してみましょう。壮大な物語である必要はありません。ちょっとした物語でけっこうです。それが何であれ、その物語を口に出して語ってください。その物語はどのような世界ですか？　たとえば、私の読者のひとりは汽車のシュッシュッポッポという音を聞き、自分自身でガタンガタンと音を立てました。彼はその汽車がロシアから中国へと東に向

かって走っているところを想像しました。

＊次に、準備が整ったら、最初の音を一オクターブ高くしてみましょう（一オクターブ高いとあなたが感じる音でかまいません）。これが第一倍音になります。その倍音を声に出して、自分でよく聞いてみましょう（オクターブ高い音を出すことが難しければ、逆に基音より一オクターブ低い音でやってみましょう）。

＊その倍音の世界を聞き、感じます。どのようなイメージや物語がこの倍音によって展開していくでしょうか？　何か思いがふと心をよぎったら、それを捕まえ、この倍音と関連する物語や想像したことを語りましょう。

＊変身して、動いてみます。つまり、倍音の世界の中にいる自分自身を感じ、想像の中でそこで生きてみるのです。その世界を感じてください。その音を声で表現し、同時にその物語を語ってください。その世界での経験について書きとめます。それは一つめの世界とどのような点が同じで、どのような点が違っていましたか？

＊この並行世界の中で生きながら、「そこにおけるメッセージは何だろうか？」と考えてみてください。「そのメッセージは自分のふだんの生活においてどんな意味があるのか？　そのメッセージは自分が取り組んできた状況に対してどのような支援となるのだろうか？」と自問してみるのです。たとえば、汽車の音を聞いた人は、それの一オクターブ高い音を、外宇宙に向かうロケットのエンジンの音として聞きました。彼にとってこの経験はまったくわけのわからないものだったのですが、それを周縁化するのではなく、そのまま受け容れることにし、その世界の中、つまり宇宙で生きている自分

を想像しました。そのときの意識状態は、最初の汽車ポッポの音のときとはまったく異なるものでした。彼によると、そこでのメッセージは、日常生活において汽車のように頑張って前進するのではなく、もっと自分を「浮遊」させなさい、というものだったそうです。

＊最後に、自分自身にこう問いかけてください。「倍音の音やメッセージは、以前には注意を払っていなかったけれど、最初の音の中にどのようなかたちですでに存在していただろうか」と。私の読者は、汽車が向かっている中国は古代の中国、つまり「異界」であり、タオイストたちが人生と共に浮遊しながら生きていたところであると想像しました。

倍音は全般的に、日常的意識を超えた変性意識状態を表わしているように思われる。通常、私たちは第一の音（基音）のみに焦点を当てることによって、たくさんの次元のうちの一つの次元――いちばんよく知っている次元――でしか生きていない。その次元に私たちは大変な親しみをもって同一化している。しかし、この世界は倍音の超空間に比べると、一面的な「フラットランド」である。日常生活において、私たちは基音だけでなく、倍音をも生きる必要がある。自らの倍音を周縁化しないときにこそ、最高の気分を感じられるのだから。

私たちのエッセンス、基本的な傾向、あるいはパイロット波は、すべての副次音《サブトーン》の総和である。ドリーミングの力とは、私たちのふだんの生き方（最初の基音に相当する）と、より深層のドリーミング的意識状態の合計なのだ。こうした二つの意識状態のすべての側面が一つになるとき、私たちは自分が「正しい道」、すなわち「心ある道」を進んでいると感じるのである。

最も深い意識状態を周縁化することによって、私たちはパイロット波を自分にとって最も妥当なパーソナリティ——私たちが同一化している支配的なエネルギーの塊——の中に「押し込めて」しまう(図8-4参照)。

ドリームランドにおける私たちの内的世界および外的世界は波動状であり、空間および超空間として同時に存在するため、そこではとても奇妙なことが起こりうる。たとえば、ある夜の夢の中で、あなたはコーヒーショップに座っている自分を体験する。そして、同じ晩の次の夢の断片では、あなたは死んでいる。ある意味、あなたは生きている状態と死んでいる状態の合計である。あなたの「心ある道」は、生きている状態と死んでいる状態の合計なのである。けれども、死んでいる状態の感覚を日常的現実で周縁化するならば、あなたは疲労に悩まされ、「死んだ」ように感じるかもしれない。しかし、かわりに、日常生活における日常的な自己に執着しない超然とした生き方をするという意味で、「死ぬ」こともできるのである。

とにかく、その日のあなたにとっての心ある道は、生きている状態と死んでいる状態を同時に経験することである。ヨーガの伝説的開祖であるパタンジャリによると、ヨーガの目的は生きながらにして死ん

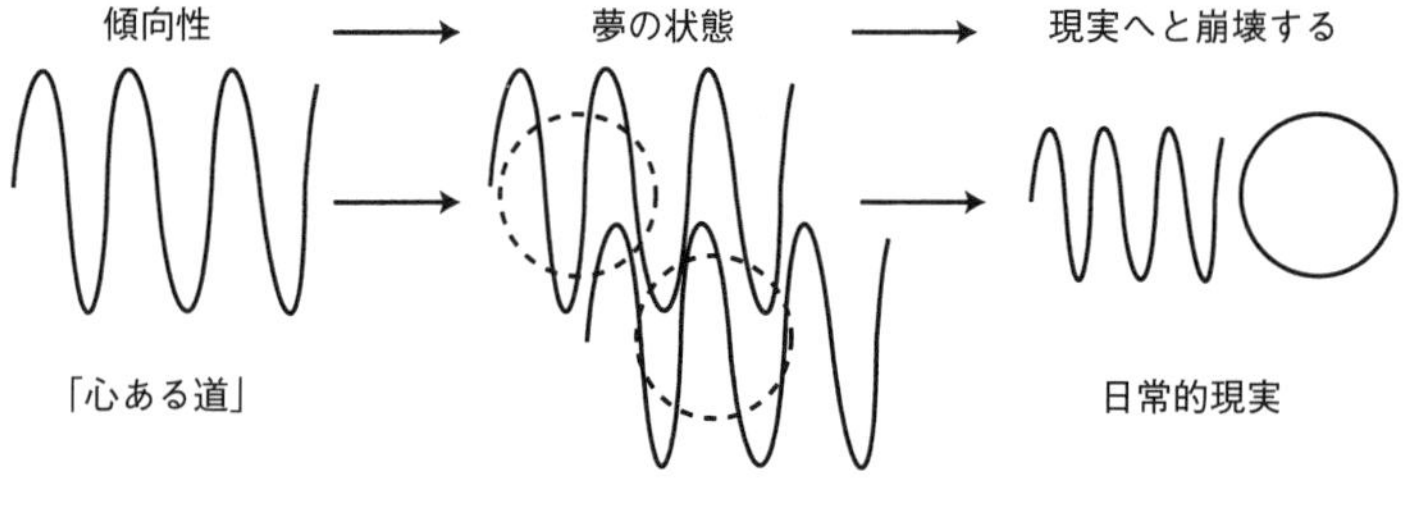

図8-4 傾向性はどのように現実になるか

だ人になることである。[*6]

◎並行世界と心ある道

ヒュー・エヴェレット[*7]はシュレディンガーの波動方程式を解釈しなおして、一九五〇年代後半に物理学に「多世界パラダイム」を導入した。シュレディンガーのいう波動とは、それ以外の他の諸波動、別々に存在する諸状態、すなわち「諸世界」――並行世界の数々――の総和である、とエヴェレットは言う。私たちは、物体を（合意的現実で）見るたびに、多様な状態の可能性の一つに参入しているのだ、と彼は考えた。他の諸状態は依然存在している。同じように、他の諸世界が存在しているにもかかわらず、私たちには見えない。なぜなら、それらはこの日常的世界と並行して存在しており、観察の瞬間には私たちが立脚している世界と目に見える形で交差しないからである。

この解釈はラディカルだが、それでも多世界理論は受け容れられた。ある部分では、リチャード・ファインマン、マレー・ゲルマン、スティーヴン・ワインバーグといった一流の物理学者たちがこの解釈に同意したからである。あるシステムにおけるそれぞれの量子状態は、潜在的な並行世界であるためである。

大雑把に言うと、「世界」はプロセスである、あるいは相互作用する諸プロセスの集合といってもいい。本質的にそれらのプロセスは、重なり合って存在していても、互いに干渉することがない。そうした諸プロセスによって全般的な波動が構成されているのである。先ほどの例を使うならば、生きている状態は一つの世界であり、そして、死んでいる状態は別の世界、つまり並行世界である。両方の世界は同時に存在する。物理学ではときに「世界」が「宇宙」と言いかえられることもある。

すでに述べたように、並行世界についての心理学的アナロジーは、あなたが抱く一連の夢のイメージや気分である。ある晩、あなたは自分が生きている夢を見て、その後に自分が死んでいる夢を見る。そうした二つの「世界」は相対的に分離している。あなたが生きている夢の中にいるとき、あなたは自分が死んでいる夢に気づかない。加えて、自分が死んでいる夢の世界は、多かれ少なかれ、最初の夢の世界とは分離している。目覚めたとき、あなたの全般的な気分ないし状態ないし宇宙は、そうしたさまざまな世界の組み合わせ（あるいは比喩的な意味での重ね合わせ）になっている。

意識のあらゆる状態（あるいは物体の状態）が多くの状態の総和と考えることができるのと同じように、ミチオ・カクによれば「宇宙」も「存在しうる諸状態のすべて」の組み合わせと考えることができる。[*8] 同様に、物や人の潜在的諸状態のすべては、どの瞬間においても存在する。もっとも、私たちが観察するときは、特定の瞬間における最も起こりやすい傾向に従って偏差を加えられた合計に影響されるわけだが。

宇宙物理学者スティーヴン・ホーキングは、世界と宇宙についての考え方を大きく飛躍させた。彼は、宇宙も物体であると考え、それが量子的物体であることを示唆した。[*9] 小さな粒子に量子力学を適用するだけでなく、大きな「粒子」（宇宙全体）にも量子力学を適用できると仮定したのである。

宇宙誕生の瞬間に何が起こったかを理解しようとして、ホーキングは宇宙のパイロット波が、他のすべてのパイロット波と同じように、他のさまざまな波動（すなわち、他の諸世界ないし諸宇宙）の

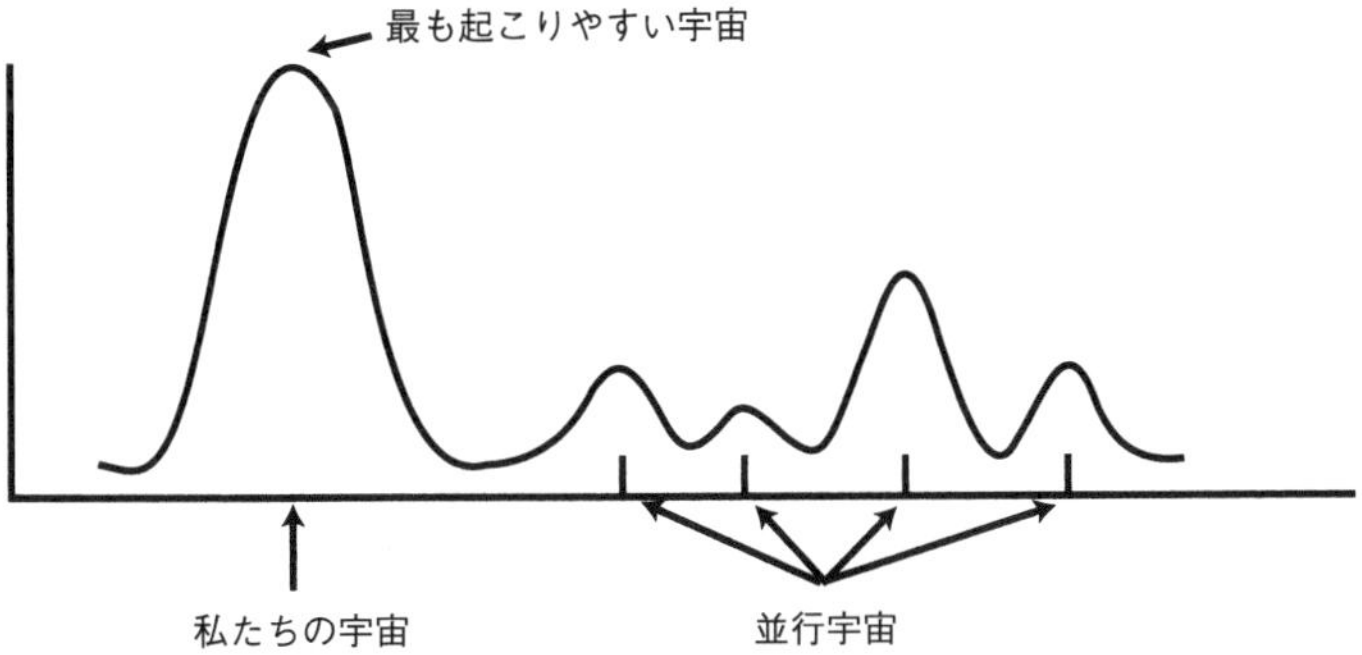

図8-5 宇宙の波動関数。ミチオ・カクのウェブサイト（www.mkaku.org）の図および、彼の著書『超空間』の議論を基に描いた。

総和であることを提唱した。本章の図8-2で指摘したように、図8-5では、宇宙の波動は他のさまざまな宇宙の総和である。それらが全体の波動に与える影響は、小さな隆起あるいは丘によって示されている。

左側の大きな隆起は、私たちが生きている宇宙を表わしている。それを物理学者たちは最も起こりやすい宇宙と考える。一方、右側の小さな丘は、他の多様な波動関数や宇宙の可能性を示唆する。

ホーキングのこうした考え方は科学の世界で議論を巻き起こしているが、私は彼の主張がプロセス指向心理学の象徴的な考え方と非常に近いと考えている。

私たちの一人ひとりは、相対的に独立した数多くの下位宇宙をもつある種の宇宙である。一つの宇宙では、あなたはアフガニスタンのイスラム教徒であり、別の宇宙では、ヨーロッパのキリスト教徒あるいはユダヤ教徒かもしれない。さらに別の宇宙では、あなたはオーストラリアのアボリジニーであり、別の宇宙では、自由に空を飛ぶ鳥かもしれない。そうした宇宙のそれぞれが、人生に対してあなたがもつ全体的感覚に影響を与えている。

次の章では、オーストラリアのアボリジニーが、ソングラインという並行世界の考え方を、物理学がそのような概念を考える以前から、数世紀にわたって使ってきたことを議論する。物質の背後あるいは宇宙全体の背後にある量子的なパイロット波という概念は、アボリジニーたちが日々生きていくために用いてきた微細な感覚や内的でセンシェントな知恵の新しいバージョンであると言えよう。

アボリジニーの信念によれば、世界は歌によって創造されたのであり、したがって、歌を感じ取ることによって、未知の土地でも進むべき道を見出すことができるという。同様に、ソングラインは人生の困難な時期を生きる私たちを導くことができる。自分自身、愛する人、コミュニティと疎遠になったとき、私たちは祖先に倣《なら》ってはどうだろうか——歌、音、倍音を用いてバランス感覚を取り戻すのである。

そうした歌——その瞬間に感じる音——はすべて、一生を通してその人を導くガイドとなる。自分の内側の音を感じ取ったことを思い出し、今ここでもう一度ふり返っていただきたい（一三二頁のエクササイズ参照）。そして、その音を一オクターブ高くしてみよう。最後に、最初の音とその倍音を一つにする。そうすることによって、あなたは自分の世界とつながるための魔法を身をもって体験することだろう。さあ、今試みてみよう。心ある道に従うこと。その道は自分が生きている世界の中を歩んでいくための、今この瞬間手にすることができる地図なのである。

第9章　クォンタム・メディスンとしてのコヒーレンス風呂

自分自身の内面を深く見つめるならば、そこには二つの世界だけでなく、表現を超えた幾多の世界が存在する。第一の人は外的世界だけで生きており、第二の人は二つの世界で生きており、そして第三の人は同時にたくさんの世界に生きているると理解することができる（……）「そうした世界はどこにあるのか？　天の上か、地の底か？」と問われたら、「すべての世界は私たちがいる場所と同じ所にある」というのが答えである。

――ハズラット・イナヤット・カーン[*1]（一九〇〇年代初期にインドとペルシャで生きたスーフィー［イスラーム神秘主義者］）

『サイエンティフィック・アメリカン』に最近掲載された記事によれば、倍音は今日たくさんの人々の生活で重要な役割を担っているという。[*2]倍音を用いた歌は、人類の歴史と同じぐらい古くからある発声表現の一つである。今日でも、中東、西アジア、チベット、モンゴル、シベリア、南北アメリカの先住民の人々は、癒しの目的で倍音の歌を使う。

科学の研究成果およびアボリジニーのスピリチュアリティによると、ソングライン（歌の線、歌の道）が宇宙を支配している。オーストラリアのアボリジニーの神話における音の力は、ドリームタイムにおいて地球を今ある形にしたとされる神話的人物たちに基づいている。彼／彼女らが自然界の種に生命をもたらし、文化、習慣、規則を創ったと信じられているのである。ブルース・チャトウィンによれば、そうした神話的人物たちは「歌の織物で世界全体を包んだ」という。彼は著書『ソングライン』で、「その土地は最初に心の中の概念として存在し、歌うことによって形を与えられる」と説明している。

身体も、土地の一部として、大きな意味で、ソングラインをもっているといえる。実際、オーストラリアのアボリジニーによれば、物が生起する以前に、その振動の歌が知られ、歌われなければならないという。物だけでなく、風景全体もソングラインによって組織化されている。大地に張りめぐらされた非合意的次元におけるソングラインの道（ワルピリ語で「イリ」と呼ばれる）は、アボリジニーの神話的な祖先たちによって創造されたという。そうした存在たちは暗い大地から浮かび上がりながら、「山、谷、水たまり」を創造し、「歌うことによって、世界を顕現させた」[*3]。

遠く離れたアボリジニーのグループ同士は意思伝達のために、ソングラインあるいはドリーミングの足跡を活用する。また、アボリジニーの人々は、現実の世界は、彼らがそれを見ることができ、かつそれについて歌うことができるときに初めて存在すると信じている。実際、「国、土地（country）」に

図9-1 蛇のドリーミング。アボリジニーのローナ・インカマナの作品。ローナが住んでいる町から遠く離れた土地は、たくさんの蛇のドリーミングの物語の場所である。蛇は水たまりが汚されないように守っている[*5]。

あたる彼らの言葉は「線（line）」を意味する。物や土地は、それらのソングラインと一緒になって、初めて現実性《リアリティ》を帯びたものになるのである。

ソングラインは人生に関する公式あるいは法則のようなものと言える。現代物理学はそうした法則を数学の観点から表現している。一方、アボリジニーの人々は音、物語、描画によってその法則を表現してきた[*4]。上図の中にも、ある土地のある種の量子波動場を見ることができる。大地の守護的存在と考えられている蛇に注目してみよう。ソングラインは生命の振動を伝える。それは私たちの存在全体の「背後」に広がる宇宙の量子波動から運ばれてきた「先導する情報《パイロット》」と言える。

オーストラリアのアボリジニーの

人々と個人的に接触した経験から感じたのは、彼らの歌は、私たちが生活する大地のもつパイロット波だけでなく、組織、都市、コミュニティのパイロット波をも表現しているということだった。それは相互理解の感覚や「居場所」感（たとえば、故郷にいるといった感覚）に結びついた、深くて、色彩豊かな現実をも表現していたのである。

音楽にひそむ物理的かつ心理的な影響力を認識していたアボリジニーたちは、音に耳を傾け、音に「浸った」。ある知人によると、彼らは「ディジェリドゥー風呂」という儀式を行なうらしい。その儀式では、ヒーラーが健康を創り出すために、ディジェリドゥー〔訳註　シロアリに食われて中が空洞になったユーカリの幹を使った楽器〕から身体へ音や振動を「吹き込む」という。

身体の中の音、響き、倍音に耳を傾ける、という前章のエクササイズをやってみた方のなかには、健康の感覚が自分の中の音楽と結びついていることに気づいた人もいるかもしれない。自分自身の振動の場に浸されているとき、あなたは「故郷」にいてくつろぐ。高められた自覚や明晰な注意力によって、まとまりのとれた存在感やなんらかの大きな道とのつながりをいっそう感じられるようになった人もいるだろう。ソングライン、あるいはパイロット波は、あなたの身体がもつ倍音の次元で経験することができるのである。

エクササイズ……倍音の治癒効果――倍音ヒーリング・ワーク

現代のヒーラーたる医師も、そして患者も、多くの場合それと気づかずに、不可思議さに満ちた大海、すなわち沈黙の力の影響下にある夢の場の中で生きているのである。この場を以下のエクササイズを通じて探求してみたい。それによって症状の中に埋め込まれている音、「法則」、仮想的パターン、世界が明らかになることだろう。[*6]

＊焦点を当ててみたい慢性的身体症状を一つ選んでください。そして準備ができたら、現在ある身体症状、あるいは過去にあった症状について考えます。いくつか症状がある場合、自分にとって最も厄介な症状を一つ選ぶようにします。いま現在、特定の症状がない場合は、過去の症状を思い出してください。すでにワークしたことのある症状でもかまいません。

＊その症状に意識の焦点を当て、感じとっていきます。症状（たとえば片頭痛の痛みなど）を実際に感じるか、あるいは、症状の感じを思い出してください。次に、自分で自分自身に、あるいはパートナーがいる場合はワークしている相手に、その感覚を説明します。

＊手を動かしてその身体感覚を表現してみてください。その症状のなんらかの側面を表現できたと感じたなら、その身体動作に対応するような音を声に出して歌ってください。すぐにあきらめたり投げ出さないこと。身体感覚に合った動作と音を見つけるまで、いくつか試行錯誤が必要かもしれません。

＊その音や動作の並行世界にあなたが入っていく様子を感じます。つまり、その音や動作と関連して心に生じてくる感覚やイメージや思考に注意を向け、それらを信頼し、その音や動作がなんらかの役割を担っている想像の世界へと導いてもらうのです。

＊変身する。遊び心を発揮させましょう。子供やシャーマンになって、想像の世界に入り込んでいっ

てください。なんらかのメッセージが感じ取れるまで、その世界の中で動き回ることがどんな感じかを手短に探ってみます。動いたり、音を出したりしながら、自分の想像（物語）や自分の経験を記憶し、書きとめ、語ります。創造的な心をもって、展開していく自分の物語を書きとめてください。想像の翼をはばたかせましょう。その音を聞いたとき、あなたの心にはどんな物語が浮かんできましたか？（偏頭痛に悩まされていた読者は、手を叩いて音を出しながら、自分の住む小さな町の住民に新しい出来事が起きていることを知らせる「鐘つき男」、という想像をしました）。

＊別の音を出します。最初の音の倍音です。最初の音を、あなたの感覚で一オクターブ上げてください。一オクターブ上げることが難しければ、一オクターブ下げてもかまいません。でも、最初は、一オクターブ上げてみてください。あなたの声でどうしても無理なら、一オクターブ下の音にしてください。

＊倍音（あるいは下方倍音）にそれ自身を表現させます。その音にしたがって手を動かし、その倍音を聞くときにふと頭をよぎるイメージや思考を捕まえます。この音のイメージに沿って物語が自然に展開していくに任せましょう。無理して物語を作るのではなく、ひょいと浮かんでくる物語に注意を向けるのです。それはどんな物語でしょう？（たとえば、偏頭痛もちの人は、高音の警報を聞きました。それは緊急事態を人々に伝えていました――地震が起こるところだったのです。人々は新しい土地、地震のない安全な山の土地へ逃げなければなりませんでした）

＊同時に両方の音を聞いてみましょう。今あなたには二つの音と二つの物語があるのですから。これはとても創造的な瞬間になるでしょう。最初は、同時に二つの音と物語を聞くよう試みてください。手元にボイス・レコーダーがあるなら、その二つの音を録音してください。さもなければ、心の中で

歌ってもかまいません。まず最初の音、それから二つ目の音へと、順番に歌います。

＊二つの並行世界がつながるのを待ちます。あせらないこと。そうすると二つの音と物語はおのずから一つになっていきます。ときに、どちらか一方の歌が優位な場合もあるでしょう。第一の音と第二の音を聞いているうちに、まったく新しい第三の音、そしてその音を解き明かすような物語を創造している自分自身に気づくかもしれません。それが起こったなら、物語ないし音として表現します。その物語や音の意味について自分自身に問いかけてください。

＊こうして得られた経験は、きわめて非合理的で思いがけないものかもしれません。音や物語がおのずから一つになる瞬間に展開する動作や想像のプロセスを信頼してください。それが起こるまであせらずに待ちましょう。（鐘つき男は、高音の警報を聞き、メッセージを明瞭に理解しました。それは、「さらなる明晰さと無執着に向けて出発するときが来た」という意味だったのです。この経験に従い、この女性の読者はビジネス・アドバイザーの仕事を辞めました。すると偏頭痛も同時に消え去ったそうです）

＊「音の風呂」に浸る。最終的に出てきた音、あるいは音の組み合わせ（どんなものでもよい）を録音します。録音したら、こんどはその音を、自分の症状のある身体部位に向けて吹き入れるように発したり、歌ったりします。この作業は友人に頼むか、あるいはレコーダーを使って行ないます。身体全体に問題がある人の場合は、その歌の中に風呂に入るように全身を「浸し」ます。これは、自分の身体の周囲、とりわけ患部の周囲に、「（内的な）意味ある振動場」を創り出すためです。音が自分の身体に向けて再生されると――あるいは「吹き入れられる」と――、特別な感覚が生じる場

合があります。自分の心身に何が起きるか、注意を払ってください。その音に対する「渇き」を感じるかもしれません。

＊音風呂に浸ることを繰り返します。症状のある部分、あるいは症状のあった部分に向けて、最終的に得られた音を吹き入れましょう。その部分／領域に直接その音を入れるような感じで。その振動を身体に吹き入れ、症状のある部位にどのような影響をもたらすか、注意を払います。

＊自分自身にこう問いかけてください。「このエクササイズを行なうことで、自分自身や自分の症状について何を発見しただろうか？　何を学んだだろうか？」

＊どのような点であなたの身体症状は複数の並行世界、つまり多様な未知の世界の組み合わせだったことに気づいたでしょう？　どのように第二の音が第一の音に内包されていたか、あるいは埋め込まれていたか、語ることができますか？（第一の音を出し、その「中に」第二の音を聞けるかどうか、試してみてください）

＊そうした重奏音とともに日常生活を送ることを想像します。どのような経験をしたのであれ、身体が「理解された」と感じるまで、その音風呂に「浸り」、生活するようにします。そうすることで、あなたは最も深層の自己に「同調し」、その「波長」に乗れるようになるのです。

＊夢日記を用意し、自分の物語を書きとめます。それはあなたが見た夢を理解する助けになるでしょう。また、自分の物語を人に伝えてみましょう。おそらくそれはあなたの個人神話の一部なのです。

＊自分自身にこう問いかけてください。「私はこうした発見、自分の〝歌〟を、近い将来どのように使うことになるだろうか？」

＊この歌が自分に影響を与え、たとえば自分の対人関係、仕事、自分が属しているグループやコミュニティで、自分を「動かす」ことを想像できるでしょうか？（偏頭痛の彼女は、自分の周囲に対して「鐘を鳴らす男」になることを決意しました。最終的に、彼女は自国の重要な政治的リーダーになりました）

＊この経験を通して何が「癒し」であったかを書きとめます。（偏頭痛の女性は、身体問題の中に「自分を本当の自己に変容させる振動」を感じたことが癒しだったと伝えてきました）

あなたの歌や物語は自分の身体をケアするためのヒントを示唆している。次のような点のいくつかをあなたも発見したのではないだろうか。

・並行世界は異なる雰囲気、物語、そして「法則」をもつ。
・さまざまな並行世界に意識を向けることは、あなたの中の異なる諸部分が互いに知りあう機会をもたらす。
・問題となっている身体の部位の基音の中に、解決をもたらす倍音の空間が埋め込まれている。
・症状のもつ音とその倍音は、（症状のワークでは直接取り扱うことがなかった）日常生活の諸問題をも、気づかないうちに解決することがある。
・身体症状は合意的現実の視点から見たときにのみ病理的なものになる。ドリームランドの視点から見ると、症状は既知の世界と新しい諸並行世界とを反映したものである。

・ドリームランドの視点から見ると、身体症状は歌われる以前の、あるいはいまだに歌われていない歌である。「悪い」身体プロセスといったものはない。病気は贈り物（音楽）の入ったスーツケースである。あなたの症状は単なる病んだ身体の一部ではなく、スーツケースを開き、「歌われる」ことを待ちわびているたくさんの並行世界の集まりなのである。

◎量子状態の交差

並行世界とつながれば、症状を緩和することができる。逆に、並行世界の経験を無視したり、見くびったりすることは、あなたの気分を不安定にし、身体をいらつかせる。なぜなら、自分の道の一部、自分を誘導する波の一部を無視しているからである。興奮しているのに、それを抑えて振る舞えば、あなたは不安定になる。疲れているのに、エネルギッシュに振る舞えば、あなたは不安定になる。無視された微細な諸側面《ニュアンス》は、症状や症状の一部として経験される。一方、自覚と共に生き、自分のすべての世界を受け容れるなら、身体は安らぐ。

ある研究によると、人間だけでなく植物も、特定の音楽が演奏されたときにとりわけよく育つらしい。ピーター・トンプキンズとクリストファー・バードはベストセラーとなった『植物の神秘生活』の中で、植物がシューベルト、バッハ、ベートーベンの音楽を愛しているように見えると述べている。しかし、ロック・ミュージックを流すと、植物はラジオから遠ざかる方向に育っていった。一方、インド音楽の巨匠であるラヴィ・シャンカールの音楽を流すと、植物は音楽が鳴っているスピーカーと同じ高さで、水平に伸びていった。

症状の音を聞いたり、感じたりしているときの心身のつながりの経験を、私は「量子状態の交差《クロスオーバー》」と呼んでいる。心理学と生物学、音の心理学的な意味と症状の生物物理学の間で、重ね合わせや交差が起こるのである。この交差は両方の世界に見出されるパターンの相同性あるいは類似性によって起こる。それは私たちが心理学、物理学、医学と分割する次元を超えて起こる。交差現象は、さまざまな並行経験の背後にある単一の世界、すなわちエッセンスの世界の存在を示唆している。

音に関するアボリジニーの考え方を知ったり、自ら倍音を経験してみることで、素粒子的な身体状態や生命の生物学（biology of life）ということの意味がわかってくるかもしれない。測定不可能な量子波動は、振動するソングラインと似ている。それは私たちを動かす音やメロディ、歌や神話なのだ。

◎パイロット波のコヒーレンス

量子的状態の交差という仮説は、パイロット波の量子的下位《サブ》状態と変性意識状態の間のコヒーレンス（整合性）——あるいは、一対一の対応性——を示唆している（訳註　コヒーレンスには、首尾一貫性、一致、調和、統一、統合などの意味もある）。あなたが症状を説明するために奏でた音は、現代の合意的現実においては完全に測定不可能な経験を象徴している。そうした音は身体の傾向性を明らかにする。私は「身体の傾向性」という語を量子波動の傾向と同義に使う。が、その意味はそれが置かれた文脈において使われるべきである。ここで言う、身体の素粒子的状態や量子波動という表現は、セラピストたちが下位《サブ》パーソナリティ、倍音、夢の断片と呼ぶものに相当する。*7 こうして、物理学、心理学、生物学の領域は「交差《クロスオーバー》」する。

さまざまな傾向性、音、倍音を無視ないし周縁化することで、私たちは自分自身と「非同期状態」に、すなわち「調子が合わなく（out of sync）」なる。それを私たちは不‐安、不‐快、方向性の喪失、抑うつとして感じ取る。周縁化の反対は明晰な自覚であり、さまざまな下位状態に同調し、それらに従うことである。日常的現実においては、非同期状態の感覚を解決することが治癒と呼ばれている。

私は治癒の全般的な意味をもっと厳密に定義したい。それはあなたの自覚とあなたが経験している状態の間の〝コヒーレンス〟を指している。コヒーレンスとは、同等ないし類似の形、姿、構造をもつ異なるシステムの要素間における、少なくとも短期的な、一対一の対応性を指している。これは異種同型（isomorphism）と呼ばれている。あるシステムで起こることが他のシステムでも起こるとき、その相似性や類似性は異種同型である。

たとえば、都市の地図が正確ならば、それは都市とコヒーレント（整合状態）である。地図上の各ポイントは、都市の同じポイントと一致する。たとえばブロードウェイやメインストリートといった地図上のスポットが都市のそのポイントと正確に一致しないならば、あなたは道に迷ってしまうことだろう。あなたは都市と非同期状態になるのである。

私は変性意識状態と素粒子的状態がコヒーレントであることを示唆した。先程のエクササイズを通じて、あなたが人生の日常的な地図と自分の身体の間のコヒーレンスについてなんらかの経験をしたことを願っている。日常的意識が虹の身体《レインボーボディ》の多様なイメージや音のスペクトルとコヒーレントになるとき、あなたは最高の気分になる。

自分の使っている「地図」が自分の動いている「区域」とコヒーレントでないならば、あなたは人生について混乱し、「道に迷った」と感じてしまう。そのようなとき、自分の身体症状によって創造された地図に注意を払うために、そして身体や人生全体と自分自身とを調和させるために自覚を使うことが大切である。

この地図は、内的パターンに対する自覚と相似的関係にある。世界と上手にやっていくために使っている地図が特定の区域を無視するならば、そうした区域は最終的に反乱を起こしてあなたの注目を引くことになる。地図が不完全ならば、身体があなたにそれを知らせようとする。試していただきたい。不調を感じるときは、自分のスーツケースを開き、自分の地図、すなわち身体の音や倍音を確かめてみるのだ。もっとコヒーレントになること。そうした音を日常生活にもち込み、日常生活をもっと豊かで、もっと面白くするために。

そのときあなたは私たちを誘導する波の中で、深い知恵の風呂に浸る感覚を通じて癒しを経験することだろう。その知恵を忘れないでいること。そうした波動は身体症状の中に埋め込まれている。その音や倍音はあなたを最も深層の自己とシンクロさせることによって症状を緩和する。私はこのシンクロ経験を「量子状態の交差」と呼んでいる。それは心理学と生物学、音の意味と身体の生物物理学に橋を架けるものである。

第2部　非局在的医療《ノンローカルメディスン》——症状の内なる世界

第10章　地域社会が身体に与える影響

アインシュタインは、［予測できるのは確率だけであり、現実ではないという］この状況の不可思議さを述べるために（……）波動関数を「ゴースト・フィールド（幽霊の場）」と呼んだ。

――ロバート・ネイドーとメナス・ケイファトス＊1

日常的意識の観点からすると、私たちは一人で、あるいはコミュニティの中で他者と、生活し働いている。しかし、ドリームランドのイメージの視点では、私たちはある種の「ゴースト・フィールド（幽霊の場）」の中に生きている。この場は日常的現実の人間と、私のいう「コミュニティ・ゴースト（共同体に潜む幽霊）」すなわち組織の中に投影されたものとの織物ないし混合体である。私たちの夢意識にとっては、いわゆる「組織」は、人々、建物、諸問題などの単なる集積ではない。以上のものに加えてそれは、互いに配慮し合い、教示し合い、そうかと思うと軽蔑し、動揺させ合う、われわれの想像を超えた霊的存在たちの錯綜した混合体でもあるのだ。

エッセンス（根源的次元）の視点からすれば、合意的現実の人々、ドリームランドのゴースト、さまざま投影、感情や気分などからなるコミュニティとは、ほとんど想像不可能なものであり、むしろ沈黙の力《フォース》によって動かされる一つの力《パワー》のように感じられる。このグループ・エッセンスの性質をドリームランドの視点から理解するメタファーとしては、合意的現実の人々や世界の「背後」あるいは「真下」に広がる仮想波という量子の海の中を泳ぐ一匹の魚として、自分自身を想像するのがいいかもしれない。このエッセンスの中を泳ぐ魚（あなた）の動きは、あなたの周囲に波を創り出す。この大海を泳ぐ他の魚の波によってあなたが形作られ、動かされるのと同じように。こうした波は私たちみなを形作り（form）、「力を吹き込む」（in-form）。あらゆる自分の動きが、あらゆる場所にいる魚たちによって感じられるのと同じように。

本書の第一部では、「海」――「意図をもつ場」――が特定の方向に向かう傾向性の内にそれ自身を表現する様子を検証した。そうした傾向性は、それを理論的に記述する量子波動と同様、心理学と物理学が交差する重要なポイントである。こうした傾向性をイメージや物語を通じて展開することによって、並行世界、超空間、そして経験の仮想的なスペクトルが創造される。前章では変性意識状態におけるリズミカルな音の経験と量子波動との間の形式的類似性に基づいて、量子状態の交差《クロスオーバー》という考え方を紹介した。症状の振動に対する自覚が、私たちをよりコヒーレントにし、治癒へとつなげていくことを見た。レインボー・メディスンでは、身体は肉と骨からなるニュートン物理学的な機械的物体というだけでなく、一種の虹、音や響きによって描かれた経験のスペクトルでもある。こうした虹の視点からすれば、症状は単なる問題ではない。それは、スペクトルの注目を求める部分を指し示す意識／自覚《アウェアネス》にとっての標識《インディケーター》である。

第2部では、さまざまな症状を人間関係、コミュニティ、世界における諸問題と結びつけることによって、レインボー・メディスンの非局在的な側面を学ぶ。私の目標は基本原理——すなわち、非局在的パターンは、私たちの身体や人間関係といった局在的性質を通して現れる、ということ——を提案することである。身体経験の非局在性を探求することによって、あなたは、コミュニティがいかにあなたの身体に影響を与えているか、また、あなたの身体経験がいかにコミュニティの諸問題を解決する糸口になるか、を感じることだろう。*2

◎生物学における非局在性

「非局在性」という語は、古来存在する概念を新たに表現しなおしたものである。北モンゴルのトゥバ族の信念体系では、ある山が実在するのは、その局在性だけでなく、その非局在性にもよる。その局在性は位置や形によって記述され、その非局在性はその「声」（山の周囲に吹く風の音）によって知ることができる。この声は非局在的な質をもつ。なぜなら、それがどこにある（位置する）のか、正確に言うことはできないからである。空気中の特定の粒子を位置と時間概念の中に当てはめることはできても、風は一定の地点だけで吹き、音を立てるものではない。山の声とはドリームランドあるいは感覚を表わす概念なのである。

パイロット波の遍在性

第7章の図7-1「電子の飛行」（一〇三頁）を振り返っていただきたい。エリアⅡにおける観察される以前の粒子の波のような振る舞いについて図示してあった。

エリアⅢでの測定によって「崩壊」するまで、エリアⅡでは、波動関数ないしパイロット波はあらゆるところに存在するという意味で非局在的である。エリアⅡの誘導波は、物理学の数式によれば、宇宙のあらゆるところにある。それは一種の「傾向性」であり、私たちがその存在と意味に気づくことによって崩壊するまで、特定の位置をもたない。私たちが自分の身体の中に感じる傾向性についても同じことが言える。

エリアⅡにおける揺らぎは、エリアⅡとエリアⅢの間にあるかのように描かれているが、観察される以前の波動関数は理論的にはあらゆる時空間にある。それは観察によって「崩壊」する（「非局在的な諸側面の周縁化」と言うこともできる）。[*3] したがって、非合意的現実あるいは数学的現実における物体は何であれ、宇宙のあらゆる場所に存在することになる。

同じように、あなたは基本的に物理的身体に位置している。しかし、自分の周囲の世界で何かが起こる夢を夜見て、次の日にそれが実際に起こることがあったかもしれない。夢は森の中の風のようである。夢はあなたの性質の非局在的な側面である。あなたは合意的現実と非合意的現実の両方に存在する。あなたは局在的であると同時に、非局在的である。私の友人の一人が、冬の嵐の鮮明な夢から目覚めた。夢の中では、津波が防波堤を飲み込み、そのほとんどを破壊した。翌朝目覚めたとき、彼女は家から二五マイル離れたところにある防波堤が嵐によって破壊されたニュースを聞いた。ちなみに、それまで近辺が嵐に襲われたことなどほとんどなかったにもかかわらず。

身体に問題があるとき、ただ身体の一部位にのみ取り組むだけでは解決できないことが往々にしてあるが、それは私たちの生やこの世界が多次元的な成り立ちをしているからである。局在的な医学は、人間およびその身体が置かれている場の非局在的性質に目を向けようとしない。レインボー・メディスンでは、症状のワークは局在的であると同時に非局在的でもある。あなたは自分の身体に取り組み、そして経験の量子的かつ夢的なレベルに触れることによって、同時に自分の人間関係や世界全体に取り組むのだ。

生命体が非局在的な場と結びついている興味深い例は、巣に戻るハトに見ることができる。ハトをカゴに入れて数百マイル離れたところに運んでも、そこから元の巣へちゃんと戻ることが知られている。自分の巣の在りかをハトがどうやって知るのかについては、嗅覚、地球の磁場、記憶のいずれによっても説明できないことが研究で明らかになっている。犬や他の動物も似たような能力をもっているように思われる。

動物のもつそうした知は、生物学における非機械論的な思想の潮流、特に英国の生物学者ルパート・シェルドレイクの仕事に刺激を与えた。最初に衆目を集めたのは一九八一年に出版された『生命のニューサイエンス――形態形成場と行動の進化』である。シェルドレイクは世界の非局在的側面

（ハトを巣に帰させる導き）を「形態形成場」と名づけた。この測定不可能な非合意的な場は、量子力学、とりわけボームの仮想的なパイロット波を思い起こさせる多くの特質をもっている。[*4]

非局在性は現代物理学の中心的な特色と考えられている。量子論は物理的に離れた空間と時間にある粒子同士の非局在的なつながりを内包している。この理論は当初、アインシュタインをはじめとする物理学者たちからの反対を受けたにもかかわらず、何度も実験的に確認されてきたため、現代の科学は、同じ源の粒子が――あたかも空間的そして時間的な距離など存在しないかのように――相関性を保つことを事実として受け容れている。[*5]

二つの粒子、たとえば同一の電球ないし光源から放たれた光子は、何百年経っても、また、互いに何千キロ離れていても、相関性を保つ。片方の粒子に何かが起こると、もう片方は「そのことを知る」。このつながりは、パイロット波の「悪名高い」振る舞いに帰せられている。それは合意的現実の時間と空間ではなく、物理学者たちによって記述される多次元的な数学的空間で展開する。

波動は夢と似ている。自分と他人が出てくる夢について考えてみよう。あなたがその夢を見た夜中、その夢（の次元／現実）はどこにでも存在している（非局在的に）。そして、日中、あなたとその他人の間になんらかのつながりがあることが判明する場合がある。

哲学者ロバート・ネイドーと物理学者メナス・ケイファトスは、（一つの光源からやって来る）光子といった粒子の観点から非局在性を議論し、「非局在性が宇宙全体の根本的な性質であるという劇的な結論」を出している。さらに彼らは、「物理的現実の基盤は実質的に非局在的である」と言い、これは「科学の歴史の中で最も重大な発見」だと見ている。[*6]

このように、物体の量子波動、そして「意図をもつ場」という形で経験されるドリームランドにおける誘導波は、たとえ固有の物体や個々人の周囲で最も強く経験されるとしても、宇宙のいたるところにある。同じように、ソングラインは私たちの内部に感じられるが、同時に、外部に、世界中に、もちろん宇宙全体に広がっている。夢の中では、私たちはドリームランドにいて、傾向が導くところならばどこでも自由に動き回ることができる。

◎グループにおける非局在性

魔術師や呪術師は、遠く離れた場所にいる人を癒したり、苦しめたりするために、非局在的な根源的リアリティと接触することを常に試みてきた。そうした実践の中で最も広く知られているのは、おそらくヴードゥーの呪術であろう。この行為は、ある面、ヒーラーに憑依する霊に頼っている。その霊は、必要とあればどこへでも移動することができる。

集団の一員としてある種の呪術や癒しの儀式に参加したことがあるとは思っていない人でも、人間関係やコミュニティの中で何度も非局在的な経験をしたことがあるにちがいない。「ある人のことが頭から離れず」、その人の考えに取り憑かれてしまったと感じたことはないだろうか？　セラピストはそのような思考を投影と呼んで局在化する。しかしながら、そうした思考には非局在的な側面がある。内なるつながりやコミュニティ体験の中核には、（たとえば他人についての投影や感情に関する）非局在的な要素が存在しているのである。

非局在性

私が「非局在性 nonlocality」という言葉を、人と人や部分間の超時間的かつ「超空間的」つながりに対して使うとき、それは以下のような意味においてである。

・**私たちの間の相互作用は空間（距離）が増しても減少しない**。光子のような粒子が同じ源からやって来るとき、距離や時間にかかわらず、相互間のつながりは保たれる。[*7] 距離はつながりに影響を与えないのである（ただし、距離はつながりに影響を与えるとする合意的現実の信念の強度によって、ドリームランドの現象に対する知覚に影響が出るが）。同じように、心の働きにおいても、ある人と一度でも親しくなれば、たとえそれが何年前のことであっても、現在どこに住んでいるか、接触してからどれぐらい時間がたったかとは関係なく、私たちは常にその人とつながっている。つまり、誰かを愛したり（憎んでいたり）すれば、相手がどれだけ遠くにいようと、あなたはその人とつながっているのである。

・**私たちの間の相互作用は光速の限界を超える**。アインシュタインは、地球上の物事は光よりも速く進むことはないと述べた。つまり、声、電子メール、電話など、どんなコミュニケーション手段を使っても、私たちのシグナルは光よりも遅いということだ。しかしながら、非局在的な相互作用は、光の速度を超え、時間をさかのぼることさえできるように現れる。ドリームランドの時間様空間（time-like space）においては、あなたが未来で行なうことが今日のあなた（そして私）に影響を与えるのである。

・**私とあなたの間の相互作用は、空間を介在せずにここからあそこへと伝わる**。したがって、私たちのコミュニケーションの軌跡を空間や時間において正確にたどることは不可能である。

プロセス指向のグループワーク、すなわち「ワールドワーク」は、課題、事実、問題といった所与のグループの合意的側面に取り組むが、同時に、グループに持続的な影響を与えるために、非合意的次元に根ざす雰囲気あるいは背景に潜む「場」にも取り組む。そして場が「タイムスピリッツ」（時間の流れとともに変化する諸役割）〔訳註　たとえばセラピスト／クライアント、教師／生徒、女／男などといった役割は、日常的現実上だけのものであるだけでなく、ドリームランドに根ざした夢（の役割やフィギュア）のようなものであり、固定化されておらず、時間とともに変化していく。またドリームランド（夢の次元）では私たちのアイデンティティは固定しておらず、セラピストにもクライアントにも、教師にも生徒にもなることができる、とプロセスワークでは考えられている〕を通して表現していることに注意を払うのである。[*8]

こうしたグループ／コミュニティ・ワークを世界中の何万もの人たちと行なった臨床経験を通じて、ワールドワークが、組織レベル、さらには都市レベルの場に影響を与える場合があることが理解されている。[*9]ドリームワークに似た技法やロールプレイを使用する理論的根拠の一つは、そうした諸役割（タイムスピリッツ）が、ドリームランドのすべてと同じように、非局在的であるためである。たとえば、加害者と被害者といった典型的な「良い」と「悪い」役割は、誰の中でも、どこの場所にも、さらにいつでも、見出すことができるのである。

つまり、あるグループの雰囲気あるいは諸役割は、コミュニティの一定の所在地という局在的な境界を超えてどこにでも存在するのである。あるコミュニティの「ドリーミング」はあらゆるところに存在する、と言いかえてもよい。地球上の特定の場所に位置する国家やグループについて考えるとき、あなたは常にそのコミュニティの非局在的な、あらゆるところに存在する、意図をもつ波動、あるいは沈黙の力とつながっているのだ。したがって、ある意味で、あらゆる戦争は世界大戦であり、あらゆる葛藤は世界の葛藤なのである。だから、多くの戦争は一つの地域だけではけっして解決しない。ある地域で抑圧することができたとしても。永続的な解決のためには、あらゆる場所のあらゆる人々が戦争を解決しなければならないのである。

私たち人類は、宇宙のすべての粒子と同じように、非局在的なつながりを通して関わり合い、絡み合っている。レインボー・メディスンの文脈からすれば、健康や病気は、非局在的な側面への自覚のワークを私たちに促している、時空間における合意的現象と言えるだろう。

◎グループの沈黙の力

心理学は長い間、一対一の人間の経験や関係性を扱ってきた。心理学の支配的なパラダイムによると、人には意識状態と無意識状態があり、現実に生きている状態と夢を見ている状態があるとされる。しかし私の考えでは、グループにも同じことが言える。グループは現実に存在する人間や対象であふれているが、それは同時に非局在的な諸役割とエッセンスの感覚をもつ「コミュニティ」なのである。あるコミュニティがそのドリーミングとコヒーレント（整合状態）であるとき、そのコミュニティはその土地の歌やメンバー各自の振る舞いに対して親和的である。

グループのコミュニケーションは、以下のようなさまざまな世界（次元）で同時に生起する。

Ⅰ．合意的現実のグループにおける因果律的なコミュニケーション　あなたと私は握手するときにつながる。私たちは物理的な接触を通してコミュニケートする。私たちは同じウイルスを通してつながる。私がくしゃみをして、あなたが息を吸う。私たちは電話、電子メール（ここにもウイルスがいる！）、ラジオ、テレビ、友人などを通してつながる。

Ⅱ．ドリームランドあるいは超空間でのコミュニケーション　私たちは夜見る夢を通して、そして普遍的なビジョンや希望を通してつながっている。私たちは相手に対する投影や微妙な感情を通じてドリームランドの次元でコミュニケートしている。ここではあなたか私の一方が変化するだけで、たとえ二人の間に合意的なコミュニケーションがなくても、双方ともに何かを感じる。私たちは夢の登場人物、役割《ロール》、ゴーストロール〔訳註　合意的現実や自我によって周縁化されることにより幽霊のような存在になった役割。力をもち、幽霊のように背後から個人や対人関係、グループに影響をもたらす〕などを共有する。ドリームランドにおけるつながりは非局在的である。私たちはみんな絡み合っている。

Ⅲ．エッセンス・レベルのコミュニケーション　日常生活では、私たちは互いに異なっている。ドリームランドでは、私たちは異なっているとともに同じでもある。だが、エッセンス・レベルでは、私たちは互いを区別することができない。このレベルでは、ありとあらゆるものを包含する沈黙の力を感じ取ることができるだけである。

コミュニティのエッセンスは多くの名称をもっている――いくつか例を挙げるなら、大地、故郷、愛、共通の基盤、大いなる精霊《グレートスピリット》、神など。コミュニティのエッセンス、その「意図をもつ場」は、時空間内の特定の地点の内部および彼方のいたるところにある。したがって、ある意味で、私たちは物理的存在としての集団を殺すことはできるが、集団の「意図をもつ場」を殺すことはできない。繰り返し顕現するのは、永遠のスピリットであるからだ（オーストラリアのアボリジニーは、カンガルーを殺すことはできても、カンガルーのドリーミングは殺せないと言う）。

コミュニティの沈黙の力に気づく稀有な瞬間に、私たちは自分自身を、グレート・スピリットのさまざまな表情の一つとして感じ、それぞれの異質性と同一性の両方を認識することができる。[*10] 私はオーストラリアのアデレードに住むアボリジニーの長老アンクル・ルイス（ルイス・オブライエン氏として知られている）を思い出す。彼はアデレードという都市が沈黙の力によって組織化されていることを教えてくれた。彼はそれを「レッド・カンガルー」と呼んでいた。[*11] 彼によるとアデレードの地図はレッド・カンガルーのイメージであるらしい。

基本的な考え方は、カンガルーがその都市の沈黙の力を象徴する表現であるということだ。一般的に、コミュニティとは、合意的現実の事実、ドリームランドのイメージ、そしてその背後にある沈黙の力の組み合わせである。さらに、私たちの一時的な経験を含んだあらゆる現象が、そのドリーミングの沈黙の力によって組織化されているのである。

エクササイズ……グループの雰囲気は、症状に影響を与える身体の音楽を創造する

自分とコミュニティのつながりを探るために、エクササイズを試みたい。

＊深呼吸を数回します。楽な姿勢をとってください。自分が所属していて、よりよく理解したいと思っているグループやコミュニティのことを考えてください（かわりに、家族、都市、国家の状況について考えてもかまいません）。

＊それは特定の場所にあるグループですか？　それとも世界中に広がっているものですか？

＊構成員の所在が特定されていないに関係なく、そのコミュニティについて考えましょう。グループが抱えている問題や緊張を思い起こしてみます。あなたはその問題を何と呼びますか？

＊次に、そのコミュニティが自分の身体とどのようにつながっているかを探っていきます。〈グループの音〉——今あなたが思い起こした問題に、そのコミュニティあるいは家族（家族をテーマに選んだ人の場合）が取り組んでいる最中であるとしましょう。たとえば、あなたのグループは、メンバー間の人間関係、経済的な問題、創造性やスピリチュアリティに関する議論に取り組んでいるかもしれません。

＊その問題に取り組む人たちを想像して、グループの雰囲気を感じてください。グループの参加者たちは何をしていると、あなたは想像しますか？　それはどのような状況でしょう？　どんな感じがしますか？　両手を使ってその状況を象徴的に表現してみましょう。あなたの手や腕は何をしようとしているのでしょう？　手や腕の側（立場）に立ったつもりで想像してください。

＊次に準備ができたら、問題に取り組んでいる渦中のグループの雰囲気を表現する音を出してみます。その音を書きとめるか、録音してください。それを「グループの音」と名づけます。たとえば、ある読者はコミュニティの中の二つの小さな下位グループ間の葛藤に焦点を当てました。雰囲気は緊

迫しており、荒れています。その雰囲気を音で表現するために（葛藤する両グループのメンバー間で起こっている恐ろしい振る舞いや恐怖を表現するために）、その人は悲鳴を上げました！

＊身体症状の音。次に、その状況があなたの身体にどのような影響を与えているかを探求していきます。その問題に関する雰囲気は、どんな感じを身体に与えますか？　その問題やそれについて議論する人々を想像してみてください。その雰囲気や、その雰囲気の中にいることがどのような感じかを確かめます。その雰囲気が自分の身体にどのような影響を与えているかに注意を払ってください。その雰囲気の中にいる、ある瞬間を想像します。あなたは静かに落ち着いていますか？　緊張していますか？　不安でしょうか？　怯えていますか？　怒っていますか？　それとも、超然としていますか？

＊その雰囲気はあなたが抱える慢性症状にどういったことをしているでしょう？

（私の読者は恐怖と怒りを感じました）

＊症状を選び、その雰囲気が症状にどんな作用を及ぼしているかを感じます（症状のある部分に向けて息を吸い込むようにすると、感覚が鋭くなり、焦点を当てやすくなる場合があります）。慢性症状がない場合は、全体的な身体状態に焦点を当ててください。しかし、可能であれば、穏やかなものでかまいませんので、慢性症状の一つを感じるようにしてください（たとえば、ちょっとした肩の緊張、首の傾き、浅い呼吸など）。グループの雰囲気がその症状に対してどんなことをしているか確認します。その雰囲気のせいで症状が悪化しているでしょうか？　あるいは、症状が軽く、あるいは良くなっているでしょうか？　どんなふうに悪くなったり良くなったりしているでしょう。たとえば、かゆみを感じますか？　ヒリヒリしますか？　震えていますか？　ドキドキしますか？　私の

読者は、高血圧が症状で、胸に動悸を感じました。

＊次に、その慢性症状がグループの雰囲気からどのように影響を受けているかを、音で表現してみます。たとえば、私の読者で高血圧だった人は、胸のあたりでドラムを叩く音を感じると言いました。

＊こんどは、そのリズムや音にまつわる物語が自然に浮かんでくるのを待ちます。たとえば、私の読者は、遠征中の戦士が戦いの中で殺される物語とドラムを結びつけました。

＊次に準備ができたら、一オクターブ高い第二の音を出してみましょう（低い音の方がやりやすければ、それでもかまいません）。そして、その音から展開されるイメージや物語をキャッチします。それはあなたの倍音経験と言えます。たとえば、ドラムの音を感じた読者には、音を一オクターブ高くしたとき、ドラムを楽しんで叩いてとても素晴らしい時を過ごしている子供のイメージが出てきました。

＊あなたの倍音とそこから展開されたその物語を、慢性症状がグループから影響を受けている様子を表現した音とを一つにします。倍音とその物語を、慢性症状の音やその物語と結びつけてください。簡単な方法は、慢性症状の音や物語、倍音と物語を聞いて、新しい音が生まれてくるのを静かに見守っていることです。二つの音と二つの物語を結びつけていきましょう。一つの音がもう一方の音をリードしていったり、それが逆になったり、あるいは二つの音が一つになって第三の音が生まれることに気づくかもしれません。このエクササイズには十分時間をかけてください。

＊こうした新しい経験から浮かび上がってくるイメージと、それが自分の身体や症状に影響を与えている様子に意識を向けていきます。たとえば、前述の読者の心臓に子供の遊び心が入ってきたとき、彼女は人々と争うのではなく、もっと楽しい気分でみんなと遊びたいと思ったそうです。後に、彼女が

悩まされていた血圧の症状は改善し、グループとどうすれば「遊ぶ」ことができるかという点を想像するようになりました。

＊この最後の音を「解決音 resolving sound」と呼ぶことにしましょう。その音を録音してください。それは症状にどのような影響を与えるでしょう？　この解決音を自分の所属するグループや世界にもち込んでいきましょう。

＊「終結音 concluding sound」。身体症状への解決音をこのエクササイズの最初に録音したグループの音と一つにします。両方の音に耳を傾けてください。そして一方の音を出し、それからもう一方の音を出します。最初の音に注意を向け、それから第二の音にも注意を向け、そしてその二つが解決されていくプロセスを見守ります。二つの音が相手を追いかけるように続きますか？　どちらか一方の音だけが最終的に残りましたか？　あるいは、まったく新しい歌や音が現れてきますか？「終結音」が出てくるまで、起こっているプロセスに注意を払いましょう。

＊終結音を経験したら、その音についての物語を展開します。この音や物語に何が起こっているでしょうか？　それらはどのように生じてきましたか？　終結音や物語が現実の世界の中でどのように生じてくるか、考えてみましょう。その物語が日常生活の中で微妙な仕方ですでに始まっているのだとしたら、それはどのような具合にでしょう？

　たとえば、前述のグループの「悲鳴」を子供の楽しいドラムの音と一つにすると、新しい音＝歌が浮上してきました。それはふざけながらある種の悲鳴をあげることでした。彼女は浮上したイメージの中で、まるで二つの人形が互いにおしゃべりしているかのように、グループの中の葛藤する役割を演じたそうです！

エクササイズを行なった女性は、すでに微妙な仕方で遊び心を生き始めていたと語りました。それまで、グループのことを考えるたびに、彼女は高血圧の感覚だけでなく、なぜかはわからないけれど、何かについてクスクス笑う声が同時に起こっているのを経験していたそうです。そして、グループの次の集まりで、彼女はこのエクササイズで経験したことを試みてみました。二つの人形がおしゃべりをしているかのように、両手を使って言い争う二つの立場を自覚的に演じたのです。すると、グループの皆が大喜びし、笑ったのでした。

＊未来のためにこの微妙な何かの出現について書きとめておきましょう。また、余裕があれば、終結音や物語のエッセンスを表現するような漫画、おとぎ話の登場人物、人形、人物イメージなどを自由に描いてみてください。

◎このエクササイズについての考察

右のエクササイズで起きたことについて考える方法はたくさんある。レインボー・メディスンの視点からすれば、グループの音はドリームランドに存在するソングラインの内の一つだけを表現している——それはコミュニティにおける特定の変性意識状態ないし下位状態である。一方、あなたの身体経験（そして他の人の身体経験）はコミュニティの別の下位状態なのである。通常、グループが問題を抱えるのは、焦点を当てる下位状態や人々を無意識の内に選択し、その他の意識状態やそうした意識状態を表現する個人を周縁化するためである。すべての下位状態の総和がコミュニティのプロセスであり、そのパイロット波である。それはあなたの沈黙の力や意図をもつ波動が、切り離されたすべての感情、さまざまな夢人物《ドリームフィギュア》たち、そして／あるいは、諸々の下位状態の総和であるのと同じである。それを図示すると下図のようになる。

最終的に現れる音や感覚はコミュニティの核、その最も深いエッセンスとつながっている。この核はコミュニティの最も深いレベルの力、つまりコミュニティの沈黙の力である。

このエクササイズの観点からすれば、エッセンスは「終結音」として経験される。それがコミュニティのドリーミングの力である。この音や力に対して私たちはほとんどの場合無意識だが、コミュニティ全体の結集点である。エッセンスは――合意的現実の状況に焦点が向けられている間は忘れられているが――誰もが関わることのできるものである。その力は常に背景にあり、多様な状況や視点、組織のさまざまな側面を創り出している。原則的には、コミュニティのエッセンスはすべてのメンバーに共有される共通の基盤である。

あなたのさまざまな身体経験や側面は、コミュニティの合意的現実および非合意的現実の一部である。同じように、グループとその内部

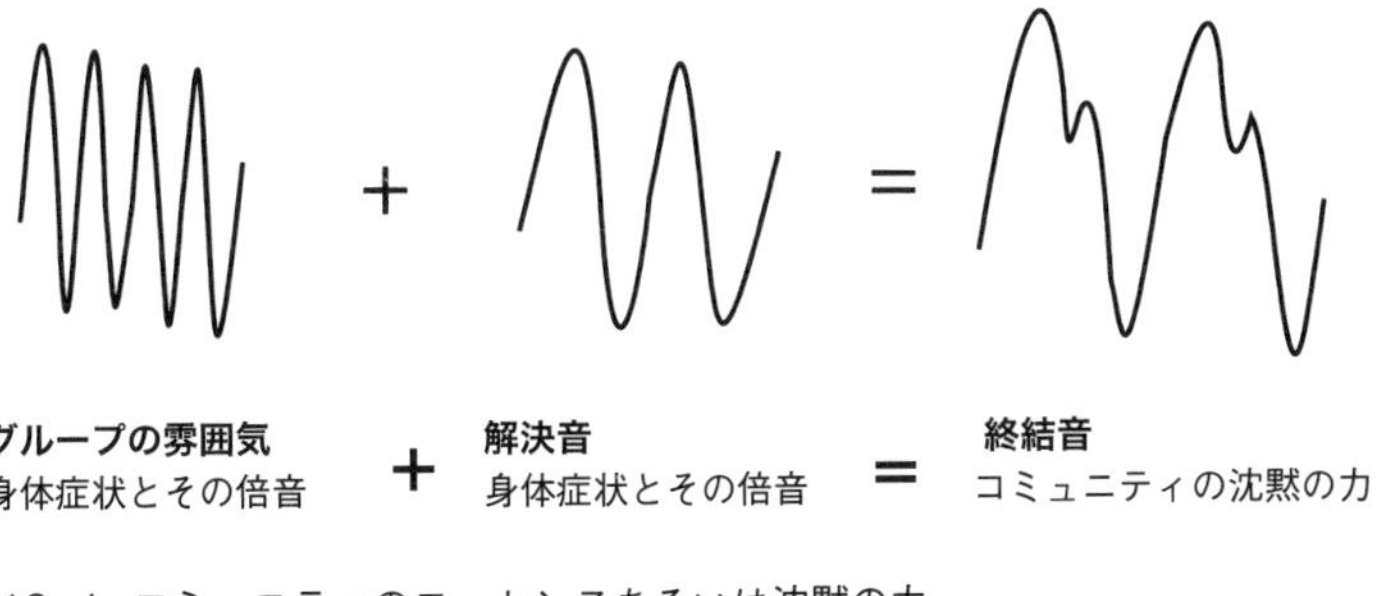

図10-1　コミュニティのエッセンスあるいは沈黙の力

の諸葛藤はあなたの一部である。グループはあなたの身体に影響を及ぼす。同じように、あなたが気づきを深めるワークをしたり、あなたが自分の「自己」やコミュニティとコヒーレント（整合状態）になることは、コミュニティの諸問題を解決する助けになる。あなたの最も深い感情は自分自身だけでなく、グループのドリーミング／フィーリングの状況を変化させることができる。たとえそれが、あなたが合意的現実においてグループと接触する以前であっても。振り返ってみると、コミュニティのエッセンスがあたかも、コミュニティの諸問題の解決を引き寄せるアンテナとして「私たちの」身体症状を使うように思われることもたびたびある。

◎音を使った別の方法

コミュニティや対人関係の諸問題を解決し、気分を良くするために音を利用する方法は他にも多々ある。たとえば、ある人との会話があなたを緊張させるものであったならば、二人の間の空間あるいは雰囲気を感じるようにするのである。それは緊迫しているだろうか？　混乱しているだろうか？それが自分の身体に与えている影響を感じ、前述のエクササイズのように音や倍音を出してみる。練習によって、そうした音の総和である基本的な道、沈黙の力をすばやく見出せるようになるだろう。これは関係性の問題を抱えた状況を通り抜けていくための道であり、そのための地図となってくれることだろう。

同じように、グループ・プロセスの最中に、場の雰囲気を感じ、身体症状やその倍音を感じ、自分の音や歌（あるいはその言語的な意味）を直接コミュニティに表現してみてはどうだろうか。たとえば、ポートランドで行なわれた私のクラスで、愛、同性愛差別、ゲイの周縁化に関する問題についてのグループ・プロセスが浮上したことがあった。何人かの学生たちはゲイやレズビアンに反対する立場から、一方、他のグループはゲイの立場から話していた。ある時点で、あるティーンエイジャーの同性愛者の話が語られた。彼女は自分が望まれていない世界で生きることの苦悩から自殺を考えていたらしい。

グループ間の対立によって部屋の緊張は誰にとっても耐え難いまでに高まっていった。突然、一人の勇気ある女性が前に出て、泣き出した。彼女は緊迫した状況の中で内面に注意を向けると、ふと音を聞いたと述べた。その音について話すかわりに、彼女はゲイのティーンエイジャーのイメージに向かって次の歌を歌った。

心配しないで。自分を苦しめる問題の方を向かないようにして。
わかるでしょう、すべては大丈夫。
今夜は安らかに眠りについて。

この歌は「ジーザス・クライスト・スーパースター」というミュージカルのナンバーだった。彼女が歌うと、その歌がそのティーンエイジャーに伝える思いやりを誰もが感じた。みんなが沈黙した。その歌は共通の基盤を提供したのだ。その歌は、キリストについて言及することで、（私のクラスで浮上した）キリスト教原理主義者のグループ（あるいは役割）に語りかけ、同時に、そのティーンエイジャーをキリスト（の役割）と同一視していた。

グループの中でこうした特別な瞬間を経験するとき、コミュニティのドリーミングの力が個人としての私たちに影響を与えることを説明するのに、非局在性についての科学的思考では不十分であるとわかる。だが、私と同じようにこう考えてもいいだろう――物理学と心理学のパターンは、アインシュタインが量子波動パターンを「ゴースト・フィールド（幽霊の場）」と呼んだことの意味を正確に理解する上で役立つ、と。

第11章　人間関係の悩みは超空間医療《ハイパースペース・メディスン》となる

恋人たちはやっと出会うのではない。恋する相手はそれぞれの内にすでに／常に存在しているのだ。

――ルーミー

合意的現実次元の集団は、それがもつ非局在的な雰囲気によってその集団を一つのコミュニティとして成立させるわけだが、それと同様に、ある人が人間として成立するのは、その人のドリーミングによるのである。ドリームランドの次元では、コミュニティについて考えるだけで、誰もがそのコミュニティに属すことができる。役割《ロール》やゴースト・ロールはすべてドリーミングの一部であり、「コミュニティ」の一部であるが、合意現実のグループには必ずしもそうではない。同じように、ドリームランドにおける個人としてのあなたは、これまでにあなたが考えたことのあるありとあらゆるもの〔訳註　ありとあらゆる役割かつゴースト・ロールも含む〕であり、またあなたについて考えたことのあるすべての人も、あなたなのだ。

良い友人をもてば、夢の風景はより良いものになり、気分も良くなることだろう。だが、この章では、友人だけでなく敵にも癒しの力があることをあなたは発見するだろう。実際、敵は身体に対して非常に効果的な「薬」になる可能性がある。

◎雰囲気とオーラ

個人や人間関係のドリームランド的側面を成り立たせているものには、その人（人たち）の周囲に漂う測定不可能な雰囲気、感じ、場、あるいはオーラなどがある。こうした雰囲気によって私たちは非局在的な連関、すなわち、なにかつながっているな、という感覚を覚えるのである。あなたはこれまでに何度か、カップル、家族、あるいは集団が、その周囲にある種のオーラを放射しているのを感じたことがあるだろう。オーラは厚かったり、軽かったり、重かったり、ねばねばしていたり、うっとりするような感じだったり、あるいは悪臭がする場合もある。

カップルについて考えるとき、あなたはそのカップルのドリーミングの一部であり、あなたもカップルの関係性の場の一部となる。逆に言えば、第三者、元パートナー、椅子、机、アパート、子供、親、祖父母はすべて、あなたの関係性のドリームランドの一部なのである。そうした存在たちは、ある瞬間におけるあなたの関係性の場の諸役割なのだ。

雰囲気やオーラの非局在的な性質は、関係性を空間を超えたものにする。すなわち、人と人や、諸部分の間で起こる現象の中には、光速よりも速いとおぼしきシグナルによって結びついているものがあるのだ。それはまるで魔法によって結びつけられるかのようだ。関係性において、あなたは自分のいる場から相手のいる場へ、中間の空間を横切ることなく移動することができる。さらに、あなたの過去や未来もその雰囲気の中に含まれている。身体の周囲の場は、典型的なオーラの放射である。次ページの図11-1は、現代および中世におけるオーラの描写である。

◎非局在的な神話的原理

非局在的な結びつきは、心理学的システムや生理学的システムによく見られる。多くの人々は、自分の愛している人から愛の気持ちを送られると気分が良くなると言うだろう。誰かに祈ってもらうと、病気からより早く快復することを示す山のような証拠がある。*1

個人を支配する法則というものが存在するのだろうか？ あなたは、あなたを拘束する全般的なパターンないし個人神話が、過去や現在の出来事をもたらしているように感じているかもしれない。何が起ころうと、あなたは自分のパターン——それをどう定義するのであれ——に従っている。常に何かから逃げている人もいれば、常に英雄になってドラゴンと闘っている人もいる。こうしたパターンは、ちょっとした変化は起こっても、その基本的配置はおおむね同一であり続ける。

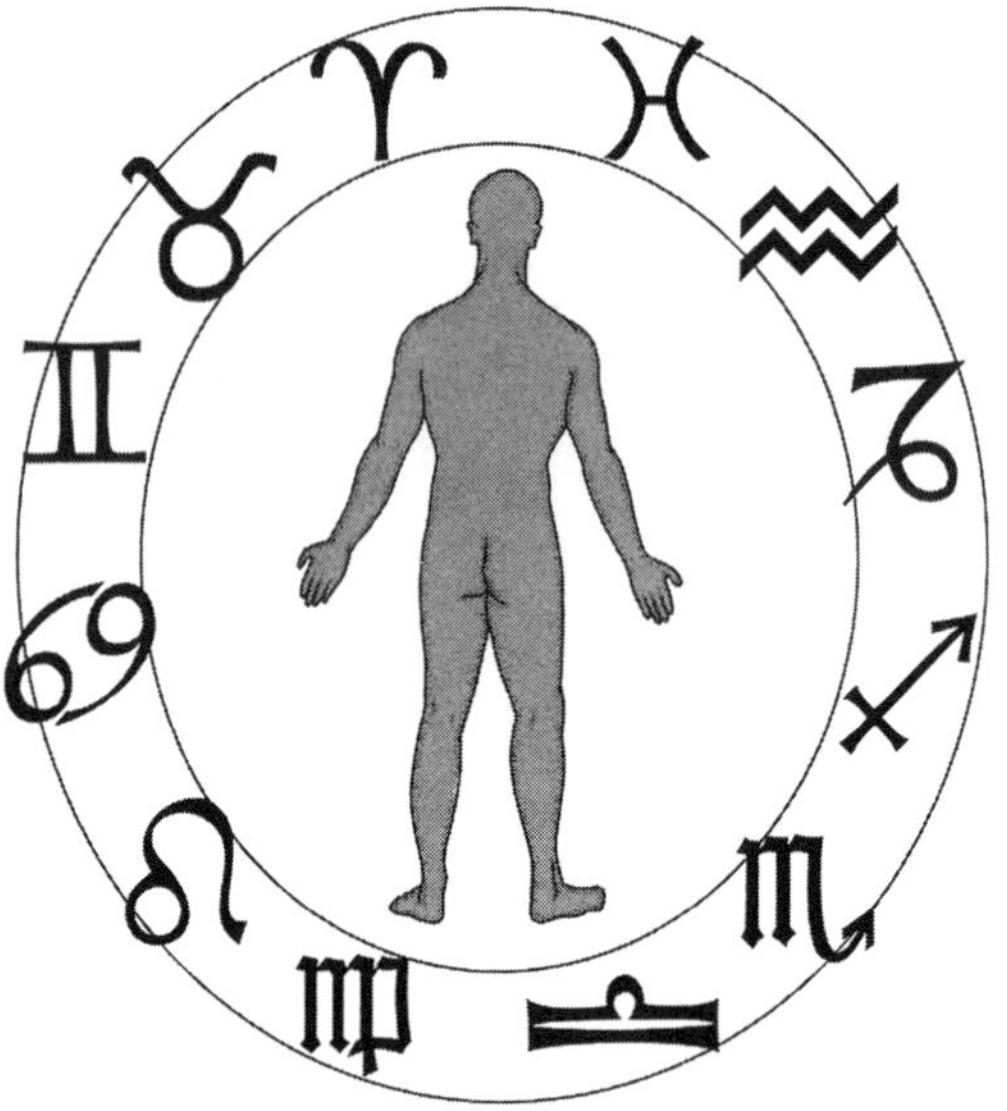

図11-1　身体の周囲の場の描写*2。中世ヨーロッパの人々は、身体、ハーブ、鉱物、季節、惑星を関連づけた。この図は、身体を支配する普遍的な法則と宇宙を結びつけ、人間と世界の間のある種のコヒーレンスを示している。宇宙の諸部分と人間の身体の間には深い結びつき、ないし内的連関がある。私たちの諸経験は、世界に充満する同じドリームランドの情報あるいは量子的情報から成り立っている。

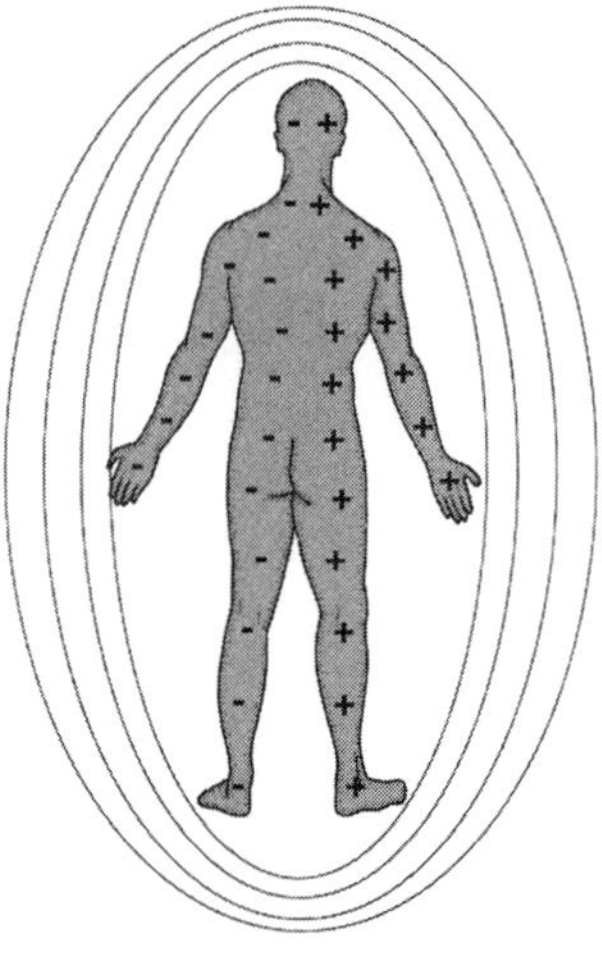

エンタングルメントとは何か？

量子系に特徴的なエンタングルメント（相関、絡み合い）現象が起こるのは、いくつかの支配的な法則のためである。たとえば、量子の世界では、システムの諸部分（たとえば粒子）のスピンの合計（ある種の量子化された運動量）は同じでなければならない。

物理学の他の基本法則によれば、閉鎖系におけるエネルギーは、常に一定でなければならない。エネルギーのこのバランスが物を絡み合わせる。そのため、何かのエネルギーが増大するのは、他の何かのエネルギーが減少したときだけである。目に見える空間的な連関のない非局在的な系では、一般的なエネルギー（保存の）法則が、すべての現象を支配する。そうした支配的な法則が系の諸部分を絡み合わせるのだ。これは諸部分が相互依存していることを意味する。たとえば全体のエネルギーが一定に保たれることによって、すべては絡み合い、あるいは結びついている。

つまり、諸部分を完全に分離することはもはや不可能である。物理学によれば、すべての物質の基本構造が自然の法則によって絡み合っている。絡み合う諸部分は、（目に見えない）ひもで結び付けられた二人の人のようである。片方の人が行なうことは、もう片方の人が行なうことと絡み合っているのだ！

ある意味で、あなた自身の物語、あなたの個人神話は、一つの支配的法則として機能するものと言えるだろう。つまり、あなたの人生のパターンを司る法則によって、あなたに起こることはどれも、それ以外のすべての事象と必ず絡み合い、結びついているということだ。これと同様に、あなたの身体的経験や人間関係は、あなたの個人神話だけにではなく、他の人たちの個人神話とも絡み合っている。オーラや雰囲気の中に表現される沈黙の力の諸パターンが、私たちすべてを絡み合わせているのである。私たちはエネルギー保存の法則によってのみ絡み合っているのではない。私たちの人生やコミュニティの物語として展開していくドリーミングの力によっても、私たちはみな絡み合っているのである。

◎身体の非局在的連関

ユングは、人と出来事の間の非局在的連関を「共時性《シンクロニシティ》」と名づけた。「非因果的秩序」の存在を彼は言わんとしていたのだ。こうした非因果的連関は、共有された「意味」——リヒャルト・ヴィルヘルムがタオを説明するのに使った言葉[*3]——の結果として生じる。ユングによれば、共時性が起こるのは、二つの出来事が同じ意味をもっているとき、あるいはヴィルヘルムの言葉を借りれば、同じタオをもっているときである。

沈黙の力(あなたのパイロット波)はあらゆる情報を潜在的に蓄えた非局在的な場であるため、あなたの下位状態、想像、痛み、苦しみ、関係性の問題、のすべてが世界全体と絡み合っている。原理的に言えば、あらゆる病気は、世界から影響を受け、また世界に影響を与えるという意味で、「環境病」である。

通常、「環境病」という言葉は、合意的現実において私たちの身体に影響を与える毒素やアレルゲンを指すものとして使われる。[*4] だが、ここでは関係性のもつ雰囲気と関連した、より広い意味の「環境病」を探求していく。

「あの人は頭痛の種だ」あるいは「目の上のこぶだ」という言い回しは、身体と関係性の間の非局在的な結びつきを私たちが感じていることを示唆している。他者の存在はあなたの身体の調子に影響を及ぼす。それゆえ、対人関係に取り組むことは（理論的に言えば）あなたの症状にとっても役立つはずだ。外部にいるとあなたが思っている他人は、あなたの内部にも存在するからである。

エクササイズ……厄介な人物の超空間

以下のエクササイズでは、あなた自身の身体と、あなたがある人物について抱いている感情に焦点を当ててもらう。このエクササイズを有益なものにするために、筆記用具を用意してほしい。

＊身体に関する質問――楽な姿勢をとり、数分間、呼吸に注意を向けます。呼吸に焦点を当てながら、身体の問題について自分に問います。たとえば、「どうしたら身体症状を治すことができるだろう」とか「この症状の意味は何だろうか」とか。後でまたこの質問に戻ってきますので、この質問を書きとめておいてください。

＊対人関係――準備ができたら、最近あるいは過去にあなたを悩ませた人物について考えます。あなたの思いつく最も厄介な人物について考えてください。その人物はどんな感じですか？　強い？

卑劣？　騒々しい？　おとなしい？　卑屈？　印象をノートに書きとめておきます。

＊エネルギー場――その人物について考えながら、その人の周囲の場を想像します。その人物の周囲の雰囲気、空間、オーラはどんな感じですか？　想像力を働かせて、その人を取り巻く場の動き、色、形を絵に描いてください。たとえば、針だらけとか、暗雲が立ちこめているとか、赤い水のしぶきみたいだとか……。そしてたっぷりと時間をとり、そのオーラを絵にします。自分の描いた絵に驚く人がいるかもしれません。

＊その絵を見ながら、自分にこう問いかけます。「絵の中のどの色や動き（どのエネルギー）が自分にとって最も厄介なのだろう？」　たとえばそれは、その人物の鋭い動き、暗い赤色の点、あるいは渦巻状の無《む》かもしれません。

＊このエネルギーは、あなたにとってどのような点で非局在的なのでしょう？　言いかえると、あなたはこのエネルギーを、人生の他の状況、他者、他の出来事の中に、感じたことがあったでしょうか？　それともこのエネルギーは、今初めて現れたものでしょうか？　それは人生の別の場面、別の時に現れたことがあるでしょうか？　たとえば、それは職場の中に見出すことができますか？　このエネルギーをもっている別の人があなたを混乱させていますか？　私たちには厄介なエネルギーを抑圧する傾向があるために、これについて考えることは難しいかもしれません。

＊体内のエネルギー――手を使って、空間にこの厄介なエネルギーを表現します。手を動かしながら、身体に意識を向け、身体の中でこの最も厄介なエネルギーが位置する部分を想像します。また自分の身体の簡単なイメージを描き、その中にこのエネルギーがある箇所に印をつけてください（一つだけ

ではないかもしれません)。あなたは最近あるいは過去に、その部分に痛みや、病気になりそうな不安をもったことがありますか?

＊エネルギーのエッセンス――こんどはそのエッセンスの中、あるいは根源に入っていきます。これを行なうにあたって、最も厄介なエネルギーを身体で表現していきます。そのエネルギーの強度を保ったまま、手を動かしたり、あるいは、身体全体を動かしたりします。自覚は保つようにしてください。自分を傷つけるようなむちゃな動き方はしないこと。シャーマンになったつもりで、「人間」としての形態を慎重に手放していきます。変身し、この厄介なエネルギーの中に入り、エネルギーそのものとして動いたり、あるいは、エネルギーを手を動かして表現します。

＊次にこう自問します。「このエネルギーの基本的傾向は何だろうか?」 このエネルギーがこれほど大きくなる以前、すなわち初期段階では、それは何だったのでしょう? エッセンスを見つけるには、動きの強度はそのままにして、その速度をもっと落としてみるといいかもしれません。例としては、矢のような動きのエッセンスは、一度に一つの事柄に心を集中することなのかもしれません。

＊このエネルギーの基本的傾向にもし抵抗を感じるならば、さらに深めていくようにします。あなたはまだそのエッセンスにたどり着いていないからです。エッセンスのレベルに二元性(訳註 エネルギーの基本的傾向 vs それに抵抗を感じる私、の二元性)はありません。もっと深めていき、この厄介なエネルギーのエッセンスにたどり着いてください。たとえば、そのエッセンスは最終的にある種の感受性、あるいは花、石、生命の火花、穏やかな動き、明瞭さ、ある種の愚かさとして現れるかもしれません。そのときあなたはエッセンスと一つになっていることでしょう。それをノートに書きとめておきます。

＊しばらくの間、この超空間、あるいはこの厄介なエネルギーのエッセンスそのものになってみましょう。その世界はどんな様子でしょう？　その空間を（内側から）探求してください。それについての物語を創ってみましょう。あなたはそこで何を見たり、感じたり、聞いたりしますか？

＊次に、この空間を象徴するような実際の人物、あるいは神話的人物を想像し、その人物になってみます。あなたは自分自身が何に見えますか？　賢くて岩のような年老いた女性？　巨大な鳥？　風に乗る羽根のような人物？　洞窟の中の小さな子供？

＊このエッセンスを日常的現実（次元）に持ち込みます。するとこのエッセンスは自分のライフスタイル全体にどのような影響を与えるでしょう？　それは対人関係にどのような影響を与えるでしょう？　このエッセンスは症状のある部位にどのような影響を与えるでしょう？　このエッセンスを象徴する人物は身体のどこに位置づけることができますか？　その部位でエッセンスの人物を感じることができますか？　その部位でこの人物を体験し、部分と人物を結びつけ、結びつけたX（エックス）になってみましょう。

＊最初の厄介な人物との関係性において、この新たに登場した人物に働いてもらっているところを想像してください。厄介な人物と関わる際に、新たに登場したこの人物になったところをイメージしてください。厄介な人物はどのように反応するでしょう。あなたがこの人物／エッセンスを現実世界にもち込むことができたら、彼（女）／それは世界とどのように関わり、世界をどのように変化させることができるでしょうか？

＊このエクササイズの最初に書きとめた身体に関する質問に答えるために、エクササイズでの体験を

振り返ります。そうしたイメージ体験は質問になんらかの形で答えていますか？

＊エッセンスの人物は、あなたの周囲の超空間、あなたの人生の背景にあるパイロット波の一側面を象徴しているのかもしれません。そうした可能性について考えましょう。あなたが人生において経験してきたさまざまなことが、どのように絡み合って、あなたの意識にもたらすに至ったかについて気づきを向けてください。

右のエクササイズを試した人の多くは、エッセンスの人物の助けを得ることで、これまでとはまったく異なる楽な方法で、厄介な人物と関わることができる、ということに気づいていった。人間関係や身体の問題についてまったく異なる視点を得た人もいた。

プロセスワークの学生の一人は、次のような体験を語ってくれた。彼女によると――

「数カ月前のことですが、ある男性のことで困っていました。その人の性格が良くないように感じていました。その男性はある意味、私自身でもあることはわかっていましたが、全般的に、彼のやり方に納得できず、堪えられなかったのです。

彼について考え、気づいたのは、彼の周囲に暗雲がたちこめているということです。そのせいで皆が彼のことを嫌うようになっていました。どんな場面でも、そのエネルギーが私を悩ませました。彼はいつも彼のためだけに何か特別なことをするよう求めたのです。私がそうしないと、ひどいことにものすごく怒りました。落ち込んだふりをして、私が彼のために何かをするまで、大きな暗雲がたちこめた状態でいるのです。ああ、もう！　彼が私たちのグループの一人でなければ、けっして関係をもちたいとは思わなかったでしょう。

ともあれ、エクササイズでは、自分がどのようにしてそうした雲を創り出していたのか考えました。私には暗雲がすべて自分であるとはとても思えませんでしたが、自分の身体の中にその雲を確かに感じることができました！　何かをもち上げるとき、肩が痛むのをいつも感じます——まるで重い雲が肩に痙攣を起こさせているかのように！　肩に負担をかけるような物をもち上げるべきではないと思うのですが、つい忘れてしまって……！

エクササイズのステップに従い、エネルギーのエッセンス、彼の周囲に漂っていた非局在的な場を見出すことができました。彼の暗さのエッセンスは、私を煙に巻き、自分がどこに行きたかったのかをわからなくさせる、恐ろしい未知なる何かであり、神秘的なものでした。このエッセンスは（私ではなく）それが行きたい所を受け容れるよう、私に強いてきます。先述の不愉快な男性と肩の問題は、私をとても悩ませてきましたが、また、恐ろしく、かつ神秘的な何かが私の人生を動かそうとしていることを示していたのです。それは新しい生き方です。未知なるものを大切にすることは肩を楽にするだけでなく、彼との関係をすっかり変えるように思います。私は彼のあり方に感謝すらしている自分を見出すことができました！」

◎人間関係の背後にある沈黙の力には治癒力がある

人間関係が行き詰まるのは、一般的に、あなたが敵を自分自身の周縁化された部分、自分の「意図をもつ場」として見ることをせず、現実の人物としか捉えていないからである。おそらく、あなたの人間関係の問題は、合意的現実という一つの世界だけを見て、他の世界を周縁化していることによる。合意的現実世界では、あなたは自他を区別して見る。周縁化や、未知なるものに対する恐怖は、あなたと他人を分離させる。一方、並行世界では、あなたと友人は別々の人物ではなく、強度を共有する未知なる場、（合意的現実で）あなたと他者を創り上げる力である。

　対人関係における非局在性や、コミュニティとのワークの背景にある基本的な考え方は、この章の最初に引用したルーミーの言葉に最もよく要約されている。「恋人たちはやっと出会うのではない。恋する相手はそれぞれの内にすでに／常に存在しているのだ」。私はルーミーの美しい言葉に「敵」という言葉を付け加えたい――「敵同士や恋人たちはやっと出会うのではない。相手はそれぞれの内にすでに／常に存在しているのだ」

　言いかえれば、人間関係における数々の問題は、あなたが他人と共有する（第三の）空間を反映しているのだ。不穏な対人関係やグループにおける諸問題は、共有された非局在的な第三空間が周縁化されていることを反映しており、またそれが合意的現実の身体（肉体）に影響を与えるのである。対人関係の問題があなたに触れて、あなたの身体に侵入する様子（プロセス）に注意を向けることによって、あなたは自分が無視したり拒否してきた自分自身の諸側面や周囲の世界、さまざまな音や場に気づくようになる。共有されている基盤を経験することによって、そうした場のエッセンスが身体や人間関係における諸問題を解決し、健康に対する基本的な内的（身体）感覚を回復させる。症状や無視されてきた虹の身体《レインボーボディ》の次元に目を向けることによって、対人関係の問題はハイパースペース・メディスン（超空間医療）になる。

問題のある身体部位の周辺や、自他のあいだの空間に意識を向けることによって、対人関係上の緊張は癒しをもたらすレインボー・メディスンになる可能性をもちうるのである。

第12章 症状は未来からやってきた薬である

量子論は虚時間という新しい概念を導入した（……）それは私たちがふだん経験しているような時間ではない。しかし、ある意味で、それは私たちが実時間と呼ぶものと同じぐらいリアルである。空間における三つの次元や、ビッグバンによる宇宙の始まり方は、虚時間における宇宙の状態によって決定される。

——スティーブン・ホーキング*1

第10章を通じて、自分の身体とワークすることが、グループのサポートに通じることが理解できたことと思う。また前章では、厄介な対人関係における場が、レインボー・メディスンになりうることを示した。しかしながら、こうした考え方は、まだ、非局在的医療の可能性の表面を引っ掻いているにすぎない。

この章では、症状が現存のコミュニティだけでなく、未来や過去の出来事とも関連している点を示す。そう聞くと驚く読者もいるだろうが、実際はそれほどのことでもない。私たちはときどき夢の中で、過去や未来にいるかのように感じることがあるではないか。そして、目覚めた後、時間は相対的であり、また、日常的意識で理解するには複雑すぎることを認識する。未来の出来事が現在の人生の道筋を立て直したり、前進させたり、ある事柄を今行なうように強いるような夢を私たちは時折経験する。私とワークした人たちの中には、現在の自分よりも深い知恵をもった年老いた自分を夢に見て、「未来」から教えを受けた人が数多くいる。

◎虚時間を想像する

現在、世界中の合意的現実は、前進する時間を刻む時計に基づいている。「昨日の午後5時」という言葉は、誰にでも理解できる。「今日の午後4時」「明日の午前9時」という意味がわからない人はいない。しかしながら、宇宙の始まりを説明するために新しい時間概念を使用する物理学者たちがいる。

スティーヴン・ホーキングをはじめとする宇宙物理学者たちは、現実の性質を理解するために、量子力学の方程式（すなわち、

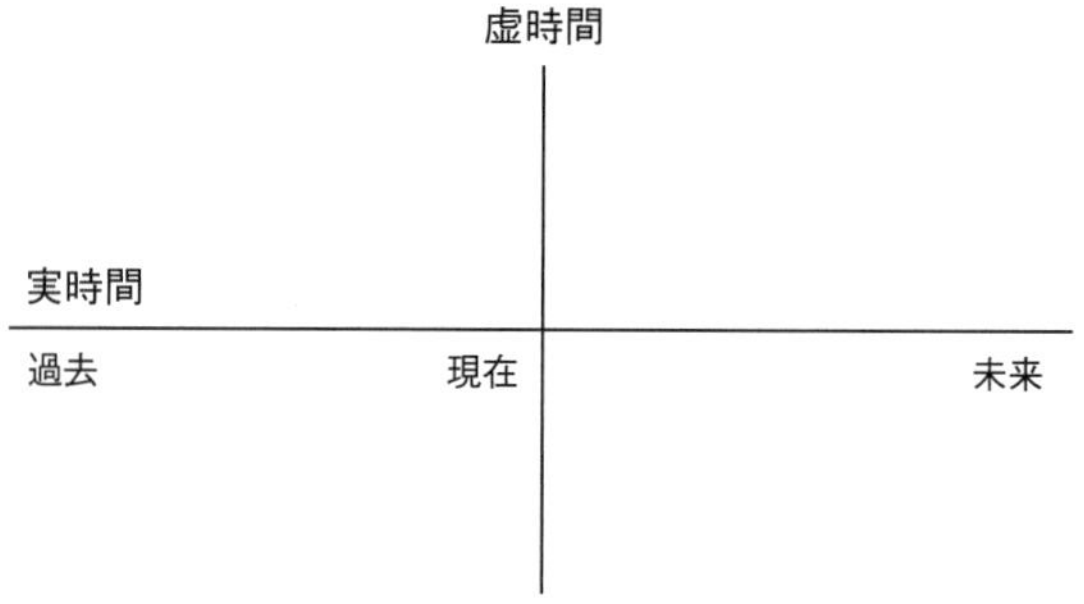

図12-1　実時間と虚時間

虚数)[*2]から虚時間という概念を借用する。ホーキングは自身のウェブサイトでこう説明している。「以下のやり方でそれ(虚時間)を描くことができる。通常の実時間は水平線として考えることができる。左が過去、右が未来である。しかし、垂直方向に別の種類の時間がある。それが虚時間である。それは私たちがふだん経験しているような時間ではない。しかし、ある意味で、それは私たちが実時間と呼ぶものと同じぐらいリアルである」[*3](図12-1)。

ホーキングは、カリフォルニア大学サンタバーバラ校の同僚であったジム・ハートルとともに、相対性理論と量子論を統合する数学的手法として虚時間を使った。両方の現象(相対性理論と量子力学)に支配される宇宙を想像するには、時間と空間が両方ともゼロである特異点から宇宙が生じたのではなく、(合意的現実の次元に先立つ)想像的な空間が「実際の」空間へと連続的に移行する複雑な時間から宇宙が生じていなければならない(虚時間という概念は、科学者たちをゼロですべてが分割されることから回避させた――それによって信じがたい状況が急速に引き起こされることになる)。

虚時間では、私たちはずっと自由である。私たちは方向を変え、後ろに進むことさえできるのだ。「これは、虚時間においては未来と過去に重要な相違がなくなることを意味する。一方、『実際の』時間においては、誰もが知っているように、未来と過去には多大な相違がある。このような過去と未来の相違はどこから来るのだろうか? なぜ、私たちは過去を記憶し、未来を記憶していないのだろうか?」[*4](ホーキングの公開レクチャー「時間の始まり――二〇〇二」を参照のこと)

ホーキングとハートルは、偉大な数学者であり物理学者であったゴットフリート・ライプニッツの方向性を知らず知らずに継承していると言える。ライプニッツは(他の人たちと共に)一六〇〇年代のルネサンス期に「虚数」という概念を考案した。ライプニッツは虚数を「i」で示し、$i \times i = -1$という方程式を定義した。そして、「i」を数学の「聖霊」と呼んだ。ライプニッツは、虚数について「聖霊（存在と非存在の間に両棲する）にとってのすばらしく優れた隠れ場所」と述べている。*5

ホーキングは「存在と非存在の間に両棲する」ことについて考えたわけではないだろうが、虚時間という概念を使って宇宙の始まりを思い描き、時間の非合意的側面を復活させた。彼にとって、時間は現実的要素と想像的要素をもっている。時間を複素数tで表わすならば、それは現実的および「想像的」な価値の両方をもつ数になる。すなわち、$t = t\ real + t\ imaginary$であり、もっと簡潔に表わすなら、$t = t_r + t_i$となる。

t_iは時間の非合意的側面であり「虚時間」である。数学においては、その意味は厳密だが、それは想像的なものであるため、その意味を合意的現実の価値によって測定することはできない。したがって、たとえば、$5i$は$3i$よりも（測定上）大きくも小さくもない。

とにかく、ホーキング‐ハートル理論においては、宇宙の始まりにおける実時間あるいはt_rはゼロであるが、虚時間t_iが存在していたとされている。虚数を「存在と非存在の間に両棲する」ものと考えるならば、私たちはホーキングの「ビッグバンにおける宇宙の始まり方は、虚時間における宇宙の状態によって決定される」という見方から特別な洞察を得ることができる。宇宙は非合意的現実あるいはドリームタイム（夢の時間）、言いかえれば合意的現実における「存在と非存在」の中間のどこかから始まったのである。

科学の世界では虚時間の意味に関する議論が盛んだが、私たちは虚時間という数学的概念が、多くの点で、変性意識状態のメタファーであると確信をもって言うことができる。多くのシャーマンやセラピストたちは、夢の時間様（time-like）次元から人生における出来事の数々がやって来ることに気づいている。言いかえると、虚時間はドリームランド（夢の次元）のメタファーである。

　あらゆる合意的概念は、虚数（複素数）によって定義される。なぜなら、どのようなものにも現実的要素と夢の要素の両方が含まれているからである。たとえば、木は空間におけるリアルな事実であると同時に、観察者にとっては非合意的な感覚でもある。別の例を挙げれば、時間を何気なく指摘する場合、その行為には現実的側面と夢的側面の両方を含んでいるのではないだろうか。たとえば、自分にとって「午前」が最良の時間であると言うとき、午前八時から一二時までの実時間は、目覚めたときの気分や夜明けの太陽光などと関連づけられていることだろう。同様に、「午後」とか「夜」と言う場合も、それは現実的であるとともに詩的でもあるのだ。

　このように虚時間は、私たちが時計の時間と関連づけている気分や雰囲気のメタファーなのだ。虚時間の中で私たちは、合意的現実からすれば非局在的なやり方で、未来や過去に行くことができる。なぜなら、虚時間は現実の時間や空間における「特定の点」に縛られていないからだ。そうではなく虚時間と結びついているのは、「ある特定の雰囲気」なのである。たとえば、病気や死に対して不安を抱くとき、私たちは未来に行ってしまっている。しかし、同時に同じ空間で、子供時代に戻り、子供になることもできる。

◎非局在性と虚数

虚数の登場により、数学および物理学の世界においては多くのイメージが解き放たれた。現在、傾向性の観点から見た波動関数（の複素数）に関するハイゼンベルクによる解釈は、虚数に対する少なくとも八つの可能な解釈の一つでしかない。量子物理学の数式の解釈は実に多様だが、私は、可能な解釈のすべては心理学的に正しいと感じている。なぜなら、どの解釈をとっても、ドリーミングの構造について独自の視点を提示しているからである。**量子波動関数のさまざまな解釈はどれも、それぞれ特別な、非合意的な、測定不可能な心理学的重要性をもっているのである。**

たとえば、標準的な解釈——ニールス・ボーア、ヴェルナー・ハイゼンベルクらによって提示された（いわゆる「コペンハーゲン解釈」）——は、現実が、ある部分では、観察者の存在によって創造されると見ている。この解釈では、波動関数が、観察された系の一部なのか、観察者の一部なのかを区別することはできない。

前著『クォンタム・マインド』で、私はハイゼンベルクの考え方が心理学的な真実であることを示した。私たちは非合意的経験を周縁化することにより、合意的現実を創り上げているのである。たとえば、ドリームランドでは、ある症状が怪物ないし贈り物として象徴的に現れてくることがよくあるが、合意的現実では、たいてい両方のイメージとも周縁化されてしまう。私たちは多くの場合、症状を器質的ないし化学的な問題としてのみ捉えているのである（症状はじつは贈り物や怪物なのかもしれないと考えていても、それを人に語る人はめったにいない）。

第3章では、フラートの考え方と関連づけて、ジョン・G・クレイマーによる量子波動の解釈を論じた。クレイマーの解釈によれば、量子波動方程式は、観察が反対の方向に向かう同等の強度と頻度をもつ二つの量子波動の相互作用に基づくことを示唆している。彼は、そうした波動の相互作用のあり方は、遠距離通信の機械の間で交わされる「握手」に似ていると言う。ひとたび握手が交わされると、合意的現実でのコミュニケーションが始まるのである。

私たちはフラートあるいは「前シグナル」を感じ取っているのだが、回線が通じたらファクスやメールに先立つ機械音を忘れてしまうのと同じように、私たちは合意的なコミュニケーションが始まるとフラートを周縁化してしまう。フラートに関しては、対象がそれを見ることを私に対して誘発したのか、私たちの中の何かがそれを見たいと思ったのか、私たちには判断することができない。大事なのは、そうした一瞬のちらつきが、素粒子的な世界、仮想現実《ヴァーチャルリアリティ》、あるいは「虚時間」で生起する、ということである。それらは測定不可能な非局在的な連関であり、それが私たちの身体と周囲の世界とを絡み合わせているのである。

クレイマーはNASAで働きつつ、自分の仕事を説明する素晴らしい論文を書いている。[*6] 彼は、物理学における想像的な波動（すなわち、量子波動関数において共役する［対になった］二つの波動）は非局在性の観点から理解できる、と指摘する。一つの波動が未来に向かい、もう一つの波動が過去に向かうので、非局在性が素粒子物理学の方程式に内在し、その基本になっているとクレイマーは述べている。[*7]

非局在性が示しているのは、物や人の非合意的側面は過去や未来を含み、どこにでもいつでも存在するということである。合意的現実の背後に、相互に連関する非局在的な経験が存在する。それは中間の領域を通して測定不可能なシグナルを生み出している。したがって、症状を含むあらゆる物事は、過去や未来の測定不可能な想像的な経験によって創り上げられている。私たちの気を引くそうした前シグナルは、私たちの夢、想像、ふとした間違いに足跡を残し、フラートに満ちあふれた変性意識状態へと私たちを誘って行く。

◎うしろ向きの因果律

過去から未来へと向かう前向きの因果律は理にかなっているが、「後ろ向きの因果律（backward causality）」となると、多くの人は非合理的なものと思うことだろう。私たちの多くは過去が現在や未来を創ると思っている。「後ろ向きの因果律」は私たちに矛盾した印象を与える。未来がどうやって現在や過去に影響を与えられるというのだろう？

次のことを考えていただきたい。今この瞬間から時間をさかのぼって考えると、過去の出来事が、少なくとも部分的に、現在あなたが行なっていることによって位置づけられているのを想像できるのではないだろうか。また、現在あなたが行なっていることは、少なくとも部分的には、過去によって位置づけられているだろう。同じように、今この瞬間や現在あなたが行なっていることは、あなたが誰／何になるかという未来によって影響を受けているだろう。未来の出来事は、虚時間すなわちドリームランド（の次元）で生起しているために、（私たちが現在知りうる方法では）合意的現実において測定あるいは検証できない。合意的現実において検証しようとするなら、光よりも速く未来に到達するシグナルを処理できなければならないからである。そうした方法は、合意的現実の世界では実現していない。

けれども、夢の中、そして虚時間に関する数式では、未来の出来事が過去の出来事に確かに影響を与える場合がある。実際、夢の中で想像され、経験される未来の死は、今日の気持ちや考えに後ろ向きに影響を与え、不安をもたらすと同時に、超然とした（執着を手放した）態度や自由をもたらすことがある。

身体症状が未来によって組織化されているプロセスを見ることを通じて、「後ろ向きの因果律」について考えていきたい。第一段階は、極微少なナノ的経験に対する明晰な注意力（lucidity）を再び呼び覚ますことである。そして次に、症状に焦点を当てる。以下のエクササイズでは、非常に短い瞬間だけ持続する出来事（束の間のちらつきやフラート）を拾い上げるために自覚を研ぎ澄ますこと。

エクササイズ……注意力のトレーニング

＊症状に取り組む前に、まず一般的な仕方で自覚を呼び醒まします。注意力を鍛える第一段階は、リラックスして、数回深呼吸をすることです。目を閉じるか、半眼にするといいでしょう。リラックスの度合いが深まっていくと、ある時点でまぶたが自然に開こうとするのに気づくと思います。ゆっくり目を開きながら、部屋の中であなたの注意を最初に引くものに気づいてください。それをしっ

かり捉えます。目を開くと、複数のものがあなたの注意を引くかもしれません。どれに焦点を当てるか、「無意識の心」に選んでもらうようにします。何があなたの注意を引きましたか？　色ですか？　イメージですか？　物ですか？　それとも何かの動きですか？

＊注意を引いた何かに、それ自身について説明させるようにします。それ自身の存在意義を「語ってもらう」のです。たとえその説明が不可思議なものでも、覚えておいてください。書きとめておくといいでしょう。ある女性の例をあげましょう。このエクササイズを夜中に試した彼女は、電灯が窓に反射しているのを見て、心引かれました。電灯は彼女にこう「語りました」。「私はここにいる。光と知が存在する。理解しようと懸命に努力しなくても、物事はやがて明るく（明らかに）なる。たとえあなたがそのことを信じていなくても」

＊あなたの注意を引いた何かが語る内容が、自分の人生に関する大きな問いの答えになっている可能性を考えてみてください。たとえば、この女性は電灯の「言葉」に思いをめぐらせた結果、自分の知性に疑いを抱いており、もっと本を読んでもっと学ばなければならないと考えていたことに気づきました。フラート現象は彼女に、自分自身の内なる知を信頼するよう提案していたのです。

＊あなたに語られたメッセージは、どのような点で未来からのメッセージと言えるでしょうか？　あなたの注意を引いた何かは、あなたが将来必要とするもの、あるいは、なりたいと思っているものをなんらかの仕方で表わしていますか？　このちらつきは未来の自分から送られてきたものでしょうか？　そのメッセージは、いつかあなたがなるであろう賢明な自分から送られてきた直観なのでしょうか？　たとえば、窓に映る電灯を見た女性は、それが、あれこれ考えあぐねることなく物事を瞬時

に理解できる「まったく自発的で自由な人物」のイメージであると感じました。彼女によると、そうした人物になりたいと思っていたそうです。

＊さて、明晰な注意力が呼び覚まされたのではないでしょうか。次に明晰性を使って、身体症状とのワークに取り組んでみましょう。第一段階として、過去にあなたを悩ませた、あるいは今現在あなたを悩ませている身体症状を思い出してください。ワークする症状を一つだけ選びます。どの症状に取り組むかは、自分の直観を信頼して選んでください。そうでなければ、理由のいかんにかかわらず、最初にあなたの注意を引いた症状を選びます。ある読者は周期的な耳鳴りを選びました。心拍が上がると耳鳴りがひどくなるというのです。

＊リラックスして、呼吸に意識の焦点を合わせます。さらにリラックスしてきたら、症状の部位にていねいに注意を向けてください。できれば、その症状を感じ（今感じることができなければ、症状を感じていたことを思い出したり、観察してください）、症状のなんらかの側面があなたの注意を引いていることに気づきを向けます。今この瞬間、どの側面があなたをフラートしているでしょうか？

＊症状の何があなたの注意を引いていますか？　感覚ですか？　動きですか？　感情？　イメージ？　それとも思考？　焦点を当てるべきフラートを、無意識の心に選んでもらい、それに対する注意を保ってください。どのフラートを選ぶべきかは、あなたの中の何かが知っていることでしょう。たとえば、私の読者の一人は、耳の中で聞こえる金属音を選びました。

＊症状に焦点を当て、その中の、あなたの注意を引いている側面にしっかりと注意を向け続けてください。その側面はどういったものでしょう？　それがあなたに働きかけるがままにしていてくださ

い。このフラートとコミュニケートすることができると仮定しましょう。それを感じ、それをイメージし、そして準備ができたら、それに「語らせ」てください。それは何と言っているでしょうか？フラートが運んでくる最初のイメージを捉え、耳を傾けてください。フラートにあなたの身をまかせるようにしてみましょう。たとえば、先程の読者は、耳の中の金属音が、何にぶつかってもおかまいなしに走り回る元気な子供の動きを思い出させると言いました。「キーン、バタン、おっとっと（……）楽しいな！」

＊それのメッセージを理解したり、受け容れることが難しければ、自分にこう問いかけてみてください。「このメッセージのエッセンスは何だろうか？」その根っこは何でしょう？——その傾向、それの基本的な意味は何でしょうか？　私の読者は、メッセージのエッセンスは子供のように自由になることだと言いました。

＊症状からのメッセージは、どのような点で未来からのメッセージであり、人生の現在の状況に対する答えになっているでしょうか？　どのようにして、あなたはこのメッセージをすでに知っていながら、周縁化していましたか？　なぜあなたはそれを周縁化してしまっていたのでしょう？　メッセージは現在のあなた自身のアイデンティティと一致しないかもしれません。そうであれば、おそらくあなたは、現在と未来の自分の深い部分を無視しているのです。私の読者は、年齢を重ねたら今よりもっと自由で自然に振る舞えるようになれるという夢を見たことがあると言いました。現在、彼女は自分を抑え込んでいると感じており、自分の望むように人生を生きることにためらいがありました。彼女は自分の見た夢が「ビッグ・ドリーム」（非常に重要な夢）だと感じていましたが、現

在の生活にはやるべきことがあまりにもたくさんあって、自由に自然に振る舞えるようになる時間などない、と思っていたのです。

＊メッセージやそのエッセンスに、あなたの日常的現実を変容させる機会を与えます。未来に、現在のあなたを動かしてもらいましょう。夢や身体症状の世界にメッセージやエッセンスを置き去りにせず、それを手の動きにしてみましょう。あるいは、立ち上がってメッセージをダンスにしてみるのもいいでしょう。ゆっくり時間をかけて行なってみてください。メッセージを受け取り、メッセージそのものになり、そのメッセージをこの世界で生きてみましょう。そして、それがすでにそこにあり、前面に現れようとしていたこと、しかしたぶん周縁化されていたことを実感してみてください。メッセージの送り手側にもなってみましょう。先程の女性は、「子供になったつもりで、部屋の中を自由に動きまわったりダンスすることは、とても楽しい」と言いました。彼女はまた、自分が小さな子供であると同時に、自由な年老いた人物であることを想像し、経験を深めていきました。

＊身体症状、未来からのメッセージを受け容れ、統合するためには、個人的な履歴（個人史）や日々の行動をどのように変化させる必要があるでしょうか？　私の読者は、家族にとても保守的に育てられたと言いました。彼女にとって、自分の内なる子供を信頼することは、人生を根本的に変化させることを意味していました。

＊どのような点で、症状のメッセージはあなたが生きている生活世界の全体と関連しているでしょう？　いや、もしかしたら宇宙全体と関連しているのかもしれません。たとえば、女性は、彼女の周囲の大人の世界全体は不安に満ち、深刻すぎると言いました。彼女の世界は、もっと子供のような楽しさや

創造性を必要としていたのです。

＊メッセージを生きることが症状にどのような影響を与えるかを感じます。あなたは自分の症状が未来の自分から送られたある種のメッセージであることを感じられるでしょうか？　おそらく、症状に関する経験は、今をより十全に生きることについての未来からのメッセージであり、別の時間からの非合意的な助言や警告なのかもしれません。

◎症状は宇宙とつながった「受信機」である

身体症状の非局在的な側面は、あなたを世界と結びつける。身体は未来からのメッセージ、宇宙全体からの個人的なメッセージを受け取るある種のラジオ受信機といえる。症状は、沈黙の力があなたに人生の中で特別な役割を担うことを求めている、という印象をもたらすことだろう。

そうしたメッセージにほとんど気づくことのない日常的自己は、なぜ人生は不可解なのだろうかと怪訝《けげん》に思いながら、なんとなく毎日を生きている。次に何をすべきかを迷っていない人はいない。どこに向かえばよいのだろうか？　人生の意味は何だろうか？　なぜ私にはこんな症状があるのだろうか？　私は人間関係をどうすべきだろうか？　私たちがそうした問いにほとんど気づいていない場合でも、たとえば身体症状のように注意を引く何かを通して、宇宙は私たちに呼びかけ、そうした問いの数々に答えている。

ある意味で、身体症状は宇宙からの電話とも言えるだろう。ベルが鳴り、「誰か受話器をとってくれませんか？　伝えたいことがあります」と呼びかけているのだ。注意力を鍛え、受話器をとること。だが、おそらく問題は、自分の机に電話を置く場所がないことだろう。あなたは日常生活に電話を置く余地を作る必要がある。合意的現実で電話のベルに耳を傾けること。そうでなければ、日常生活は不完全なままである。

人生と健康は虚時間で生起することによって決定される。そこは合意的現実に先立つ領域であり、そこからドリーミングにおけるさまざまな創造物が浮上する。虚時間を周縁化することは、単なる科学上の問題ではなく、公衆衛生上の問題でもある。多次元的医療の実践の観点からすると、合意的現実はウイルスよりもたちが悪い――天敵である。なぜなら、それは現実に関する物語のほんの一部を語っているにすぎないにもかかわらず、それが物語全体だと主張するからである。合意的現実は、症状があなたを悩ませたときに、病気と健康の観点だけから見て、症状を悪者扱いする。あなたの身体のフラートやちらつきは重視されない。

しかしながら、この深刻な健康問題は解決することができる。症状のフラートに注意を向けること。それは未来の自分からの薬になりうるのである。日常的自己が判断を働かせる以前に、極めて微小な身体感覚を捉え、それに従うこと。これは自分自身や自分の世界を尊重する上での小さな一歩であるが、同時に大きな一歩となるだろう。

第13章　遺伝的特質からの自由

（……）遺伝的特質と形態共鳴はどちらも遺伝されていく。
——ルパート・シェルドレイク＊1

症状が未来と結びついているならば、間違いなく過去とも関連しているだろう。現在、生物学者たちは、個人的履歴における統計的に重要な既知の因果的結びつきを「遺伝的特質」と呼んでいる。個人的履歴は事実と虚構、遺伝的特質と神話の組み合わせによって出来上がっている。自分がどこからやってきたのか、自分の祖先は誰かという物語は、過去（両親や祖父母など）に由来する生物学的なパターンと結びついている。

あなたが、最近そして過去に親戚を悩ませた病気のうち、どの病気にかかりやすいかを知りたければ、その回答の一部は遺伝学にある。その法則は特定の症状にかかる潜在的素因を説明する。

本章では、遺伝的特質が個人神話と結びついていることを提唱したい。次の章では、遺伝的特質を制御あるいは再編成できるか、できるとすればどのようにしてか、そして、その理由を考えたい——毒素や放射線だけでなく、自覚を使うことを通じて。

私たちは遺伝子によって、ある病気にかかりやすいように、あるいは、かかりにくいようにプログラムされている。けれども、誘導する波や神話に対して自覚をもつことが、このプログラム全体を思いがけない仕方で変化させる場合がある。こうした新しい考え方は、遺伝子と夢の相互作用に基づいた「心理遺伝学的な方法」へと私たちを導いてくれる。

◎細胞生物学

これまで本書は、身体を物理的レベルでは主に素粒子や原子の観点から考えてきた。これからは身体を細胞の観点から考えてみたい。細胞は生物系の基本単位であり、生命の原子と呼ぶことができる。

細胞は大変小さなもので、たとえば飾りピンの頭を覆うためには、ヒトの細胞が一万個は必要なほどである。人体には数十〜百兆個の細胞がある。各細胞は私たちの成長を方向づける遺伝物質である「染色体の対」を含んでいる。この物質は物理的成長の指示者である「ゲノム」を構成している。

染色体はＤＮＡ（数十億の原子が二本のリボンの形で絡み合う二重らせん）から構成される遺伝情報を含んでいる。引き伸ばすと、身体の小さな一細胞の中に折りたたまれたＤＮＡは、約二メートルの糸になる。その染色体をほどくと、最初は糸のようだが、それ自身を巻き込むループ状のものになっていることがわかる。

人間の遺伝物質であるゲノムは、ノミやゴリラ、バクテリアやクマといった他の生物のゲノムと類似している。チンパンジーのゲノムはヒトの遺伝子の九五〜九八パーセントを含んでいる。細胞が分裂ないし複製の最中にないとき、DNAは細胞のいたるところに分散していることがわかっている。だが細胞分裂が始まると、DNAは糸のような染色体の中にそれ自身を巻き込み折りたたんでいく。そうして遺伝情報を分配し次世代へと伝えていく。染色体の本数は種ごとに一定である。人間の染色体は四六本であり、すなわち二三対の染色体をもっている。それぞれの対は二重らせんになっている。

科学者たちは、人間のDNAはこの惑星上で三五億年にわたって存在してきたと考えている。内的あるいは外的な身体の損傷に由来するゲノムの変異はDNAを傷つけ、未来の細胞複製に影響を与える。現在の学説によれば、自然淘汰はそうしたアクシデントや変異を利用し、適応具合に合わせて突然変異体をふるいにかけている。優越した突然変異体だけが生き残ることができる。この考えに従えば、自然は自動車企業のように稼動していることになる。自動車企業は、何種類もの車を製造し、何種類ものエンジンを試験的に使ってみる。馬力や燃費の良いものが最良のエンジンであり、好ましくない危険な結果を招いたものは最悪とされる。

一八〇〇年代後半に、グレゴール・メンデルは遺伝を支配する基本法則を発見した。そして彼は、どうして子供が父母ではなく祖父母に似ることがあるのか、その理由を解き明かした。

現在、私たちはメンデルの「遺伝粒子」、すなわち遺伝子が染色体の領域を占有していることを

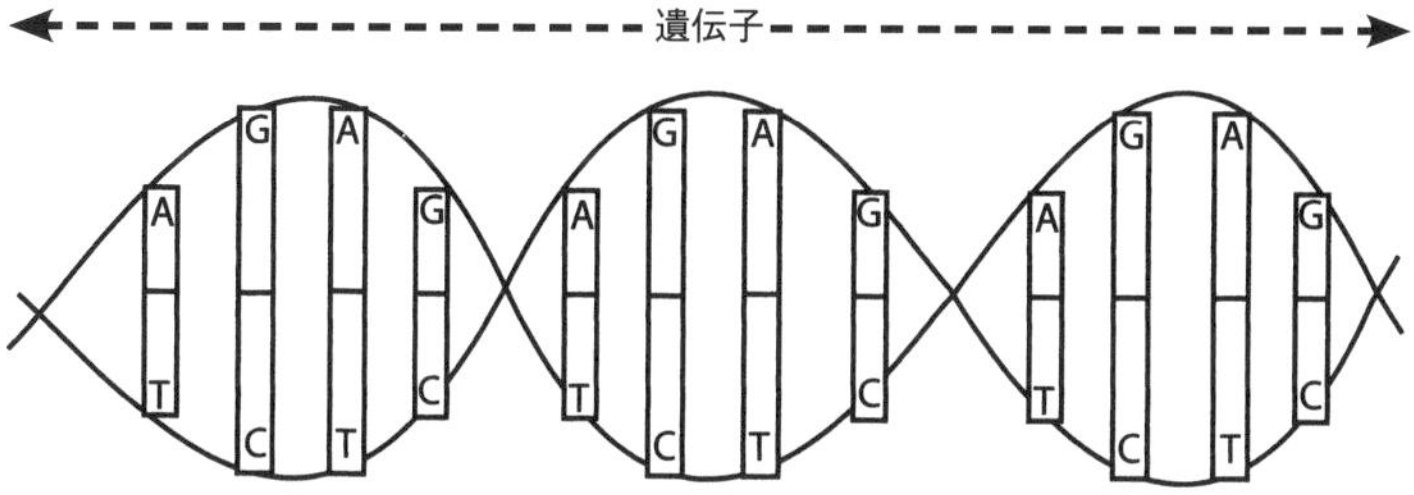

図13-1　遺伝子は絡み合うDNAの塩基配列である。ヌクレオチド塩基であるA（アデニン）、G（グアニン）、T（シトシン）、C（チミン）は、遺伝情報を伝える「言葉」を形成している。

知っている。一九五三年に、ワトソンとクリックはＤＮＡの物理的かつ化学的な構造である二重らせんを発見した。彼らはＤＮＡ（デオキシリボ核酸）が染色体の中核であることを提示したのである。長く薄い連続的な分子であるＤＮＡは、ヌクレオチド塩基として知られる微小な基本単位の鎖である。鎖の中には、アデニン、グアニン、シトシン、チミンという四種類の塩基が存在する。遺伝子中におけるそれら四つの塩基の配列順序が遺伝子の諸情報を決定する。

ＤＮＡはらせん階段、遺伝子はその階段の段にたとえられるだろう（上図参照）。図にはらせん階段上の遺伝子の塩基配列と、ＤＮＡの巻き込み合う染色体が描かれている。遺伝子は無数の塩基対から構成される。遺伝情報を解読するために、科学者たちはらせん構造を解き明かし、どのように配列されているのか、探求しなければならない。

いくつかの身体的特徴は遺伝に大きく左右されるが、私たちは完全にプログラムされているわけではない。身体とのつきあい方、生活環境、食習慣などは寿命に影響を与える。また、あなたの感じ方や考え方も生化学的レベルで遺伝的特質と関連をもつ。[*2]

人間の遺伝的特質――一〇万個の遺伝子

ゲノム中の二三対の染色体が私たちの人生の多くを決定している。たとえば、二一番目の対が二本ではなく三本の染色体を持つと、ダウン症候群になる。

両親の祖先の遺伝子は私たちの身体的特徴のほとんどを決定する。身長などの特徴は相対的に遺伝的要因の影響を受けやすい。一方、体重などは相対的に環境的要因の影響を受けやすい。その他、血液型や臓器移植に対して拒否反応を起こす抗原は、完全に遺伝的なものと言える。つまり、そうした特徴を変化させる環境的条件は知られていないのである。[*3]

人間のゲノムはおよそ一〇万個の遺伝子を含んでいる。そのうち約四〇〇〇個が特定の病気と関連していると考えられている。また他の病気に対する罹患率にも遺伝的要因が含まれると理解されている。そうした病気には、糖尿病、アルツハイマー病、多発性硬化症、統合失調症、ハンチントン病、マラリア、各種のがん、偏頭痛、アルコール依存症、肥満症、高血圧、躁うつ病などがある。

あなたに関することが単一の要因あるいは一連の要因によって完全に決定されることはない。人間の特性（たとえば肌の色）は主として遺伝的だが、あなたの生き方や環境の影響（たとえば日焼け）によっても変化しうる。一方、環境の影響を受けやすい特性（たとえば体重）にも、遺伝的な要因がある。あなたの誕生のもととなった受精卵細胞は、あなたの基本的構造のプログラムを含んでいるが、あなたの生き方次第で多様な結果を導くことが可能である。

メンデルの遺伝学

遺伝研究は、病気を治療するための研究か、新しい「より良い」種を誕生させる研究かのいずれかによって、驚嘆と恐怖の両方を引き起こしている。現在、遺伝学は人間に関する地図を提供しているが、詳細が解読されたわけではない。私たちは森を見ているが、木を見ているわけではないのだ。研究が進めば、個人的な街路の地図も明らかになるだろうと遺伝学者たちは期待している。

一八六〇年代、オーストリアの修道司祭であったグレゴール・メンデルは、現代遺伝学の生みの親になった。彼は遺伝の基本単位が遺伝子という要因であることを主張した。彼は遺伝物質とは何か、それがどこにあるのか理解していなかったが、エンドウマメの研究を通して、特定の特徴ないし一連の特徴についての遺伝法則があることを突きとめた。彼の理論は遺伝や進化の謎の解決を約束するものであった。

彼は遺伝子が単純な統計的法則に従っていることを発見した。それについて説明するために、まず子が同種、異種あるいは変種の二対の動物ないし植物から生まれることを思い出していただきたい。

メンデルの法則はすべての子の細胞が二つのカテゴリーに分類できることを主張する。生まれた子の細胞の半分は片方の親の形質を伝え（優性）、残りの半分はもう片方の親の形質を伝える（劣性）。第一世代の子において、劣性遺伝子の特徴が優性遺伝子の特徴に覆い隠されて表われてこない現象は、メンデルの第一法則として知られている（優劣の法則）。しかし、生まれた子同士を交配すると、その子の世代には劣性の形質が分離して現れる（メンデルの第二法則）。これは分離の法則として知られている。この法則によって、何世代にもわたって子の交配を観察するとき、何が起こるかを予言することができる。

例として以下のケースを見てみよう。ある遺伝子（R）が花の色を決定している。Rは優性の遺伝子であり、花の色を濃くする。一方、rは劣性の遺伝子であり、花の色を薄くする。Rが「優性」であるため、rと交配されたRrの組み合わせにおいても、花の色は濃いままである。劣性の遺伝子が対になるrrのときにのみ、花の色が薄くなる。

したがって、Rr遺伝子の親同士を交配するときに生まれる子の確率の基本法則は「パネット・スクエア」（下図）の中に容易に見ることができる。子のうちで、RRとなる確率は四分の一で、二重優性の濃い色である。Rrになる確率は四分の二である（これも濃い色）。そして、rrとなる確率は四分の一で、これが薄い色になる。

	R	r
R	RR	Rr
r	Rr	rr

遺伝は定められた運命ではない。遺伝学は何が起こりうるかについての概略を与えてくれるが、細胞の中で起こる個人的な「変異」や、他者との出会いが人生をどう変化させていくか、といったことに答えることはできない。人生は運命と偶然の組み合わせであり、予測不可能なものなのである。最近のある遺伝学会で私の友人が配布したアンケートの結果によれば、回答してくれた科学者たちのほとんどが、私たちの身に起こることの五〇％は遺伝、五〇％は環境によると考えている。ここでいう「環境」とは、育てられ方、一緒に育った人たち、食習慣、通った学校などによる心理学的影響を指す集合的な用語である。

◎遺伝的特質に対する非局在的影響

遺伝学、医学、心理学を環境的影響と結びつける包括的パラダイムは、まだ存在していない。[*4] 私たちはこれまでの章から、ある人物や組織の周囲に漂う雰囲気に対するドリームランドの感覚が非局在的であることを理解している。私たちがドリームランドの中で「環境」として感じ取る沈黙の力、量子場は、非合意的な（ほとんど測定不可能な）方法であらゆるものと接触している。同じように、遺伝的な変異（たとえば、遺伝子の原子・分子構造の突然変異）やその結果による自然淘汰も、非合意的な場と関連している。

以前の章で、生物学者ルパート・シェルドレイクと彼の提唱する形態形成場について紹介した。彼は、自然淘汰は過去に学習した事柄に左右されると考えている。シェルドレイクによれば、前の世代が新しい事柄を学習していると、後の世代がそれを学ぶことは容易だという（この法則の証拠を私たちはオリンピックで目にしている。そこでは、以前には不可能と思われていた記録や演技が毎回更新されている）。

レインボー・メディスンは、心理学、医学、そして環境を結びつける統合的なパラダイムであることを私は提唱したい。レインボー・メディスンは量子的医療として、量子的非局在性の影響、パイロット波の振る舞い方のパターン、遺伝的特質に関するドリーミングのソングラインを研究する。私たちは、染色体を損傷させる放射線のような実際の物理的要因によって、遺伝情報がはっきりと変化しうることを知っている。また、複製の最中に、説明しがたい間違い（「突然変異」）が起こって、遺伝子を傷つけることもある。複製の最中のそうした突然変異は、病気や老化の一因でもある。[*5]

合意的現実における原子構造ないし分子構造の障害として現れるものは、毒素、放射線、さらには重力の変動といった既知の物理的原因だけでなく、これまで述べてきたような、原因が測定不可能な基盤にも由来すると思われる――私はそれを「沈黙の力」と呼んだ。私たちは、医学では合意された特定の原因という観点から説明されているほぼすべての症状が、夢では神話的想像の観点から経験されることを知っている。私はこの現象を「ドリームボディ」と呼んできた。人生の中で偶発的な病気として現れるものが、実は夢の中で一定のパターンとして現れている場合がある。例を挙げれば、私のクライアントの一人は、原子炉の放射能漏れによる被曝に苦しんでいたが、彼女は友人の一人がある理由のために世界全体を変えてしまった夢を見ていた。[*6]

感情や人間関係が個人の全般的な健康や幸福感に対してプラスにもマイナスにも働くという説は、心身相関プロセスを研究する学際的な研究において数多くの支持を得ている。それゆえ、非合意的な場、パイロット波が、個人神話と相互作用するだけでなく、遺伝的特質や生物物理学的な化学的性質全体に影響を与えると想像しても、それは何らゆえなきことではない。

◎ドリーミングと遺伝的特質

ドリーミングが遺伝的特質と相互作用する点について学ぶ前に、まずパーソナルな側面から始めよう。自分の遺伝的特質を考える。遺伝的特質に関する以下の質問は、あなた自身のこれまでの経験や、現在の生活に影響を与えた人たちや場面を振り返る上で役立つだろう。以下の質問は、読者が自分の遺伝的特質について考え始めるきっかけとなるよう設定されたもので、答えが「正しい」かどうか、十分に答えたかどうかを気にする必要はない。

・自分の身体の特徴のなかで、両親や祖父母から受け継いだと思う部分について考える（もし自分の生物学上の両親を知らなければ、想像していただきたい。私の経験では、親に関するイマジネーションは実際と非常に近い場合がよくある）。事実と想像を組み合わせたものでもかまわない。あなたの体重、体格、肌の色、髪の色、目の形は、誰から受け継いでいるだろうか？　あなたの姿勢は家族の誰かと似ているだろうか？

・自分の家系の上の世代の人がかかった病気になることを心配しているだろうか？　あなたは自分の心臓血管系を誰から受け継いだと考えているだろうか？　がん、糖尿病、皮膚病、関節炎、骨粗鬆症になった人はいるだろうか？

・あなたは薬を定期的に摂《と》っているだろうか？　もしそうならば、その薬は家族の歴史と結びついているだろうか？　それは父か母のどちらの家系の誰の遺伝的性質を受け継いでいるのだろうか？

・あなたは自分の資質や才能を誰と結びつけて考えるだろうか？　あなたの最も魅力的な資質、才能は誰から受け継いだのだろうか？

・あなたは過去の何を、どういった点で、生きているだろうか？　言いかえれば、自分の問題が遺伝的特質だけでなく、両親（あるいは想像上の両親）そして祖先の未解決の問題の一部を抱えている可能性を想像してみる。あなたは自分の家族や文化の歴史をどのように受け継いでいるだろうか？一方、あなたの新しい部分、オリジナルな面はどのようなところだろうか？　同時に、どのような点で、あなたは過去から続く物語、または物語の一部なのだろうか？

ある意味で、あなたは歴史（過去）が変容をもくろむ「器」である。あなたの身体問題は、錨《いかり》で過去に固定されたものであるかもしれないが、同時に、未来に向けた解答かもしれない。

エクササイズ……夢遺伝子の劇場

合意的現実における遺伝的特質があなたの個人史と結びついている点について考えるだけならば、図13-2のような系図を思い浮かべればいい。だが、この図は局在化された遺伝的特質を示すだけであり、この図と結びついた無限の創造的可能性は示されない。私たちはそうした可能性をここに加えていきたい。はじめに、「ドリームランド」に入り、家族あるいは想像上の家族を配列し直してみる。

＊自分は今、劇場にいると考えてください。あなたは観客席に心地よく座っています。舞台に目を向けます。カーテンが開いて、俳優たちが舞台の前方に出てきました。彼らはあなたの家族です。

＊あなたのきょうだい、両親、祖父母、そしてあなたが舞台の上にいると想像してください（自分の生

物学上の家族を知らなければ、想像してみてください）。

＊舞台上の人たちをあなたが適切だと感じる場所に配置します。たとえば、あなたは自分自身を中央に配置するかもしれません。

＊また、家族の中で存命している他の人（あなたにとって重要と感じられる人物）を新たに登場させてもかまいません。劇が進行するにつれて、すでに亡くなった人やこれから生まれてくるであろう人を付け加えることもできます。

＊ここで少し時間をとって、小さな紙片を作ります。それぞれの紙片に「母親」「父親」「祖父」などと書き込みます。そして、自分の前の「舞台」にそれらを配置します。そしてあなたの第一幕——今試みた紙片の配置——について書きとめておきます。

＊自分が適切だと感じる場所に紙片を配置したら、創造的な心に身をゆだねるように、あとは沈黙の力に引き継いでもらうことにしましょう。劇を上演します。紙片が動いていきます。劇が終了するのに必要であると感じたなら、新しい人物を登場させてもかまいません。

＊ここでひと息ついて、舞台で何が起こったのか振り返ります。おそらくその最終幕は、身体的な遺伝的特質だけでなく心理的な遺伝的特質も含まれており、あなたの中で起こりつつある心理的変化を示していることでしょう。

＊ある女性の例を挙げましょう。彼女は、最終的に表現された配置に驚いたと述べています。第一幕で、彼女は自分と似ている父方の祖父に「先祖返り」したと感じたそうです。彼女は多くの点で祖父に近く、自分の姉妹とは性格上遠いと感じていました。また彼女が言うには、明らかに祖父のもっ

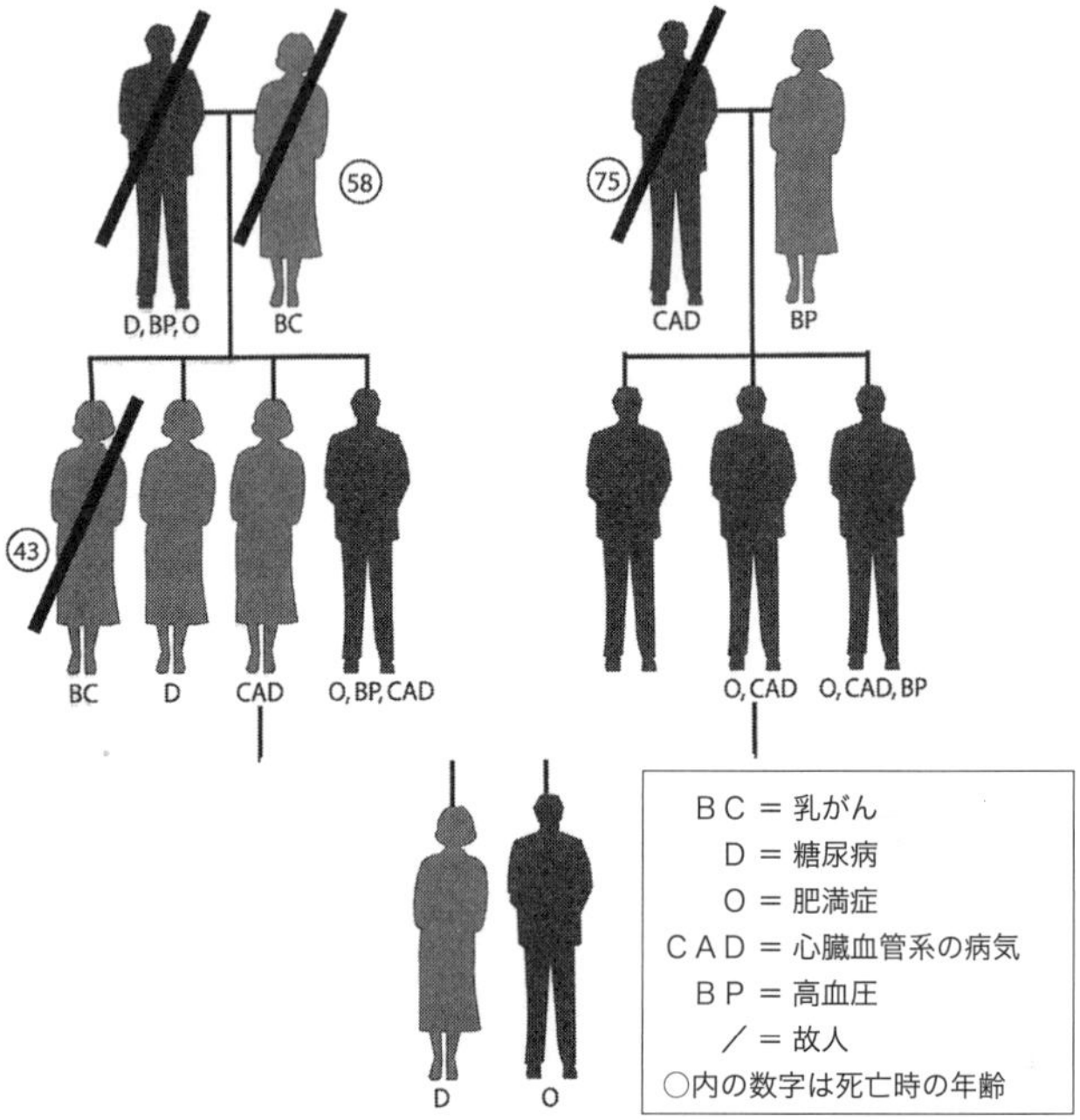

図13-2 遺伝図。この遺伝図は、がん、糖尿病、肥満症、心臓血管系の問題といった病気が、歴史を通してどのように受け継がれてきたかを示す。

ていた病気を受け継いでいるそうです。最終幕で、彼女は自分が尊敬している社会活動家の女性を登場させました。どういうわけか、ヒロインがそこにいると思ったのです。この女性の両親も勇敢な性格の持ち主でしたが、彼女はそのヒロインの方により親しみを感じました。すると、とても驚いたことに、彼女は彼女自身とその女性（ヒロイン）だけを中央に配置し、最終的に他の人物たちが舞台の中央を見ているように配置しました。この配置によって、彼女は日頃抱いている自分が家族から遠い、あるいは分離しているような感覚が納得でき、また、家族に自分の成長を示したいという気持ちになったそうです。

夢遺伝子の劇場を創り上げるこのエクササイズは一種の演劇療法と言える。それは、エクササイズを説明するページを読んだことに（あなたの無意識の心または創造的な心が）反応して自発的に展開していく劇であり、また、その基盤にはフラートや直観、沈黙の力が存在しているかもしれない。合意的現実では、あなたは劇の一部だが、ドリーミングでは、あなたはすべての登場人物である。あなたは過去を含んださまざまな並行世界の総和であり、未来の共同創造者である。実のところ、あなたが「自分の」創造性だと思っていること——登場人物を無意識的に配置し直したこと——は、沈黙の力の創造性の顕現なのである。

想像の中で遺伝劇を変化させることは、あなたの症状や遺伝的特質を変化させるだろうか？　次の章では、あなたの劇場が遺伝的特質だけでなく、個人神話と結びついていることを示し、この変化の可能性を提示したい。

第14章 遺伝的特質に対する逆影響——いかにして夢は遺伝子に影響を与えるか

手のひらを深く見つめれば、あなたはそこに両親やすべての先祖たちを見るだろう。彼らが皆今この瞬間に生きている。先祖たちの誰もがあなたの身体の中に存在している。あなたはそうした人たち一人ひとりの延長なのだ。

——ティク・ナット・ハン*1

要するに、エッセンスに関する思考のすべては表面的なものにすぎないが、同時にそれはある一つの現実を反映していると言える。実は、現実の諸特質や諸属性、そして現実のあり方は、常により広い諸文脈と深い諸次元に依拠しているのである。

——デイヴィッド・ボーム*2

電磁気、重力、気温、大気圧といった合意的現実での場は、測定可能な仕方で身体に影響を与える。だが、そうした合意現実的な力には常に、個人の測定不可能な非合意的な場、気分、夢、想像などが付随している。そのなかで最も微細な場は、沈黙の力である。沈黙の力の意図は、ドリーミング（の次元）で展開されるか、あるいは現実の出来事としてほぼ形が整うまでは、感じ取ることはできても言語化することは容易ではない。

前章では、遺伝的特質およびそれが身体的・心理的経験と結びついている可能性を検討した。多くの点で、私たちは両親、祖先、死者の霊たちの産物である。この章では「逆影響 backaction」、すなわち、いかにして自覚が「意図をもつ場」や遺伝的特質、症状などに影響を与えるかを見ていく。あなたが今感じていることは、今この瞬間の身体の状態だけでなく、あなたが受け継いだ遺伝子の発現の仕方、あなたの現在の生活、あなたが何気なく他者に受け渡す生命にも影響を与える。言いかえれば、あなたの気分は、あなたに先立つすべての祖先が今のあなたに影響を与えているのと同じように、未来に影響を与えるのである。突然変異や遺伝子変異と呼ばれているものは、遺伝子と夢を結びつける可能性をもつ結び目なのだ。

◎いかにして心は遺伝的特質に影響を与えうるか

いかにして心が直接にあるいは明らかな突然変異を通して遺伝的特質に影響を与えうるかを検討するために、想像の構造と遺伝子発現の類似性について考えてみよう。

遺伝したように思われたり、あるいは少なくとも受け継がれたと思われる心理的パターンは、子供時代の夢に見出すことができる。そうしたパターンは順を追って語られる物語《ナレーション》であり、直線上に並んだ点を数えていくような成り立ち方をしている。いずれにせよ、物語や夢は基本的イメージの直線的連なりあるいは並びであり、人類が共有する現象を描くものでもある。世界中の神話やおとぎ話に見出せる人類共通の諸現象を、ユングは元型あるいは原初的イメージと呼んだ。

ユングによれば、元型とは代々継承されていく特性のことであり、物語のイメージないしイメージ群の背後にある「種子」である。こうした物語（ドイツ語の「物語 erzählung」は「数」という言葉に由来する）は、遺伝子発現の心理学的な同等項あるいは対応項である。遺伝子も、数えることができる受け継がれた遺伝単位の連なり（染色体）としてパターン化されている。

私がおおぜいの子供や大人から聞いた厖大な数の子供時代の夢あるいは物語に基づいて考えると、そうした夢の物語〔訳註　夢に表現されたエッセンスの連なり〕は、身体的そして心理的な振る舞いを予測可能にする諸単位の組み合わせであるように思われる。この予測可能性は生物学的な遺伝によって知ることのできる身体面での予測と大まかな点で類似している。[*3]

ほぼ一世紀前にユングは、グレートマザー、聖なる子供、支配者といった一般的な集合的イメージが、世界中の文化に見出せることを指摘している。彼はそうした諸イメージを元型と呼び、それらは本能などの生物学的パターンに類似していると考えた。そのような一連のイメージが民衆の物語に現れると、英雄伝やおとぎ話と呼ばれ、一方、個人の心に現れると、夢となるのである。

多くの人々がある物語を信じるとき、それは英雄伝となる。長い時間をかけて、英雄伝は個人的そして地域的な意味合いを薄め、普遍的（集合的）な神話へと進化していく。ユングは、夢に見られる神話的イメージが、祖先の経験に由来する受け継がれた現象学的な青写真であると考えていた。[*4] ユングの仕事は自身の研究だけでなく、フロイトの考え方からも発展したものだが、フロイトはより生物学的であった。フロイトは主に性の衝動や死の願望といった個人内の衝動の観点から考えていた。

私が一九六〇年代にチューリッヒのユング研究所で学んでいたとき、教師の一人からユングの最も興味深い論文の写しをもらった。『子どもの夢 *Kinderträume*』という当時は未刊行だった論文である。[*5] その論文に報告された夢に基づいて、ユングは反復される子供時代の夢は夢見手《ドリーマー》の将来の仕事を予言すると指摘している。

私は研究を通じてこの発見を一般化していった。子供時代の夢が夢見手の将来の仕事だけでなく、彼らの未来の身体経験を予言していることを発見したのである。たとえば、ある女性の子供時代の夢は、窓のカーテンを引っ掻いているライオンの夢だった。それは彼女が後の人生で発展させたライオンのようなパワーを象徴しているだけでなく、不治の慢性的な皮膚病として現れたかゆみや引っ掻きたくなる感覚も象徴している。彼女は、窓のカーテンを引っ掻いていたライオンと同じように、慢性的な皮膚炎を引っ掻くことになったのである。

このライオンは「受け継がれた」本能的パターンであり、当人の子供時代の家族の様子と関連づけることのできる心理的パターンでもあった。いずれにせよ、子供時代の夢の中の（ライオンやカーテンといった）象徴の一つひとつは、連なり、列挙、語りにおける諸単位と考えられる。エッセンス、あるいはユングのいう元型は、そうした単位のまとまり（カーテンを引っ掻いているライオン）の背後にあり、「心理的遺伝子」と考えることができるだろう。遺伝子と元型は、象徴や行動パターンとして、夢や行為に現れる。

ライオンの夢のような子供時代の夢は、個人神話（「心理遺伝的」情報に由来する長期的パターン）のドリームランドにおける発現である。さらに、遺伝子と同じように、そうしたパターン内の各部分は日常的自己の心のあり方に敏感であり、夢見手の想像によって変容しうる。

遺伝子と夢の関連を考えると、子供時代初期の夢は根源的パターンないし元型の発現ではないかと思われる。私はそれを「夢遺伝子」と呼びたい。生物学的現実においては、遺伝子発現は遺伝的性質の諸単位として現れる。心理学的現実においては、長期的パターンは子供時代の夢の中のさまざまな象徴として現れる。

◎意識が夢や遺伝子に与える影響

私たちと私たちの心理的遺伝や夢遺伝子との関係を変化させることは、心理学の主要な仕事の一つである。ユング派、フロイト派、ゲシュタルト派、アドラー派、プロセス指向のドリームワーカー、そのいずれであるかにかかわらず、セラピストはクライアントの夢人物《ドリームフィギュア》たちや子供時代の記憶に働きかける。日常的自己と心の全体性のコヒーレンス（整合性）を創り上げるために、そうした夢イメージや記憶を活用し、それらに従い、それらを分析し、それらと闘うのである。そうした子供の頃の夢人物との関係を改善することは、人生の経験を変化させる。

プロセス指向の観点からすれば、心理学と医学的生物学の対応関係はここで終わる。この地点は、遺伝子を生物学的そして心理学的に変容する地点である。生物学や医学は、ある遺伝子配列が健康に役立つか病的かといった、合意的現実の現象における有利・不利という観点から話す。一方、プロセス指向心理学は、合意的現実の現象およびドリームランドのプロセスの両者の観点から話をし、問題や現象のもつ潜在的な意味や目的を探っていく。

別の言い方をするなら、合意的現実の観点からは、遺伝子や夢の特定の配置について良い悪いという判断ができる。しかし、ドリームランドでは、病気や事故は極めて意味のある出来事、しばしば人生の幅を広げてくれる経験として捉えられるのである。

例を挙げよう。放射能被曝に苦しんでいる女性がいた。彼女の病は不治と診断され、余命数カ月以内と宣告された。だが彼女は、「最も恐ろしい監獄から解放される」という夢を見た。夢は彼女に、病気ではなく、解放されることを伝えていた。この夢とのワークを試みた後、彼女はある生活環境から自分自身を自由にすることを決心した。その後二五年たって彼女が語ってくれたところによると、彼女は今でも身体的問題をたくさん抱えているが、これ以上ないというくらいの自由を感じているということだった。彼女は単に運が良かっただけなのだろうか?

こうした逸話的証拠から私が受ける印象は、身体のドリームランド的側面と活発に相互作用している夢見手の物理的身体（肉体）が将来どうなるかは、けっして予測できない（放射能被曝にさえ決定されない）ということである。自分の深い部分、パイロット波に触れると、ドリーミングの次元で自分の道がはっきり感じられるようになる（たとえば自由）。あなたは気分が良くなり、心身がより調和的になり、ときには合意的現実における症状のプロセスと距離を置くことができるようになる。

心理学やレインボー・メディスンの仕事は、個人の最も深い道に従うことである。夢の輪郭や素粒子的な身体状態を探求し、それらと関わり、共‐創造し、再創造し、復元し、受け容れることを通じて。生物医学は問題あるいは障害のある遺伝子配列を変化させることをめざして合意的現実のレベルだけで仕事をしている。それが意味に満ちた現象ではなく、異常型であるかのように仮定して。

それにもかかわらず、以下の質問はまだ答えられていない。もし、特定の医学的手続きによって遺伝的問題を治療できるならば、心理学も同じことができるだろうか？　もしそうならば、実際の出来事の深みにあるドリームランドの文脈と関わることは、どのように身体経験や否認された遺伝子発現と相互作用しあうのだろうか？　これらの質問に答えるために、私たちの主観的経験を通してそうした可能性を探求していきたい。それにあたって夢や身体状態に働きかけるさまざまなアプローチを議論する。そして次に、心理遺伝的な状況に取り組むためのそうしたアプローチを試していく。

◎子供時代の夢——葛藤する夢遺伝子

例として、私自身の子供時代の夢について話そう。それがどのように私の身体的な遺伝的特質と結びついているかを見ていく。私が思い出せる最初の夢は、四歳のときのもので、その夢の中で私は父親の車をみがいている小さな子供だった。車をみがいていると、大きな熊が「ぐわーっ！」とうなりながらやってきた。熊がとても怖かったので、私は父親の車の中に逃げこんだ。熊は執拗に私を追いかけ、車の中に入り込んできた。私は目が覚めるまで、円を描くように車の周りを必死で走り続けた。

この夢の基本単位ないし夢遺伝子は、父親の車と私を追いかけてくる熊であった（そして四歳の子供だった私自身も）。熊も父親の車も、私が家族に対して抱いていた感情と結びついている。私の父親は、働き者で、親切で、平凡で、物静かな人だった。父親の人生哲学は、「人生でたくさんのことをやりすぎるな。ただ今を楽しみ、働き、支払いを済ませ、家を守ることが大事だ。さあ、車をみがこう」であった。

しかし、熊はまったく違っている。私は熊のエネルギーから、エネルギッシュで予測不可能な母親の性質を連想する。子供のころ、私は父親のようになりたかったのだが、母親のエネルギーがいつも私を追いかけてきた。彼女は自分のエネルギーをどうしたらよいか、まったくわかっていないように見えた（そして、私も自分のエネルギーをどうしたらよいか、まったくわからないでいた！）。夢の中で、熊は私と意見が合わないように見えた。私が車をみがいていることを、熊は気に入らないようだった——つまり、私が父親だけと同一化していることに怒っていた。私は子供だったが、熊が怒っているのは、熊の野生的なエネルギーを周縁化しているためであることに気づいていた。

ある意味で、車をみがくことは、私の中の父親の遺伝子の一部である。そして、私を追いかける熊は、私の中の母親の遺伝子の一部である。両親は基本的にお互い仲良くやっていたが、彼らのエネルギーは私の中で葛藤していた。つまり、この子供時代の夢は、私の夢遺伝子が葛藤していることを示している。

子供時代の夢は、両親双方の（家系の中で代々受け継がれる）遺伝子の組み合わせを典型的に示す。

そして、なんらかの葛藤を示している場合が多い。私たちは、遺伝子の一方（車）を好むことによって、もう一方（熊）を周縁化するのである。周縁化は無意識的かつ自発的に行なわれる。私たちは一方を周縁化し、自分の一部分（一側面）とだけと同一化することによって成り立つアイデンティティを創り上げる。そうして周縁化された側面は、ほぼ間違いなく症状か、あるいは注意を集める恐ろしい夢の登場人物として姿を現す。

父親と同一化し、自分自身の野生味を周縁化することを通じて、私は熊のようなエネルギーや圧力に追いかけられることになった。私が最初に抱えることになった慢性症状の一つは（その後改善されたが）、血圧の激しい上下動であった（父親の家系には血圧の問題を抱える人が多かった）。

夢遺伝子をワークした例をもう一つ挙げよう。肺の問題に苦しんでいたクライアントのことが思い出される。彼は子供時代の夢を想起できず、母親に関する最初の記憶を思い出した。母親は彼につらく当たったという。彼によると、彼の主な身体症状は、喫煙が原因と考えられる肺気腫だった。父親が肺がんで亡くなっていたので、彼はこの症状を気に病んでいた。

彼は、肺が痙攣するような感じ悪さと母親を関連づけた。母親はいつも非情で、感じが悪かった。この記憶とワークするために、彼は母親に変身し、彼女のエッセンスを探求した。すると驚いたことに、彼女の感じ悪さの背後には、人間関係に対する冷たさ、ある種の超然とした態度、「静けさ」があった。暖かく「母親的な」この男性は、彼の母親の冷たさを補償することを試みながら人生を費やしてきたことに気づいた。そして今、彼女のエッセンスの世界において、彼はある種の冷たく超然とした態度、いつも人にいい顔をすることから解放されることを見出した。すると彼の気分はずっと良くなっていった。

とりわけ、彼の新しい行動は肺に好影響を与えた。以前に比べてずっと冷たく（冷静に）なり、他者と適当な距離を置くことは、すぐに彼の肺をリラックスさせ、痙攣を改善したのである。このドリーミング・プロセスとのワーク後、彼の体調は良くなり、後に医師から肺気腫が誤診であったことを告げられた。

エクササイズ……夢、症状、遺伝的特質

子供時代の夢は、心理的要素だけでなく、生物的／遺伝的な要素をも示しているように思われる。次のエクササイズは、夢と遺伝的特質と症状がどのようにつながっているかを自分自身で確かめる機会を提供するものである。子供時代に見た夢で、あなたが思い出せる最も古いものか、もし夢を思い出せなければ、記憶の中で最も古いものを想い起こす必要がある。それから演劇的な方法で夢（あるいは夢遺伝子）を再創造し、それを身体経験と関連づける仕方を探求していく。

＊あなたが思い出せる最も古い夢（あるいは、子供時代ないし思春期の最も古い記憶）を書き出してください。複数の夢（記憶）を思い出せるなら、その中で最も印象の強いものを選びます。

＊その夢の中の二つの単純なイメージをスケッチします。夢の中にイメージが一つしか見えない場合（あるいは思い出せない場合）——たとえば、一羽の鳥が飛んでいるとか、墜落しているとか——、

一つのイメージの背景について考えてください。たとえば、鳥が飛んでいるならば、空や大地（背景）を二番目のイメージとします。

＊そうした二つのイメージは、母親ないし母親の家系、あるいは父親ないし父親の家系と関連しているでしょうか？（もしそうした親族と会ったことがなければ、想像を働かせてください）。たとえば、私の夢の中の車は、父親や（父親にその車を与えた）祖父と関連していました。そして熊は母親のエネルギーと関連していました。

＊自分の身体の輪郭を簡単にスケッチしてください。身体を感じ、その夢（記憶）の二つのイメージとどの身体部位が関連しているかを考えます。最初は、ただ自分の身体を感じるようにします。それから、二つのイメージをそれぞれ身体の輪郭の上に描いていきます。夢のイメージを位置づけた身体部位にはそれぞれ何か症状がありますか？　たとえば、私は父親をひじに位置づけましたが、そこは乾燥肌になっており、またいつも胸に圧迫感を感じていました。

＊右の作業が完了したら、子供時代の夢をワークします。自分にこう問いかけてください。「現在、最も厄介な夢人物《ドリームフィギュア》はどっちだろうか？」たとえば私にとって、熊の動物的エネルギーは、いまだに扱うことが難しい部分です。

＊そのエネルギー、あるいはイメージを確認したら、遊び心に満ちた子供のようになって、イメージを演じてみます。全身で演じるのが難しければ、手で表現してみましょう。楽しみながら行なってください。

＊身体を動かしながら、そして音や声を出しながら、イメージになりきるつもりで、そのイメージのエッ

センスを見出し、背景に潜むエネルギーに触れていってください。こう動くべきだというような「正解」は、このエクサイズにはありません。私たちはある感覚を探しています。（エネルギーが）ひとつのイメージとなり、劇的なものとなる以前の、基本的傾向です。たとえば、私の熊の背景にあったエネルギーは、そのエッセンスにおいて、自然と一体になって自由に動き回る傾向のことでした。

＊準備ができたら、そのイメージに変身し、さらにその背後に潜むエッセンスの時間や空間を生きてみましょう。並行世界《パラレルワールド》に入り、ただそこにいること。そこで生きてみること。このエッセンスの世界の中で生きてみること。たとえば私は、物事が自然と一体になってただ生起する世界、考え直したりすることがなく、評価、考察、判断のない世界の中で生きることを想像しました。

＊その世界を可能なかぎりフルに経験してみてください。イメージが見えたり、音が聞こえてきたりするでしょうか？

＊今あなたが入っているエッセンスの世界から、子供時代の夢や記憶を見直してみます。そして、その夢のすべて、あるいは一部をどのように再創造するか、探っていきます。たとえば、エッセンスと一体化している私であれば、父親に熊のエッセンスを取り入れ、彼のやり方をもう少し流動的にして、機械的なところをより少なくすることでしょう。

＊エッセンスそのものとして、夢と出会い、取り組み、夢を変化させ、影響を与え、再創造します。エッセンスの立場から、夢を夢見直します。そして夢の続きの中に入っていき、夢の中の同じイメージやさまざまな別のイメージを登場させ、新しい解決や物語を創造してください。言いかえるなら、夢あるいは記憶を振り返り、エッセンスとして、どうしたらそれに影響を与えられるかを考えるのです。

時間をたっぷりかけて、実際に声を出して自分自身に物語を語って聞かせます。物語を創作してみましょう。エッセンスの世界に物事を創造してもらうようにしましょう。
＊出来上がった新しい物語を演じたり、紙に書きとめます。演劇を創り上げてみましょう。音楽やムーブメント、リズムや歌、詩やアートなどを使ってください。子供のような開かれた創造的な心で、想像力を働かせます。たとえば、私の新しい物語の中では、私を追いかけてきた熊は、私と父親のダンスの先生になりました。
＊時間をたっぷりかけてください。ここでどういう動きが出てくるか予測はできません。自分が創り上げた新しい物語を見直して、自分にこう問いかけてください。「なぜ私は最初からこの物語を創造しなかったのだろうか？　あるいは夢で見なかったのだろうか？」子供の頃、あなたの最初の夢は何に取り組んでいたのでしょうか？　それは自分の一部を周縁化し、一部を好ましいと感じるあなたの傾向に反応するものだったでしょうか？
＊あなたのエッセンスは現在、どんな外敵状況によって展開することを妨げられていますか？　あなたはどのように変化することができるでしょう？　あなたのどんな基本要素が変化しつつあるのでしょう？　それはどの基本的な夢遺伝子でしょうか？　あなたの意識的（日常的）な心のどんな態度が変化する（必要がある）のでしょう？
＊以上の夢やイメージを身体と結びつけてください。たっぷり時間をかけて、自分がたった今創り上げた新しい物語やそこから芽生えた新たな感情、そして解決策を再体験しなおします。それらを一つひとつ感じ、全身の動きで表現します。できれば、手や腕、そして全身を使って踊りにしてみましょう。

自分の動きがどのように慢性的身体症状の部位に影響を与えるか、その症状の部位にどんな効果が生じるかに注意を払ってください。

＊この新しい物語は、最近あなたが感じていること、行なっていることにどのような影響を与えるでしょうか？　たとえば、たった今私はこの原稿を編集していますが、もっとダンスするような仕方で編集することを想像することができます。

◎結果を振り返る

日常生活において、おそらくあなたは自分の身体症状を問題と捉えて、それを変化させたいと思っていることだろう。夢という並行世界の要素（たとえば熊）を日常生活で周縁化することは、その熊を人間関係における腹立たしい友人ないし身体症状（あるいはその両方）として経験ないし投影することに相当する。そのような並行世界を周縁化しないことによって、あなたはよりコヒーレントになることができる。心理学的に言えば、あなたが日常的現実のアイデンティティに執着することは、複数の並行世界の総和である自分のパイロット波を挑発し、並行する夢世界の要素（熊）を際立たせることになる。自分のアイデンティティを維持するために並行世界の一部（熊）を怒らせれば、この並行世界は症状という形であなたの自覚に入り込んでくるのである。

たとえば、私が熊の並行世界を周縁化すればするほど、血圧はより不安定になった。あなたが自覚やコヒーレンスを高めるにつれて、自分の遺伝的特質を善悪ではなく、自己の全体性に至る道を示す道標として見るようになるだろう。ドリームランドの視点は、ダーウィンによる合意的現実の適者生存の原理とは異なっている。ドリームランドでは、すべてのエネルギーとエッセンスが同等の価値をもつものとされる。

このエクササイズの要点は、さまざまな視点を発見し、それぞれの価値を見出すことだ。あなたは自分の夢遺伝子、心理遺伝的な地図と関わりあい、おそらくそのエッセンス、あなたの宇宙を共創しようとする力を見出したことだろう。ある意味で、子供時代の夢を周縁化したり、怒らせたりすることは、あなたの文化の歴史、一族や家庭、そして一族の人々が受け容れてきた、あるいは周縁化してきたエネルギー（価値、特徴、属性）とも結びついている。

症状は、あなたの特定のアイデンティティを維持するために必要とされる境界条件に対して、ドリーミングの力がどのように反応しているかを表現している。しかし自己のコヒーレンスがそうした条件を変化させる。ドリームランドの視点からすれば、合意的現実における病気と関連した遺伝子発現は、非常に有益な機会や贈り物となる可能性をもっている。

◎逆影響と「心ある道」

エッセンス、沈黙の力の視点からすれば、あなたの個人神話は部分的にはさまざまな夢人物《ドリームフィギュア》としてドリームランドに、そして遺伝子として物理的身体（肉体）に表わされている。こうした夢人物たちは、虹の七色と同じように多層的であり、人生の多様な可能性を創り上げている。それらすべてが合わさって一つの輝き、すなわち個人神話となり、そのエッセンスが沈黙の力である。あなたの永遠の自己は、パイロット波のように非局在的である。その倍音の一つを周縁化することは、その倍音（その夢人物）を逆に強調することになり、日常的現実を生きるあなたにとってその並行世界を厄介で徴候的なもの（身体症状の源）にしてしまう。

実際、私たちはさまざまな倍音を受け容れることによって、調和の感覚や、いわゆる「心ある道」という新しい物語を紡ぐのである。デイヴィッド・ボームやリチャード・ファインマンが現在生きていたならどう言うか、私は想像してみたい。ファインマンなら、「そう。心ある道。それはあなたが並行世界で経験してきたすべての可能な歴史、すべての仮想現実、すべての可能な道の合計だ」と言うだろう。一方、ボームは、「当然のことだが、ひとたびあなたが自分の船に自覚を向ければ、パイロット波に逆影響を創り上げるだろう。それは素粒子が量子波動関数に影響を与えうると私が言うのと同じ意味だ。それがあなたを導き、そしてあなたがそれを導くのである」

ボームによる逆影響のイメージ（船はどこに進めばよいかを知らせる電波と相互作用する）を使うと、自覚がいかにして身体に影響を与えるかをより良く理解できる。自覚がなければ、あなたの身体問題は遺伝的な原因に由来する局在的な合意的現実の症状である。自覚、すなわち症状のドリームランドやエッセンスのレベルに対する繊細な気づきがすべてを変化させる。自覚は自分のパイロット波を探求し、波乗りすることを促す。すると身体全体が心地よくなるのである。自己の全体性と触れる感覚を通して、あなたの人生は再編成される。ドリームランドの諸部分が異なる仕方で相互作用するだけでなく、身体の諸部分すべてが新しい仕方で相互作用するのだ。

直接的にであろうと、身体の他の部位を通して間接的にであろうと、ドリームランドやエッセンスを波乗りする経験は、時空間に局在化された細胞の遺伝的問題に予測できない影響を与える。こうして夢は遺伝子に影響を与えるのである。元来の身体的な遺伝問題は、緩和するか、あるいは新しい多次元的な人生経験が浮上するにつれて重要ではなくなるだろう。

第3部　老い——化学、仏教、エントロピー

第15章　老いと仏教

すべてが澄んでおり、私だけが曇っている。
――老子*1

二四歳のとき、私はチューリッヒで心理療法家として開業した。初期のクライアントの一人は、私の知識が少ないことをすぐに見抜いた。彼は、私が経験する初めての六〇代以上のクライアントだった。彼は深刻なうつ状態を訴え、うつ状態を治す方法を知っているかと尋ねてきた。「わかりません」と私は答えた。そういうわけで私は彼に、誰か他のセラピストのところへ行くか、あるいは、自分が経験していることを正確に伝えてくれるようにと提案した。

「私は落ち込んでいるんだ！」と彼は怒鳴り、私が訴えを無視したことについて怒った。私は穏やかに、「それはどんな感じですか？」と聞き返し続けた。幸いなことに、彼は私の提案を受け容れ、猛烈な勢いで頭を抱え込みながら、「うーっ」と長いうなり声を出す反応を返した。しばらくうなり声を出した後、彼は顔を上げ、涙を浮かべながら手のひらを見つめ、突然そのまま動かなくなった。手のひらを凝視しながら、彼は「なんということだ！〝M〟だ！　これは〝メメント・モリ〟だ」と、あえぎながら言った。

彼の言葉に驚いたものの、何のことかまったくわからなかったので、「それはどういう意味ですか？」と私は小声で尋ねた。

「死を忘れるな！だ」と彼は叫んだ。私が言葉を返す前に、彼は続けた。「そう、死、死、死！」それから、何か恐ろしいものにでも襲われたように、彼は激しく泣いた。しばらくして、彼は手相が描く「M」の字が、自分の出身であるスイス‐イタリア系の世界において「死を忘れるな」を意味していることを説明してくれた。彼は私に、「死は常に存在している」と厳粛に告げた。驚いたことに、しばらく涙を流しながら思いをめぐらせた後、彼はうつ状態が去ったと宣言した。彼は、子供時代に嫌でたまらなかった司祭に突然親しみを感じ、「何かスピリチュアルなことが起こった」と述べた。そして彼は去っていった。

私がこれを理解するのには数年かかった。その後、ドン・ファン・マトゥスの教えを読んで、私は理解し始めた。ドン・ファンは「死がおまえの最良の盟友だ」と言う。他のすべてが意味をなさないとき、死に触れることだけが大事なのだ、と。重要なことは他に何もない。他のすべてを手放すのだ。

死を忘れないこと、老いを忘れないこととは、時間が過ぎ去ることを意味している。真に意味あるものに近づくことが大事である。合意的現実世界の身体は年老い、最終的には死を迎えることになる。

それは明白なことであるように思えるが、多くの人々は若い頃の容姿に同一化し、まるで時間など存在しないかのように、死を忘れようとしている。過去のアイデンティティにしがみつき、「まさか。私は歳なんて取らない」と言うことによって、あなたは自分の変身する性質を周縁化している。人生を一面的に見ることは、スピリットを害することだ。一面性はうつ状態を招き、身体を怒らせる場合がある。「自分は永遠にここにいる」という視点を放棄することはとても恐ろしい。しかし死を忘れないことは、この合意的現実の時間や空間、そしてこの世界の他のすべての拘束からの自由へと導いてくれるのである。

本書では、症状をさまざまな視点から見つめてきた。第1部では、個々の症状のワークに焦点を当てた。第2部では、症状と世界との関連や、症状と先祖から伝わる夢遺伝子パターンとの関連に焦点を当てた。この第3部では、自覚がいかにして老化プロセスに影響を与えるかを探求していきたい。老いと死に関するこのセクションでは、個々の症状はもはや私たちの焦点ではなく、老化プロセスと関連する一群の諸症状に焦点を当てる。要するに、時間の経過の捉え方が身体に与える影響を検証していく。

◎老いの身体的側面

二三〇〜二三一ページの表に、老いと関連した生理的変化のいくつかを列挙し、そうした老化に伴って起こるドリームランドの経験のいくつかを示唆した。それらは、自らの老化プロセスをワークした人々と共にした経験から得たものだが、けっして確定的なものではなく、そういうこともありうると示唆しているすぎないことを強調しておきたい。また、生理的な要素はすべての人に当てはまる事実ではなく、平均的なものにすぎない。すべての人が老化の影響を同じように受けるわけではない。たとえば、老化は脳に影響を与える。加齢により、多くの人がある程度の記憶力を失う。正確な程度については議論の余地があるが、新しい事を学習する能力は衰える。記憶力を失う典型的な高齢者は、他人がわからなくなり、最終的に自分自身もわからなくなる。

私が最初に心理学を学んだとき、老年性うつ病という精神医学的分類を知った。それは以前よりも寡黙になり、何もせずに過ごすようになった高齢者のことを指している。しかしながら、当時の研究のほとんどは、養護施設や老人ホームで暮らしていた人々に対して行なわれ、自立的な生活を送っている市井の人々、つまり精神的にも身体的にも壮健な人々が含まれていなかった。現在、高齢者がうつになる場合があるのは、老化プロセスの性質や生物学的な変化のせいではなく、人間関係が少なくなることのような心理的問題や（上記のクライアントのように）老いと死の意味をきちんと考えてこなかったからであることは、私の臨床経験から明らかである。

心臓の問題の多くは、注目に値する症状を生じさせる。心臓が弱まると、多くの人が、自分の行なっていることを減らす夢や、自分の行なっていることからもっと距離を置く夢を見る。まったく新しい何かを始めなければならないという夢を見る人は少ない。これは年老いたシャーマンであるドン・ファンが、彼の若い弟子（カルロス・カスタネダ）の登山に追いつき、自分の力は執着しない心、「しないこと＝無為」のおかげであると述べたことを思い出させる。

促進要因	ドリーミングのプロセス
喫煙、過度の日焼け	自己や境界の感覚の変化ないし弱化
アルコールやその他の薬物の過剰摂取、幾度にもわたる頭部の強打	時間の忘却、自己や人間の歴史からの離脱
喫煙、騒音に過度にさらされること	自己や他者を見たり、聞いたりすることの停止。永遠とのつながり
喫煙、大気汚染、運動不足	呼吸の停止、息を止めること、時間を止めること
アルコールの過剰摂取、喫煙、貧しい食習慣	力が弱まること、変化に対して繊細になること
けが、肥満	社会的な意図に従う能力が失われること、「みこころの天になるごとく」の感覚
けが、肥満	古く永遠なる人間の側面である骨格の発見。自己の消失の経験
運動不足、栄養不良	（食べることに問題がなければ）手放すこと、降参、なるがままにまかせること
アルコールや薬物の乱用、ウイルス感染	人生をあって当然のものと思わない姿勢。人生を投げ出さず、自覚をもって物事と向き合うこと

＜老化の諸相＞

器官／系	自然な老化現象
皮膚	張りや弾力を失う（しわが現れる）。表層に近い血管が弱くなるので、打ち身になりやすくなる。
脳および神経系	脳細胞の減少に伴い記憶や学習の能力が失われる。神経系は刺激に対する反応が鈍る（反射が鈍る）。
感覚器官	神経細胞の減少や貧弱な血液循環に伴い鋭敏ではなくなる。
肺	弾力性が弱まり効率が落ちる。
心臓	拍動の効率が落ち、運動しづらくなる。
循環器系	悪化する。動脈が硬くなるにつれて血圧が高くなる。
関節、骨	可動性が失われる（ひざ、股関節）。不断の摩擦や圧力によって悪化する（脊椎間の軟骨の消失によって高齢者は背が縮む）。
筋肉	大きさや強さを失う。
肝臓	血管から毒素を取り除く効率が落ちる。

血液循環の問題は動脈硬化に由来する場合がある。少しずつ硬化が進む場合、硬化によって血液が十分に行き渡らない臓器に症状が現れるまでは見つけることが難しい。けれども、血液循環の問題（たとえば血塊）を感じ取った人たちは、しばしば身体の中にある種の「停止」の感覚を経験したと述べる。多くの人々は「自分のやってきたことを止めなさい」というメッセージを聞く。

肝臓には血液から毒素を取り除く働きがあるが、老いとともに次第にその機能が衰えてくる。肝臓に障害をもつ人たちは、ライフスタイルの変化や個人史について語ることが多い。彼らは自分がいかに人生を、束の間の贈り物としてではなく、いつまでもあって当然のものと考えて、無駄に過ごしてきたかといったことを語る。そのような人たちの多くは嗜癖的な傾向をもち、変性意識状態を誘発するドラッグを用いて、スピリチュアルな経験に近づこうとしていた。肝臓障害は、超空間に触れるには、ドラッグのような有毒物質を用いるのではなく、自覚に焦点を当てることを促しているのかもしれない。

従来の医学は主に身体の元の形を保つことに焦点を当てるが、レインボー・メディスンは死を日常生活と並行する多様な世界の一つにすぎないと捉える。量子的な視点、〝沈黙の力〟の視点からすれば、私たちは生と死の組み合わせである。日常生活において私たちは死を恐れ、死を周縁化し、そして死を自分の行なっているすべての背後に隠蔽してしまう。だが、ドリームランドの視点からすれば、死は特定の特質との同一化の終わりにすぎず、新しい展望に開かれるための新たな可能性の始まりである。

◎老いの定義

「人生」「愛」「自然」そして「老い」といった言葉は、多次元的な経験の数々を含む。老いに関する合意的現実の要素は、ふつう物理的身体の衰えを指している。私たちの容姿は変化する。縮み、背が曲がり、白髪になり、頭髪が薄くなり、しわが増える。聴覚、視覚、感覚が衰える。記憶が正確ではなくなる。一般的に、老いは徐々に進行する生物学的衰えを意味している。心理学的に言えば、いつまでも生きることができると想像していた私たちの一部（自我）は、衰えに直面して絶えず衝撃を受けるようになる。それと同時に、老いは自分や社会的関心事からの自由を意味する場合もある。

老いの非合意（主観的）的定義は、自分自身の死に対する自覚の高まりによって決められるだろう。**「老い」とは、周縁化を行なう（内なる）人物の死である。**つまり、ドリーミング、小さなフラートや感覚を無視する人物の死である。そして最終的には人生全体が、もはや避けることのできないそうした不可思議なフラートや感覚の一つになるのである。

なぜ合意的現実における老化プロセスが生じるのか、正確にはわかっていない。多くの生物学者たちは、老化は進化のパターンの一部であると主張している。この考え方によれば、進化は自然淘汰によって組織化されている。高齢まで生きる遺伝子をもつ人は、その遺伝子を次世代に伝える。人類は、高齢者に健康や体力を授ける遺伝子を培ってこなかった。なぜなら、（合意的現実において）自然は（そして人類も？）、成長、発達、生殖のために遺伝子を使うことに焦点を当ててきたからである。それゆえ、科学者たちによれば、高齢になると、遺伝子は私たちを衰えさせるのである。

老いの生物物理学

老いに関する最近の科学的研究は、細胞の老化プロセスを抑制することに向けられている。すでに述べたように、それぞれの細胞は核の中に保管されたＤＮＡに、身体に関する遺伝情報のすべてを有している。細部が分裂するとき、必ずＤＮＡが複製される。突然変異を防ぎ、訂正するために、細胞核の中の酵素が常にＤＮＡを監視している。それにもかかわらず、いくつかの身体細胞（皮膚、筋肉、臓器、腺といった組織）における細胞レベルの突然変異が見落とされ、その細胞の損傷は細胞分裂を通じて未来の世代に複製される。細胞のＤＮＡ修復機構が老化し、上記の仕事を行なえなくなるのである。やがて、エラーを含んだＤＮＡが新しい細胞に伝えられ、より多くのエラーを作り出すようになる。一つの細胞における微小なエラーが、最終的には腫瘍、身体の衰え、老化へとつながっていく。

修復機構が衰えていくという事実に加え、ＤＮＡに損傷を与えるもう一つの要因に活性酸素がある。それは酸素を取り入れる通常の代謝プロセス中に生み出される、マイナス電子を持った不安定な破壊的分子である。電子的に不安定なこの化学物質を中和するため、細胞はさまざまな抗酸化物質を用いる。たとえば、果物や野菜に含まれるビタミンＣやビタミンＥなどである。抗酸化物質には食物（他にはガス、オイルなど）が酸敗しないように保護する働きがある。しかし、活性酸素による損傷は発生し、それが老化のメカニズムの一つであると考えられている。人類は寿命の短い種よりも高レベルの抗酸化物質を持っていることが発見されている。

合意的現実では、時間の経過が老化の原因である。まるで遺伝的に寿命があらかじめ定められているかのようだ。参考までに言えば、寿命が一二〇歳以上の人はほとんどいないだろう。人生の有限性は、遺伝と環境の特性の組み合わせによると思われる。あらゆる症状と同じように、レインボー・メディスンは老化プロセスを自覚のプロセスとして、また合意的現実において部分的に予防および治療可能な医学的状態としてアプローチする。

◎老いと「沈黙の力」

第6章で、生理学の観点から、「生命とは呼吸し、運動する」と述べた。代謝の観点から見た生命の定義は、透過性の境界と結びついた合意的現実のアイデンティティをもつことに関連している。遺伝的観点からの定義は、そこに生化学と環境を付け加えた。つまり、周囲の世界に反応し適応していく進化プロセスとして生命を捉えたのだ。生物物理学では、生命は秩序であり、そして秩序を破るエントロピーであり、最終的に生命を破壊するものとされる。

レインボー・メディスンによる生命の定義は、存在を量子力学や並行世界と結びつける沈黙の力ないし自然の微細な意図をも含むものだ。レインボー・メディスンでは、合意的現実における老いは肉体の衰えであり、またドリームランドにおける老いは主観的、個人的な経験である。そして、エッセンスの世界における老化は、沈黙の力の一面にすぎない。

たとえば、私たちの多くは疲れやすさや身体各部位のたるみ（顔や筋肉など）を通して老化を訴える。胃、肩、胸、精巣、その他の臓器が弱り始める。運動をしなければ、身体はたるんでいく。しかし、身体を鍛えて老化に抵抗するかわりに、身体のたるみ（ゆるみ）感をあるがままに経験してみることが啓示的になりうるのだ。

私のクラスを受講していたある中年女性に老化の経験について尋ねたことがあった。彼女は即座に、老化についていちばん気になっているのは、身体がたるんで（ゆるんで）いく感じだと答えた。老化について語るだけでなく、その経験を深めてみるという私の提案に従い、彼女は立ち上がると、前かがみの姿勢になってよぼよぼと歩き始めた。私は彼女に、自覚を使い、立ち現れようとしている（あるいは気づかないうちにすでに立ち現れている）ことに従うよう提案した。彼女は前かがみのままよぼよぼと歩き、少しの間立ち止まってつぶやいた。「力を抜くと、重力に負けてしまいそう」。そう言うと、床に倒れ込み、彼女は発見したのだった。

そこには彼女のために大地があり、彼女を支えていたのである！　大地は、彼女によると、「神様」だった。身体のゆるみの感覚は、彼女の身を「神」にゆだねることを通して、スピリチュアルな経験へと変化した。彼女がそれまでの自分を保つことができなくなり、力を抜いたとき、そこに別の何かがあることを感じ取ったのである。ゆるみの感覚は老化に伴う機械的な問題（合意的現実における）だが、ドリームランドでは老化が聖なる経験に変化したのである。

ぜひ、皆さんにも自覚を活用していただきたい。「老い」や「抑うつ」といった言葉は合意的現実においては意味をもつが、変容を促す力をもつドリームランドの経験を否定してしまいかねない。皆さんには、自分がどのように老いを定義しているか、よく自問していただきたい。今この瞬間、あなたはどのように老いを経験しているだろうか？　老いについての（もっともらしい）説明に終始するかわりに、時間をかけて、その経験を感じとっていくことが大切である。

試しに、ドリームランドに沈潜し、老いの経験に身をゆだねてみてはいかがだろうか。変身して、老化を体験してみるのである。自分の身（自我でなく身体）に、現在生きている老いの経験を探求させるのである。

以上のプロセスに十分に身を任せることができたと感じたら、次に、身体感覚を通じて人物像を想像してみる。たとえば、あなたが疲労を感じているけれど、同時に、リラックスしていることに気づいたならば、リラックスした人物像を想像する。今この瞬間に顕現しようとしている沈黙の力を発見するために、その人物像になってみるのである。その経験を楽しみながら、そのプロセスの意味を発見していく。

老いとは、本質的に未知なる経験に対する集合的（一般的）な名称である。しかしそれは同時にあなたの本来の性質について啓発しようとしている！　非合意的現実の視点からすれば、そこに存在するのは老いではなく、ドリーミングである。この視点は、仏教など主要な霊的伝統の視点に近い。

◎老いに関する仏教の考え方

老いは、仏教などいくつかの霊的伝統において重要視されている。以下、簡略に要約する私の仏教の説明は不十分なものであるが、ここで触れておきたい。なぜなら、仏教の主要な考え方は、レインボー・メディスンの科学的次元と霊的次元の両方に深く関連しているからである。[*2]

言い伝えによると、釈迦は二九歳まで外界から保護された城の中で贅沢に暮らしていたという。三〇歳になったとき、彼は城を出て、世俗の世界に入っていった。釈迦が最初に見たのは、「四種類の合図」であった。東門から出たときには「老人」、南門では「病人」、西門では「死人」、そして北門では「出家者」を見たのである（四門出遊）。

悟りを求めて王宮を去った釈迦の最初の一歩は、老人を見ることであった。次に、病人、死人、そして出家者を見た。この逸話は多くの事柄を示唆しているが、本書の文脈で言えば、人生の最初の時期に釈迦が暮らした保護された空間は、素朴な青年時代として象徴的に理解できる。三〇歳になって、釈迦は老い、社会的問題、苦悩が存在することに目覚めたのである。

釈迦は、四番目の合図に従い、出家者になった。その後、釈迦はさまざまな苦行を経た末に菩提樹の下で瞑想し、万物の相互依存性（縁起）と空性を理解して合意的現実から自由になった（悟りを得た釈迦は仏陀と呼ばれる）。仏陀は物質的世界に対する執着と欲望に由来する人生の苦を悟った。仏陀は、苦や煩悩が正しい行ない、正しい生活、正しい精神統一などを通して克服しうることを発見した（八正道）。[*3]

瞑想し、そして内的経験の起伏に従うことで、仏陀は苦を滅するいくつかの一般的な原則に導かれた。仏教の第一原則は、諸行無常である。すべては移り変わる。あらゆる経験の生起と消失に気づくこと。あらゆるものがやって来ては、去っていく。すべてはプロセスである。量子物理学の基本である波形も、宇宙が本質的に波のようなプロセスであることを示唆している。すべては運動の中にある。

仏教の第二原則は、合意的現実のすべては空である、と言う。「空」という言葉は、さまざまな観点から理解されている。私は、空を無我と創造性の観点から語る臨済宗東福寺派管長の福島慶道老師の解釈を好んでいる。空という考え方は、エッセンス・レベルが創造的な兆《きざ》しで充満しており、不変の形や内容、といったものがないことを示唆している。たとえば、「椅子」というのは、その椅子のエッセンスを周縁化することで成り立つ合意的現実の観念であり、時間の経過とともに変化していく合意的現実の物体である。そういう意味で、椅子には空が内在しているのである。

別の例を挙げよう。あなたはおそらくあなた自身のことを、日常的次元で日々の生活をおくる一人の人間だと考えているだろう。しかし、名づけることとは、根源的な運動、進行中の流れを否認し、それを一つの物として縛りつけることになる。だが、今では合意的現実の科学でさえ、永遠不変の物などないことを理解している。そういう意味で、すべては空である。タオイストは空を、「語り得ない道《タオ》」というふうに表現している。

仏教では、合意的現実における物事は相互依存（縁起）によって成り立つとされている。たとえば、症状が症状であるのは、日常的現実における歴史、科学、痛み、苦悩の相互依存に由来している。あらゆる症状はあらゆるものの相互依存の上に成り立っている。そうした全要素の中の一つでも欠ければ、「症状」は別の何かになることだろう。

たとえば、私たち（の文化）が考えているような症状（何かが悪化しているとするシグナル）の概念をもたない文化では、その症状は存在しない。「がん」と呼ばれる症状が存在するのは、加速された成長プロセスに特定の属性の形態を付与したからである。別の属性を付与すれば、まったく異なる経験を得ることになるだろう。合意的現実がもつ根源的な空性は、**すべての意味は付与されたもので、内在している（本質的）意味などない**、という原則を反映している。

仏教の第三原則は、「無我」である。合意的現実上の自己は成長し死ぬというまさにその理由において、個としての私たちには永続する自我やアイデンティティなどない。

◎並行世界としての老化

老いに対するレインボー・メディスンの視点には、科学的見解とスピリチュアルな見解、測定可能な現実と測定不可能な現実の両方が含まれる。人はみな老いていく。同時に、「老い」や「加齢」は、未知なる神秘的プロセスを指す空っぽの用語でもある。ドリームランドでは、老いは多様な並行世界によって表現されうる。ドリームランドでは、合意的現実の年齢に関係なく、「あなた」は赤ん坊であり、老人であり、生者であり、死者であり、あなた自身であり、あなた以外の諸々の人物である。あなたは多数の宇宙から成る集合体なのだ。

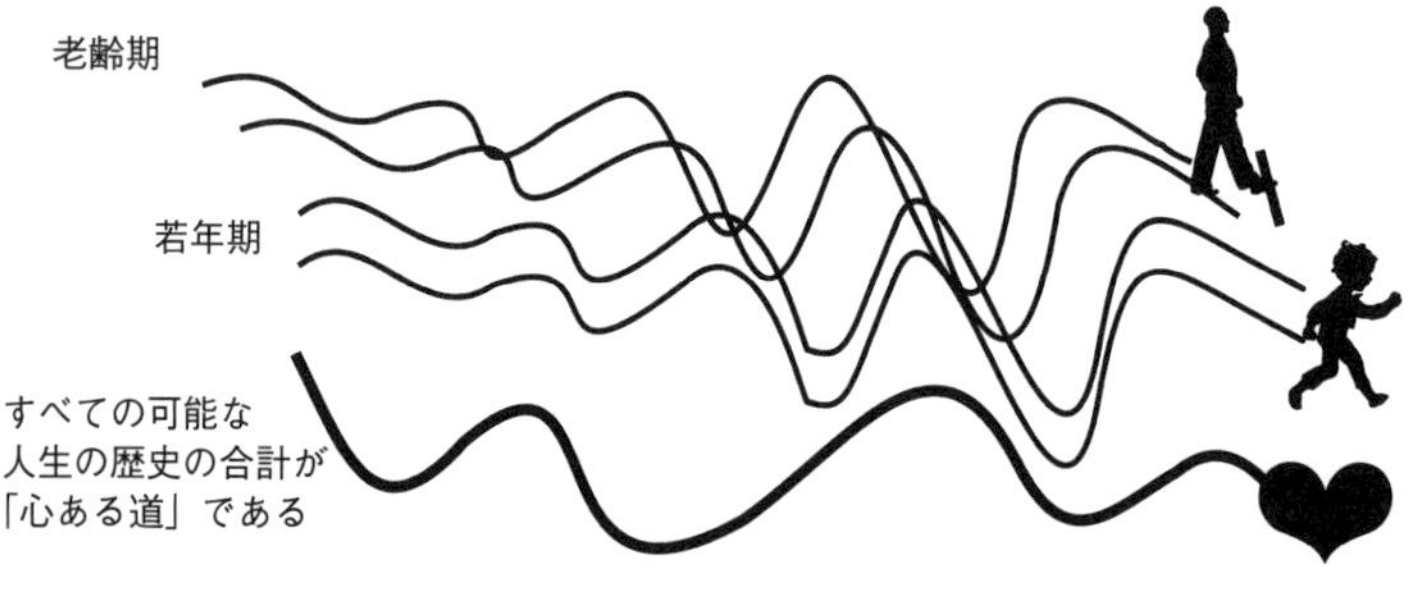

図15-1　波の合計。老齢期と若年期の諸世界、そして他の並行的諸経験あるいはパイロット波のリズムの合計。

合意的現実で、あなたがただ一人の人に思われるのは、そうした他の宇宙が周縁化されているからである。あなた（そして他の人物すべて）の潜在的な歴史、死、生、子供時代、晩年のすべてを合計した姿だけが、あなたの全体像である。あなたのすべての諸部分の物語を合計することに意味がある。一つの世界だけでは不十分であり、まるで人生の何かが失われているかのように、あなたは不安定になるだろう。

図15-1は、そうした多様な諸世界の合計を図示している。それはあなたの永遠の、心ある道である。

エクササイズ……老化症状とのワーク

老いを全般的に体験するワークに加えて、人によっては特定の老化症状に取り組むことが非常に役に立つだろう。そのためには、老化と関連すると感じられる特定の身体症状を選ぶようにするといい。症状がいくつかある場合は、どの身体症状ないし（老化に由来すると思われる）経験に取り組めばいいか、無意識の心に選んでもらうようにする。

＊症状を感じてみてください。あるいは、それの影響に注意を払ってください。それはどのように、あなたの健康を蝕《むしば》んでいったでしょうか？　視力が低下することになりましたか？　身体が衰え、以前より強さがなくなっていますか？　肌の変化はどうでしょう？　心臓、胃、精力になにかしらの衰えを感じますか？

＊こうした老化症状に抵抗したり、分析したり、あるいは薬を飲んでなんとかしようとするかわりに、ただ注意を向けていきます。頭で考えるのではなく、症状を深く感じていきます（あるいは、症状が悪化したときの感覚を想像してみます）。次に、その感覚の経験をほんの少し強めてみます。老化症状のプロセスが自然に展開していくのにまかせてください。想像の中で、時間の経過とともに、自分がどのように変化していくか、といったプロセスにただ注意を払います。大事なのは、老いを単純に嘆くのではなく、経験と想像の流れに従って生じる変化に身をゆだね、注意を向けることです。たとえば、視力が落ちてきたなら、もっと見えなくなったらどうなるか、周囲の世界に今より焦点を当てることができなくなったらどうなるかを想像してみるのです。

＊内なる自覚を使いながら、この老化プロセスの中にさらに深く入っていき、そこで起こることに従っていきます。想像の中で起こっている老化プロセスに注意を向け続け、それを体験しながら、この変化の背後にある非常に微細な意図、基本的傾向を見出してください。それについて最初にひらめいた思考を捉えてください。たとえば、視力の弱まりのエッセンスは、もはや外の世界を見ないで、内面の傾向に注意を払い、それに従うことなのかもしれません。視力の弱まりのエッセンスは、世界に振り回されず、そして（盲目のジャック・リュセイランのように）人生を別の仕方で感じる方法を学ぶことかもしれないのです。

＊このエッセンスの世界を探求してください。老いについて考えるときはいつでも、それに注意を払い、死を思い出し、「老い」と「死」はある意味で空であることを思い出しましょう。老いや死は未知なる経験に割り振られた名称にすぎません。これまでの人生でもっていたあらゆる安定を手放し、老

いに従うことを探求していきましょう。無常のプロセスに身をゆだね、時間と空間を超えた心ある道へと、空《くう》を通して導いてもらうのです。このエッセンスの体験、心ある道は、なんらかの点で自分の老齢期と若年期の本質的な部分を合わせたものだと言えないでしょうか?

カルロス・カスタネダの本の中で、シャーマンのドン・ファンが「心ある道」について語っていたことを思い出していただきたい。それはとても賢明で年老いた人物が歩む道である。それは野心や他人の考え方に左右されない道である。その道はあなたを幸せにする。それ以外の道は最終的に、あなたの人生を苦しめることになる。あなたが心ある道を歩んでいない場合、心ある道を探すために現在行なっていることを手放したとしても、それが自分や他人に対して礼を失することにはならない。老いを空と捉え、その神秘を探求するとき、それは心ある道の一部になるのである。

第16章　なぜ活性酸素は命を奪うのか？

今、私たちはどのように電子と光が振る舞うかを知っている。しかし、それを何と呼べばよいだろうか？　それは粒子のように振る舞うと言えば、間違った印象を与えてしまうことになる。また、波のように振る舞うと言っても同じである。それは独特の仕方で振る舞うのである。専門的には、量子力学的な仕方と呼ぶことができる。それはあなたがこれまでけっして見たことのない仕方で振る舞う。これまで物質を見てきたあなたの経験は不完全なものである。極微の世界における物の振る舞いはまったく異なっているのだ（……）実際の困難さは心理学的なものであって、「しかし、どうしてこんなことがありえるのか？」とあれこれ考えることに起因する果てしない曲解の中に存在する。それは、物事をなじみの視点で見ようとする、抑え難く、しかしまったく無駄な願望を反映したものである。

——リチャード・ファインマン[*1]

あなたが老い、遺伝、細胞、症状をどのように扱うかは、治療に対するあなたの信念にある程度左右される。たとえば、あなたが化学的な視点で老いを考えているなら、錆びていく金属と身体の衰弱を結びつけて考えるかもしれない。すると、あなたは「錆」を予防するために、抗酸化物質を摂らなければならなくなる。

しかし、あなたが化学や生物学の視点だけでなく、深層心理学の視点を含めるならば、突然、錆と諸部分の衰弱は酸化以上のことと結びつく。新しいレインボー・メディスンの視点からすれば、老化、錆、酸化は、単なる合意的現実上の事実ではなく、心的領域における想像であり、未解決の渇望と関連するメタファーともなる。以上の点が苦は執着に由来するとみなす仏教の教えに似ていると思うならば、あなたは正しいと言える。私の見方では、電気力学的な化学のまさに中心に、物理学と心理学とスピリチュアルな教えが収束する、もう一つの神秘的な凝集点が存在する。

現在の生物学的な視点は人間を、動く数十兆の細胞の塊として捉えている。タオイズムの用語を使うなら、それはまさに「万物」の世界である。顕微鏡で見れば、私たちはたくさんの細胞に見える。そして、個々の細胞内の遺伝物質のおよそ半分は、バナナの中にも見出せる。生命の基本要素（私たちを人類としてあらしめているもの）がチンパンジーとわずか三パーセントしか違わないという事実は、私たちを不安にさせるかもしれない。その一方で、それによって、自分とは「他者」である、ということを納得する人もいるかもしれない。あなたと私はバナナ、類人猿、その他すべてと相互依存しているのである。

◎老化要因

これまでの章で、細胞が自らを複製し、修復することを説明した。DNA情報は、常に分裂し、自身を複製し、生命を再創造する。細胞は有糸分裂のプロセスを通して分裂する。事故が起こらなければ、この複製のプロセスは永遠に続き、私たちは不死の命を得るだろう。

アメリカのペンシルヴェニア大学の微生物学者レオナード・ヘイフリックは、一九六一年に人間の細胞にある実験を行なった。そして彼は、身体の細胞が五〇回分裂するとそれ以上分裂しなくなり、老化を始めることを発見した。なぜ五〇回で複製が終わるのか、今のところ、誰も説明できていない。細胞生物学者たちは細胞の複製を限界づけている未知なる要因を「SF」と呼んでいる――老化要因（senescence factor）の略である。

いくつかのSF理論がある。一つは自己免疫理論である。自己免疫理論は、通常は身体を危険にさらす外敵を攻撃する自己防衛自体が、身体それ自身を攻撃するときに、自己免疫反応が生じる、と主張する。心理学的に言えば、私たちは攻撃から自分の個体性を防御しているが、それが行き過ぎてしまい、自分自身を攻撃し始めてしまうのである。自己免疫反応は、心理学における自己嫌悪に多少似ていなくもない。

SF理論の第二番目は「活性酸素理論」（「フリーラジカル理論」とも言う）である。毒素と突然変異がDNAを損傷するが、活性酸素は遺伝的突然変異や老化を引き起こす内因性毒素の一つである。単純に言えば、活性酸素はマイナス電子をもった電気的に不安定な物質である。それは自由で余分な不対《ふつい》電子をもつ。そうした不安定な活性酸素は、DNAを攻撃し、DNAから電子を奪い、細胞の化学物質を破壊してしまう。その結果、DNAの複製が阻害される。このように活性酸素は突然変異を生み、老化要因の一つになっている。活性酸素は、糖尿病、関節炎、アルツハイマー病、心臓病など、さまざまな病気の原因と考えられている。

◎活性酸素と仏教

仏教と生化学はある一点について見解の一致をみている。すなわち、執着が苦をもたらす、という点である。活性酸素が陽電子を奪おうとすることを憶えておいでなら、化学者たちが活性酸素について考えていることは、私たちが自分に欠けているものを渇望することのメタファーないし象徴として捉えられることがわかるだろう。活性酸素の化学を理解する一つの視点は、渇望、執着、切望、餓鬼について考えることである。たとえば、非常に空腹のときに、自分がどのように振る舞うかを思い出していただきたい。しかし、もっといいのは、空腹でないにもかかわらず、なんらかの渇望に突き動かされて物を食べてしまったときのことを思い出すこと、あるいは想像することである。鋭敏な自覚がなければ、あなたは渇望のために、口に入れる対象である動物や魚、鳥といった生物の「苦」に気づくこともない。まさに弱肉強食の世界ではないだろうか。渇望に適切な注意が向けられることなく、満たされることがないと、それは自覚を失わせ、あなたを自分自身や他者にとって潜在的に危険な存在にするのである。

活性酸素による酸化

下図左側の活性酸素分子には不対電子が含まれ、そのため負電気を持った不安定なものになっている。自分がこの活性酸素であり、バランスを取ることを欲していると想像してほしい。すると、おそらくあなたは気分を良くするための陽電気に飢えていることだろう。あなたは渇望を満たすために法を破ることもいとわない。活性酸素は泥棒のようである。

活性酸素は「酸化」と呼ばれる化学的プロセスを生じさせる。それは物質から一つ以上の電子が失われることである。遺伝物質（右側）と結合することによってもはや負電気をもつ不安定な分子でなくなった活性酸素分子は、酸化を生じさせ、余分な電子を奪われた遺伝物質は正確に働かなくなる。

活性酸素は電子を失ったときに酸化を生じさせる。酸化のプロセスは食物に起こることがよく知られている。酸化は油やバターを腐らせ、鉄を錆に変える。ビタミンC、E、Aのような抗酸化物質は、活性酸素を中和することによって酸化に対抗する。活性酸素は、そうしたビタミンや抗酸化物質を見つけると、DNAのかわりにそれらに興味をもつのである。

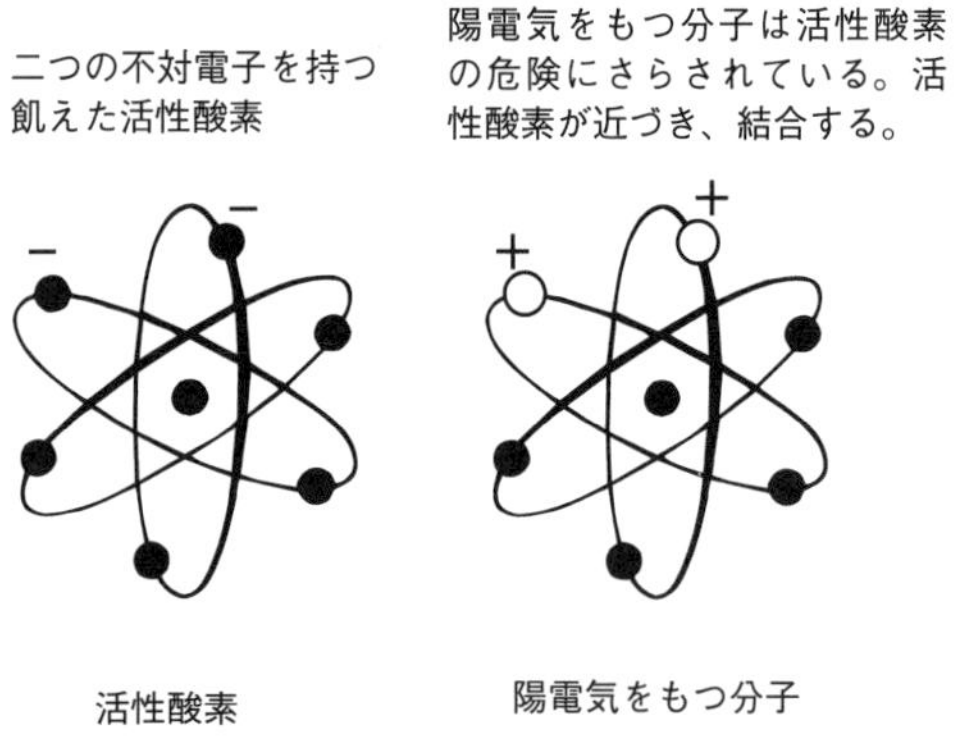

二つの不対電子を持つ飢えた活性酸素
陽電気をもつ分子は活性酸素の危険にさらされている。活性酸素が近づき、結合する。
−
−
+
+
活性酸素
陽電気をもつ分子

図16-1　活性酸素

活性酸素がそうであるように、渇望も老化要因の一部である。渇望や嗜癖は私たちをすり減らし、身体を破壊する。あなたが一面的になればなるほど、心臓が早く動けば動くほど、胃が酸を出せば出すほど、あなたが何かを求めれば求めるほど、ストレス要因は高まり、気分は悪くなっていく。スピリチュアルな態度や無執着はこの問題にアプローチする。ビタミンCが生理学的な抗酸化物質であるように、そうした態度は渇望に対する一種の心理学的な抗酸化物質となる。仏教、タオイズム、その他のスピリチュアルな諸伝統は、ある意味で「抗酸化物質」と言える。こうした教えの実践は、渇望を中和し、無執着や全体的なバランスを促進することに向けられている。現在スピリチュアルな諸伝統の実践は、ストレス緩和のための瞑想という形で医療関係者たちの間でも広まっている。

エクササイズ……渇望に参入し、その向こう側へ

これまで述べてきた化学理論を（物理学で行なったように）メタファーや、ドリームランドのパターンとして見るならば、活性酸素はストレスフルな性向、一面的な偏った渇望といえる。たとえば、仕事中毒的な性向は、人にリラクセーションを渇望させる――あるいは、リラックスさせてくれるドラッグを渇望させるということも考えられる。一面的な渇望は、それ自身の解決を求めていくのである。*2 満たされていない一面的なライフスタイルは、バランスを渇望する（世俗的な執着はしばしば自滅的な拒食によってバランスが保たれる。微妙な抑うつは過食によってバランスが保たれる）。渇望が無視されているかぎり、充足は無意識的に起こり、自己破壊的になる場合がある。しかし、けっ

して満足をもたらすことはない。

レインボー・メディスンは嗜癖をある種の心理学的な活性酸素と捉える。嗜癖は未知なる並行世界を指し示すが、同時に嗜癖者の合意的現実からの分離を強める。ある意味で、嗜癖者は引き裂かれることに——麻薬体験とは分離した正気の世界を経験することに——嗜癖しているとも言える。結果、どちらか一方の世界だけが肯定され、両方が共に肯定されることはない。

レインボー・メディスンでは、嗜癖のような症状に対する解決策は、症状そのものに埋め込まれていると考える。次のエクササイズで、渇望に対する解決策が、渇望をドリームランドにおけるパラレルな体験の中に見出すことができるだろう。嗜癖のエッセンスを見出すことで、嗜癖的な傾向が改善される場合がある。たとえば、セックス嗜癖のエッセンスは、人を愛するという性向かもしれない。アルコールのエッセンスは、すべてを手放すことかもしれない。特定のクッキーが好きな人は、それがその甘さやクリーミーな食感のためであることを発見するかもしれない。喫煙は、煙を吐き出すことが何かを手放す機会を与えてくれるからかもしれない。

嗜癖のエッセンスを見出すプロセスの中で、あなたは渇望の心理学を学ぶことだろう。あらゆる渇望の経験に埋め込まれているのは、甘さや手放すことのような、嗜癖物質に投影される力の働きである。あなたはそうした力が自分自身の内側にあるとは思っていない。あなたが自分自身の何かをある対象や物質に投影しているという考え方に焦点を当てると、その特別な嗜癖のエッセンスにたどり着くだろう。

＊十分にリラックスし、気持ちが集中して、ワークを行なう準備ができたら、自分の嗜癖的な傾向を一つ挙げます。嗜癖的な傾向について考えることは勇気がいるかもしれませんが、なんらかの物質や食物を濫用する傾向を一つ選んでください。そうしたら、自分自身に「この傾向の背後にある、最も深い満たされていない願望は何だろうか？」と問いかけます。たとえば、愛されたいと思っている人は、甘い物への嗜癖と結びついているかもしれません。母親から世話されていないと感じ、しつこく自己批判する人の中には、甘い物に嗜癖している人が多くいます。

＊心の準備ができたら、自分の中の渇望を探求していきます。自分自身にこう質問してください。「この一面的な渇望は、どんな身体的感覚を生じさせるだろうか？　それが最も極端になった場合、身体はどのような影響を受けるだろうか？　どの内臓がその嗜癖的な傾向に関わっているだろうか？　どの筋肉が影響を受けるだろうか？　私の欲求はどの身体部位に支障を来たすだろうか？」

＊渇望を感じ、あなたが渇望している対象や物質を象徴する人物を想像します。その人物は誰でしょうか？　彼女あるいは彼は、どんな種類の人物でしょう？　彼女あるいは彼の世界はどのようなものでしょう？　創造的な心に、あなたが渇望するものを人物化したイメージ、あるいは神話的存在のイメージを届けてもらいましょう。たとえば、あなたはスピリチュアルな人物や社会的な人物、常軌を逸した人物や催眠状態にある人物、愛らしい人物やとても卑しい人物を見るかもしれません。

＊イメージの本質の中に深く入っていきましょう。その象徴あるいは想像的存在のエッセンスは何でしょう？　その中核、その最深部のエッセンスは何でしょうか？　渇望のエッセンスを見出すには、そのイメージがそれほど驚くべき劇的なイメージになる以前は何だったのかを想像することが役立

つかもしれません。渇望の中から浮上したある人物のイメージになってみたり、その人物の世界を感じとってみましょう。その人物の行動が一面的なもの、あるいは極端になる以前は、その中核に誰がいるのか、あるいは何が存在するのかを探求してみてください。それが渇望のエッセンスです。このエッセンスから新しいイメージを創り直します。身体からおのずと力が抜けるまで、もう一度エッセンスを探求し続けてください。たとえば、渇望の対象がクッキーで、その人物化がやさしい母親的な人物像ならば、その母親的な人物像のエッセンスは、単純でストレートな愛の存在かもしれません。そして、その存在（エッセンス）から新たに創り直したイメージは、たとえば修道女かもしれません。

＊そのエッセンスの世界、それで満たされた感覚を探求します。その世界にとどまります。それから日常的な自分を振り返り、エッセンスの世界と合意的現実の自分の両方を尊重するようにしてください。

日常生活で生きられる渇望のエッセンスは、渇望のバランスをとるという意味で、ある種の抗酸化物質である。それを渇望することに耽溺するのではなく、そのエッセンスを自覚し、生きることが、どのように身体感覚を変化させるかに注意を向けること。

◎あなたと渇望とのあいだ

嗜癖は一面的なアイデンティティと結びついている。あなたはあなたが渇望している物質にそなわっているのと同じ力など自分にはない、となぜか思い込んでいる。しかし言うまでもなく、あなたはその力をもっているのである。だが、その力を受け容れるかわりに、それを無意識のうちに物質へと明け渡しているのだ。ある意味で、その力は受け容れるのが難しい。が、あなたとあなたが嗜癖している物質（あるいは対象、あるいは行動）は実は一つであり、さらにいいことに、両者は同じエッセンスを共有している。エッセンスはあなたの一面的な性質や物質の一面性へと展開していく以前の場である。したがって、そのどちらでもない。そのエッセンスは二元性や執着を超えている。それはただそれなのである。それは物や人に縛られていない。

渇望は老化プロセスを悪化させる。それは多次元的な力の略奪者である。だから嗜癖物質は一瞬の満足をもたらしたとしても、なんらかの点でかすかな抑うつを引き起こすのだ。それが過小評価という影響力を秘めているためである。あなたは自分自身を過小評価（卑下）し、あなたの中にある超空間的、夢的、魅力的な場の力を明け渡し、嗜癖にはまってしまう。

あなたが渇望と考えているものは、よりセンシェントな視点からすれば、物理学者たちならば仮想粒子と呼ぶものに満たされた力の場である。

渇望は仮想の力に満たされた電場にたとえられる。それは自分自身の内面深くに感じることができる何か、あるいは他者に自分を近づける何かである。渇望や嗜癖の背後にあるエッセンスや力は、あなたをあらゆるものと結びつける沈黙の力の別の描写である。この力を周縁化することが、場を諸部分に引き裂くことになる。それはあなたを二つに分断する。そして、あなたがもっていないと思い込んでいる渇望と、それを渇望するあなたとが別々に残される。

あなたが渇望するものを統合することは、健康の感覚を増進する。自分の力を周縁化することは、あなたとあなたが追い求めるもののあいだにより多くの「電荷」を創り出す。原理上は、そうした二元性があなたの仮想場、量子的な化学、血液の中の活性酸素の数、老化プロセスにまで影響を与える。

仮想粒子理論や嗜癖に起因する過剰な活性酸素を心理学や医学的事実のメタファーとして理解すれば、「意識の逆影響《バックアクション》」すなわち、自覚が量子波動関数や電気化学に影響を与えるという現象の証明を待つ必要はない。今ここで、渇望のエッセンスに至り、自分の素晴らしい力を発見することの直接的な恩恵を感じることができるのである。

◎大切なざわめき

私たちはファインマンの量子電磁力学について少なくとも直感的な理解をもっているので、みなさんに質問したい。いったい彼は、どのようにしてこの想像的な理論にたどり着いたのだろうか？あなたが物理学者ならば、荷電した粒子の相互作用を説明する支配的な物理法則があったので、電子場を仮想粒子で置き換えることができたと答えるだろう。結局、仮想粒子はいかなる法則にも従わず、仮想粒子を禁止するものは何もないと考えられる。

しかしながら、あなたがセラピストならば、違った答えを口にするだろう。たとえば私は、彼が荷電した諸対象のあいだの仮想粒子を想像したのは、多かれ少なかれ、私たち誰もが、私たちを惹きつけそしてはねつけるものが重要であるという微細な感覚をもっているからだと思う。英語の俗語表現が、他人や物によってもたらされるフラート的な衝突や追突について、ヒントを与えてくれる。たとえば、誰かが私たちを惹きつけるならば、彼女のことを「smashing」〔「素晴らしい」という意味だが、smash には「強打」という意味もある〕と言うだろう。「I Get a Kick Out of You」〔邦題は「君にこそ心ときめく」〕という名曲もある。「君にノックアウトされた」とか「この素晴らしい映画は〝当たり（hit）〟だ」という表現もある。

量子電磁力学における不思議な力

嗜癖のエッセンスを見出すとあなたの気分は良くなり、活性酸素の化学的活動にも影響を与えるだろう。生化学と量子電磁力学がその理由を説明してくれると思う。

量子電磁力学（QED）の生みの親であるリチャード・ファインマンは、互いに惹きつけ合う対象間の空間あるいは場が、不思議な粒子の力で満たされていると考えた。彼は電場——たとえば、電子と陽子のあいだ（そして、活性酸素とDNAのように、電気的に不安定なあらゆる対象のあいだ）——は、電場としてだけではなく、彼のいう「仮想粒子」としても見ることができると述べている。[*3] 原子の電子と陽子を取り囲む電場は、なぜ諸原子がくっつくのかの説明となる。（余分な電子を手に入れたために）負の電荷をもつ原子や分子は、正の電荷をもつ別の分子と結合することを求めるのである。

原子と分子のあいだの電子場の観点から説明するかわりに、ファインマンは仮想的あるいは想像的な粒子の交換という概念を発展させた。[*4] ファインマンの説明によれば、帯電した二つの粒子——

たとえば二つの電子――が反発し合うのは、二つの粒子のあいだの電場のせいではなく、いわゆるこの場が無数の仮想粒子あるいは仮想光子の互いに衝突する場であるからだ。彼はそうした仮想粒子ないし仮想光子が各電子によって吸収され、放出されると考えた。仮想粒子が互いに衝突するため、電子は互いに反発し合うのである。

二つの電子は、電場のせいではなく、その場が仮想粒子の互いに衝突する場、そして仮想粒子と電子の衝突する場であるがゆえに互いに反発する。[*5] あるいはこう言ったほうがいいかもしれない――そうした仮想粒子は無から創り出されたと考えられており、それらは電子から放出され、観察、測定、検量される以前に再び吸収される、と。

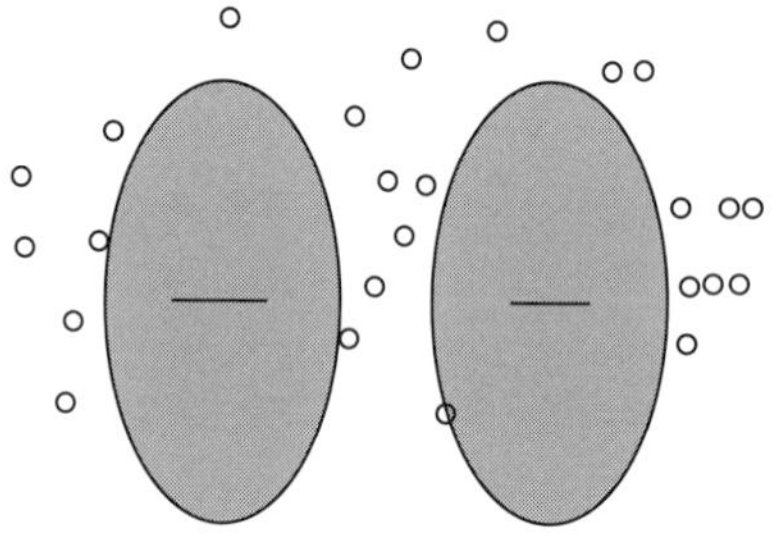

図16-2 QEDにおける二つの帯電した粒子の図。帯電した粒子は、仮想光子(小さな丸で示されている) を創造し、放出し、吸収する。それらが大きな粒子に衝突するため、距離が保たれる。

QEDによれば、粒子あるいは仮想粒子の極微の交換は、時間を前進/後進する。どの電子が最初に仮想粒子を放出し、他の電子に衝突させるかを言うことはできない。私たちは、量子的な世界において、時間と空間と測定の不確実性があることを知るだけである。そうした不確実性は、仮想粒子を測定することを不可能にしている。なぜなら、それはあまりにも短い時間しか存在しないからである。[*6] 電子のように帯電した大きな粒子が、無数の交換あるいは「仮想粒子」に取り囲まれているという見方が、電子場という考え方に置き換わった。同じように、生化学においても、原子や電子を取り囲む電場という概念は、仮想粒子のそれと置き換えることができるだろう。

基本的な考え方は、あなたと、あなたが惹きつけられ、また、はねつけられていると感じる物とのあいだに、飛び交う仮想粒子のような何かがあるということだ。そうした諸粒子はドリームランドのざわめきであり、通常は日常的意識から無視されている。このざわめきの力に触れると、嗜癖から自由になるだけでなく、日常生活が魔法に変容する場合がある。自分が何かに惹きつけられていると感じるとき、あるいは、はねつけられていると感じるとき、そして単に何かをしようと思うときはいつでも、小さな「当たり (hits)」のエッセンス——ざわめき、すなわちあなたをその何かと結びつける活動の基盤——に注意を払うとよい。あなたが感じているざわめきは、共有されている普遍的な力動であり、世界を一つに保ち、あなたが何かに手を伸ばすのと同時に、それもあなたに手を伸ばしているという感覚をもたらす。言いかえれば、あなたの意図は非局在的であり、それはあなた独りのものではないのである。

第17章　生命に終焉をもたらすテロメア

すべては変化する。変化しないものはない。

――ブッダ

生化学と心理学は、不均衡な状態が有害な影響をもたらすことについては確信をもっている。一面性＝偏った状態は、あなたがあらゆる意味において一つの「活性酸素」になるまで、あなたにもう一方の側面を渇望させる。やがてあなたは、自分にはもちえないと感じるまさにその力に向けて嗜癖的な傾向を発展させる。そしてあなたはそうした力を他人や物質に投影する。嗜癖は健康を脅かし、老化プロセスを加速させる。それによってアイデンティティを失う脅威をあなたは感じることになる。

私たち人間は、生物学的にも心理学的にも、個を確立し、拡張し、そして最終的に個人的な履歴を手放していくことに駆り立てられる。個人的な履歴やアイデンティティの感覚が減少し始める、また私たちの自我が過去に対する執着を手放し始めるちょうどそのとき、しばしば死の恐怖が浮上する。

いずれにせよ、誰もが老いていく。老化要因に関連して生化学者たちが発見した（投影でもある、と私は思う）ことは、そこには個人的履歴からの離脱という性質があるという点だった。彼らはそれを「テロメア短縮」と名づけた。この章では、ＤＮＡを苛《さいな》むこの老化要因が、禅の十牛図に反映されていることを示したい。ここでも仏教は老いの生化学を説明することに役立つのである。

◎老化と闘う合意的現実の方法

第16章で、実験生物学者レオナード・ヘイフリックの発見、すなわち人間の細胞は死ぬまでに五〇回しか分裂しないことについて触れた。なぜ五〇回なのだろうか？　まるで死が遺伝的にプログラムされているかのようだ。ストレス、嗜癖、渇望だけでなく、放射能、有害な食物、そしてこのゲノムのプログラムが私たちの死の一因となっている。私たちは、人、物質、成果、所有物に対する執着に由来するストレス、放射能、有害な食物を避けることで老化を遅らせることができるのを知っている。私たちは身体から有毒物質を排出するために食を減らし、運動し、渇望のワークに取り組み、症状に対する新しい態度を探求し、健康なライフスタイルを創造することができる。合意的現実における研究によれば、休暇を取ることや、日常的ストレスのレベルを引き下げることが、あらゆる病気の死亡率を減らすという。

◎テロメアと個人的履歴

最近の研究は、複製後のゲノムに残された「ゴミ」DNAが老化の一因となることを示唆している。ゴミDNAは、すでに必要とされなくなった遺伝プログラムの断片である。最初にこの「ゴミ」について知ったとき、私は古今東西に伝わる心理学的／霊的なメッセージのひとつを思い出した――ゴミを捨てること。もはや必要でなくなった古いかばんを手放すこと。

生化学者たちは老化が時間とともに個人的、文化的、そして人類の種としての歴史を含む、染色体の帽子であるテロメア（コラム参照）を破壊することを示唆している。テロメアという帽子の破壊は、DNAの先端部を無防備にし、複製後のDNAを変性させ、そのDNAはゲノムのゴミの一因となる。

私たちの染色体は直線状の構造をもち、先端部がほころびやすい。動物と植物も直線状の分子の集まりとしてゲノムを保持しているが、その先端部も容易にほころぶ。しかしながら、すべての生命体が直線状のゲノムをもっているわけではない。バクテリアは一般的に輪になった分子としてゲノムを保持している。

◇◇◇◇◇◇◇◇◇◇◇◇◇◇◇◇

遺伝物質の先端部

直線状のDNA分子の先端部は不安定である。細胞分裂の過程で再結合するために、鎖の他の部分よりも早く衰えるのだ。この問題そして他の問題から逃れるために、身体（特に真核細胞）は染色体

◇◇◇◇◇◇◇◇◇◇◇◇◇◇◇◇

の両端にテロメアと呼ばれる特別な構造の帽子をかぶせることを覚えた。

細胞増殖の際にゲノムの複製を行なうＤＮＡポリメラーゼ酵素は、ＤＮＡ分子の先端部を複製することに困難を抱えている。そのため、分子の先端部は新しいコピー時に劣化しやすい。この遺伝物質の短縮の過程を遅らせるため、自然はそこに帽子をかぶせたのである。しかし、この帽子を維持することが難しいために、細胞分裂が何度も繰り返された後に、細胞の死が結果として起こる。要するに、テロメア短縮が老化の一因である。

運動、健康な食物、ビタミンのサプリメント、減食による解毒は、この過程を防ぐことに役立つ。また、老化した細胞にテロメラーゼと呼ばれる身体の酵素を特別に加えると、それを若返らせる傾向がある。テロメラーゼは抗老化物質と考えられており、若者の染色体は高齢者のそれより長く、テロメラーゼに支えられることで損なわれていないテロメアをより多くもっている。[*1]

テロメラーゼは、あらゆる触媒と同じように、「村の長老」の化学版といえる。触媒酵素は二つ以上の反応物を一つにする。酵素は、反応が通常の数百倍も早く起こる環境をつくることで、これを非常に迅速に行なう。にもかかわらず、触媒自体は触媒作用の反応に対して不変のままである。触媒は理想的な調停者のごとき存在だ。独立しているが、その存在がプロセスを有益な仕方で加速するのである。

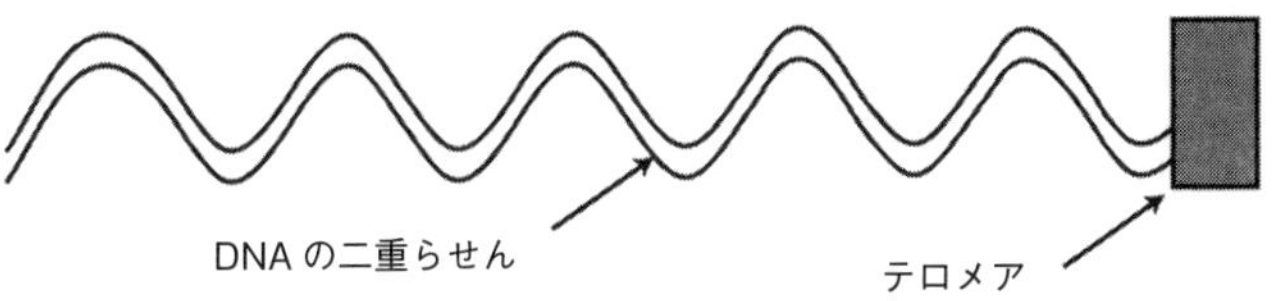

図17－1　遺伝子の「帽子」。本質的に、直線状のＤＮＡは先端部にテロメアの帽子をかぶっている。

長年にわたってたくさんの人たちとワークしてきた経験から、私は、DNAの短縮（個人的な履歴〔個人史〕に関する情報の短縮）に相当する心理学を想像している。一方において、私たちは誰もが個人的な履歴やアイデンティティを必要としており、可能なかぎりアイデンティティを守ることで満足する。しかし、自分自身を固定化した一つのイメージに同一化《アイデンティファイ》することは、自分の可能性を限界づけることにもなる。

テロメア短縮は生化学的事実だが、すべての科学的公式と同じように、私たちの心理学についての象徴的な叙述でもある。そう捉える場合、私たちは個人的な履歴を手放す心理学に取り組んでいることになる。二五歳を過ぎた時点で、心理学は老いの生化学とコヒーレントになる。あなたの遺伝子は自分が何者であるか（何者であったか）を示す情報あるいはソフトウェアを運んでいるが、その情報は歳をとるにつれて重要ではなくなっていく。

これまでの章では、遺伝的な公式が子供時代の夢、個人神話、身体症状の経験に反映されうることを示した。第15章では、慢性症状が親や祖先とどのように結びつく場合があるかを見た。これからは個人的な履歴の短縮が、支配的な個人神話の存在を手放すことを促し、そして祖先や老いと結びついた身体症状との同一化を弱めることを探求していきたい。

◎個人的履歴――あなたは何者か？

あなたは何者か？　この質問に対する答えは、あなたの個人的な履歴（個人史）の大きな一部である。あなたは自分をどのように定義するだろうか？　あなたは先住民、アフリカ系、ラテン系、韓国人、日本人、中国人、ヨーロッパ系だろうか？　あなたの人種は何だろうか？　あなたの肌の色は？　あなたの信念は？　あなたは宗教やなんらかのスピリチュアルな伝統に属しているだろうか？　もしあなたが特別な何かをもっているならば、少なくとも心の中で、それを挙げてみていただきたい。

他の方法でも自分を確認してみること（あるいは、ふだんの自分――それも数あるアイデンティティの中の一つにすぎない――と同一化することを拒絶してみること）。あなたの性的指向はどのようなものだろうか？　経済的階級は？　健康状態は？　女性、あるいは男性？　両性愛者、性転換者、それとも同性愛者？　労働者階級に属している？　それとも中流以上の階級？　あなたの年齢は？

個人的な履歴はきわめて独特な特性と絡み合っている。あなたが大人になってパートナーとして選んだ最初の人物あるいは二人目の人物は、個人的な履歴の一部であるように思われないだろうか（彼女あるいは彼が、両親のどちらか、あるいは家族システムの維持者と似ていることが多いという意味で）。もしあなたが友人やパートナーとして「不適切な」ジェンダー、人種、年齢の人を選んだという経験があるなら、そのことに関連した葛藤を体験しているかもしれない。また、あなたが自分の個人的な履歴に葛藤をもたらす行動を起こすとき、周囲の人たちや世間一般が、あなたに反感を向けてくることだろう。

自分自身や他者についての気づきが高まる中で、あなたは自分の個人的な履歴のすべての側面――個人的履歴に対する愛や安らぎ、と同時に、葛藤と失望といった諸側面――に自覚をもつようになる。もしかしたら、あなたは個人的な履歴と距離を置くことで、意識的にそれをなかったことにしているのかもしれない。あなたは古い個人的な履歴を支持したり、あるいは新たにそれを創造し直したりすることに関する非難に対して、自分のアイデンティティが防衛的であることに気づいているかもしれない。死、死の不安、忘却や記憶を失うことの不安だけが、個人的な履歴の創造と維持のプロセス全体をダイレクトに考えさせる。

自らの履歴を手放すことは、ドン・ファンの教えの一部である。*2 彼は両親の生と死について、彼らは自分たちの身に起こったことや、過去、自分たちの仲間に起こったことで苦悩していたのだ、と弟子たちに語った。しかしながら、ドン・ファンによれば、最も悲しいことは、両親がある特定の集団と強く同一化してしまい、復讐の衝動から自由になれず、自分たちを人間一般、すなわち人類として見られなかったことである。ドン・ファンは、一つのアイデンティティのみに固執するには人生があまりにも短すぎること、そして死だけが真の助言者である、と述べている。

◎十牛図――個人的な履歴を手放す方法

中国、韓国、日本各地の寺院に見られる禅の十牛図は、個人的な履歴を寄せ集めること、そして手放すことについて、多くの洞察を与えてくれる。素朴な絵と文から成る十牛図は、禅の修行という文脈において個人的な履歴を手放す諸段階を示している。それは人生の諸段階を象徴的に表わしたものだが、私にとっては、禅の修行に用いられる以上に幅広い意義をもっている。

十牛図は通常、落ち着かない心を飼いならし、悟りに到る十の段階として解釈されるが、あらゆる心身的経験とワークするプロセス（そして最終的に個人的な履歴を手放すこと）をも象徴している。以下の説明で用いた図は、www.buddhanet.net で見つけたものである。絵の使用を許可してくださったことに感謝している。*3

1．私の人生には何が欠けているのだろうか？　私の問題はどのように解決できるだろうか？

第一図はこの問いを表わしたもので、ある人がその方策を求めて自分の道を歩み始めるところが描かれている。その人があなた自身であると想像していただきたい。ここであなたは、「私は何者だろうか？　どのように私はここにやって来たのだろうか？　いったい人生とは何だろうか？」といった問いについて考えているのかもしれない。

この絵において、あなたは自然の中で道に迷っている。自分自身の本質《ネイチャー》、自分自身の「植物的＝自律的な環境」（vegetative environment）を見失っている。おそらくあなたは、プロセス指向の瞑想修行者なら「失われた夢」「失われた身体」「失われたドリームボディ」と考えるであろう何かを探している。この時点では、あなたは混乱状態にあり、未来への道を探している。

2．おや、大地にしるしがある

第二図で、あなたは足跡、ことによると道を見つける。それはあなた

の前に何か／誰かが歩いたことを示している。大地に、過去からのしるし《シグナル》があることに気づく。おそらくあなたは、自分自身の内に微細な身体シグナル、あるいはその他の手がかりを発見したのだろう。

このしるしをたどっていくと、あなたは自分がいなければ逃げていってしまったかもしれない力と出会う。禅の修行者はそうした力を「落ち着かない心」という観点から捉えるだろう。

3．そうか！　これは私の力だ！

次の絵で、あなたは大木の陰に走り去る牛の尻尾を見る。なぜ牛の尻尾だけが見えているのだろうか？尻尾がドリームボディの最小の意識的部分なのだろうか？　牛は無意識的な本能を表わしているのだろうか？（あるいは、それはあなたの個人的な履歴にかぶせた帽子、テロメアなのだろうか？）

確かに、牛はドリーミングボディを表わしたものであり、あなたの手から逃げ出した感覚の象徴であり、木の背後に（すなわち、あなたの自律神経系［vegetative nerve system］の中に）隠れている。たとえばあなたの心拍、あるいはその心拍の変動の背後には、あなたが接触を失った莫大な力が眠っている。すべての身体経験に同じことを見出す

ことができる。あなたの症状、あなたの木、あなたの成長と老化のプロセスの内側そして背後に、莫大な生命の力が眠っているのである。この第三図で、あなたは失われた力を探し当てたのだ。

4. ついに私は自分の力を手中に収めた

下図で、あなたは牛を手にしている。あなたはしるしを追跡し、それとつながることに注意力を使った。自覚の訓練を通して、ここでは手綱によって象徴されているように、自分の力とつながったのである。次の仕事は牛を家に連れて帰ることである。最初、その力はあなたに従っている。

5. なんと！　この「力」は協力しない！

しかし、自分の身体の力を人生に簡単に統合できると考えているなら、間違いである。それはあなたの意図に従わない。この絵（次頁上）で、あなたは自分の力が今や動こうとしないことを見る。それは野生にとどまり、自由気ままにぶらつくことを望んでいる。

これを禅では、修行を継続するための努力が求められている時期と見る（シャーマニズムも同じである。ドン・ファンは、身体や精神において私たちを悩ませるスピリットである「盟友」を見出し、それと「闘う」必要があると述べている）。あなたはその「秘密」を見出さないかぎり、リラックス

できない。あなたは日常生活を変容させるための堅実な注意深さを発展させる努力に対して真剣でなければならない。

症状が浮上するときはいつも、シグナルを追跡し、それに従う訓練を積むこと。そして、（症状の背景にある）自分の力を捉え、そのメッセージ、その背後にあるエッセンスを見出すこと。

6．ああ、ようやく自分のエネルギーと調和した
牛飼いとして、今やあなたは自分の危なっかしくて予測できない力にしっかりと乗ることができている（下図）。これは自分の身体と一つになる時期である。あなたと牛は協働関係にあり、もはや努力を必要としない状況を創り出した。今や物事は手を加えなくても自然に起こっていく。あなたが自分の力ともっと調和すると、あなたの症状は物事を行なうエネルギーに変わっていく。

7．なんという至福！
ここであなたは自然の中でくつろぎ、木の下に座り、安らかさを感じている。自分の身体に取り組んだ後、苦悩や力の喪失といった感覚は万物との調和の状態に置き換わる。今や、あなたの身体は問

題ではなくなっている。それはもはや自分の心の中、あるいは「絵の中に」ない。牛は去った。

物事は自然に起こり、あなたはそれを目撃するだけである。あなたは自然《ネイチャー》の力とつながり、安らぎを感じ、より安定している。多くの人々にとって、これは（身体）症状に焦点を当てることの終わりであるだろう。しかしその力と接触することを通して症状が緩和することは、最初の段階にすぎない。

8. 空、沈黙の力

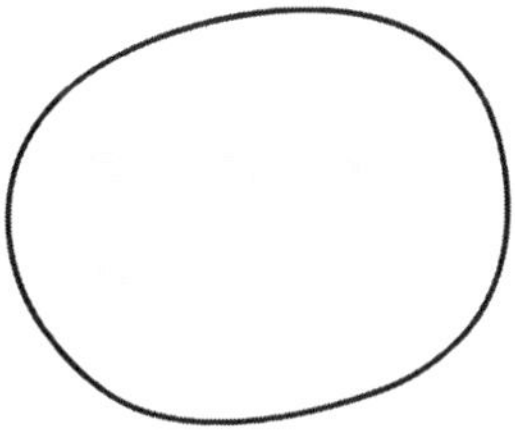

次には、創造性に関する段階がある。この第八図は、ときに何も描かれないこともあるが、無心の状態または生起する空を象徴する一筆書きの単純な円が描かれる場合もある。私は自分のコンピュータで、自発性を象徴するそうした一筆書きを試みてみた。

いずれにせよ、この時、あなたは、空《くう》の状態にある。それはあなたが起こることすべてに開かれた創造的な心の状態にあることを意味する。そこに描き手（行為者）はいない。にもかかわらず、物事は生起する。創造性は沈黙の力に従う。空であることは、逆説的に、めったに接触できない微細な力に満たされることを促す。この意味で、空は創造性なのである。

9．大いなる生命のみ。身体が消え、問題が消え、個人的な履歴も消える

個人的な履歴が手放され、そこには自然《ネイチャー》だけがあり、自己（自我）はない。この絵では、あなたが消え、ただ花、木、田園、雲だけがある。あなたのイメージは消え、あなたの個人的な履歴も消えた。あなたがある特定のアイデンティティをもつかぎり、そして自分の道に執拗に分け入ってくるものに無自覚に憑かれているかぎり、あなたは自分の最も偉大な力――世界中に広がる沈黙の力の非局在性――を周縁化する。その力は、身体症状の並行宇宙に内在する失われたエネルギー、老いのプロセス、増幅された人物像の内側に隠されている。

そうした症状の力に近づくことによって、あなたは個人的な履歴から自由になる。そして結果的に、自分の症状についての不安や、自分の古いアイデンティティに対する賛否両論から解放される。

世界の形と空間と時間が戻ってきた。あなたの未来はどうなるだろうか？

10．人生と世界に戻る

最後の図で、あなたは再び現れる。生まれ変わったというより、少し細身になり、いくらか体重が落ちたようだ。あるいは、これまでの体重を、今や意のままにコントロールしていることが、肩の荷物によって象徴されているのだろうか？　他の十牛図においてこの第十図は、「あなた」は老人、酔っ

払い、あるいは賢者として描かれている。あなたは目の前の谷に広がっている合意的現実の世界と時間に再び参入する。

あなたの道は上下、前後、左右に終わりなく続く。ここであなたの人生は波によって象徴されている。それは沈黙の力によって組織される心ある道であろう。今やあなたは手提げランプと道(自覚のプロセスとその地域の眺め)を手にしている。日常の身体が戻ってきているが、絵の中では際立ってはいない。

あなたはこの世界の絵の中に再び戻ってきた。しかし、あなたは変化している。ある意味で、どこに行こうと、何をしようと、自覚が鍵なのだ。

このプロセスがどのように映るかを予測することは難しい。個人的な履歴が消えたとき、ある人は完全に古い自己を手放し、世界あるいは多様な諸世界に開かれる。

エイミー〔著者のパートナー〕の祖母の一〇四歳になるボーイフレンドの言葉を思い出す。彼は最近、私とエイミーにこう語ってくれた。「私の人生の秘密は神様を知ること、神様を信頼することだ。神様と共にいるとき、自分が神様の子供たちの一人であることがわかる。自分が不確かで、正しいことを行なっているかどうかわからないとき、神様と話しなさい。そうすれば神様がどうしたらよいかを教えてくれる。君が行なっていることはすべて神様からやって来る。それは君ではない(……)。私はいつも『神様、私と共にしたいことをしてください』と言う。ときどき神様は私に話しかけ、下の階に降りて行って、さびしそうに見える人たちと話しなさいと言う。するとさびしそうにしていた人たちの気分が良くなる。これが私のワークだ（……）。ほら、花が咲いている」

エクササイズ……身体経験としての個人的履歴

以下のエクササイズでは、身体に関する個人的履歴を手放す経験を探っていく。このエクササイズは、あなたを現在の地点よりも少し先へと連れて行くものであるため、やや挑戦的に感じられるかもしれない。けれども、人生がどこへ向かっているのかを探求することは重要だと思われる。このエクササイズは、自分の力にアクセスすることを促し、それから、その力がもはや必要でないと感じられるところまで探求する。

＊心の準備ができたら、深呼吸をしてリラックスしてください。子供時代を振り返ります。子供時代あるいは思春期のいちばん最初の強烈な記憶を心の目で見ていきましょう。これまでのエクササイズでそうした記憶をいくつか思い浮かべてきたなら、最初に心に浮かんだ記憶を選びます。たとえば、自国では少数派民族に属する、ある女性の読者は、二人の子供が遊んでいる記憶を思い出しました。

＊その記憶の中の主要な部分、人物、あるいは要素を二つ選んでください。誰あるいは何がその記憶の中に見えますか？　それらの人物ないし要素を「A」や「B」と命名します。二人の子供が遊んでい

る記憶を思い出したという女性は、「Aは私で、Bは私の遊び仲間です」と言いました。

＊想像力を使って質問に答えます。誰あるいは何がその記憶から除外されているでしょうか？　その記憶に属していながら、そこにいないのは誰でしょうか？　あなたの直感を働かせてください。その人物が誰か、あるいはそれが何かわかったら、それを「C」と命名し、Cの性質を一言で表現してください。先の女性は、Cのことを、温和で、神聖で、親のような存在と言いました。それについて彼女が表現した一言は、「親らしさ」でした。

＊Cの性質はどのような点であなたが育った時代の歴史と結びついているでしょうか？　どのような点で、あなたとCの性質は肉親から生み出されただけでなく、あなたが生きている時代、住んでいる国、人種、文化、そしてあなたもその一部である歴史によって生み出されたものでしょうか？　女性は、Cが友達と遊んでいる子供時代の記憶から除外されていると言いました。彼女の想像では、Cはとても愛情深い人物で、彼女の出身国の当時の歴史に欠けていた人物像でした。その国の皆が彼女の属する民族を嫌っていました。

＊Cの際立った性質を選び、その性質から主に連想される自分の身体部位を自分に尋ねてみます。その性質がどこに位置しているかを感じてみましょう。その部位の性質は何でしょう？　そこには何か症状はありませんか？　たとえば、その女性はCの親のような慈悲的な性質を心臓の付近に位置づけ、それから、自分がその部位の痛みに苦しんでいることに気づきました。

＊Cは十牛図における牛のようです――それはあなたが探していた何かであり、身体という木の背後、おそらく症状のある部位に隠れている何かなのです。その身体部位を感じてください。そして、深

呼吸しながら、その特別な部位に焦点を当て、Cの感覚を増幅していきます。そこにあるCの力を感じていきましょう。このエネルギーをあなたの人生において有益な方法で使うことを想像してみてください。それがあればあなたはどんな良いことができるでしょうか？　あなたはこのエネルギーをすでにどのように有益な方法で使っているでしょうか？　このエネルギーを飼いならし、使うことに苦心したでしょうか？　例にあげた女性は、慈悲をもつことがいつも自分の目標だったと言いました。それどころか、人に対して親切にしすぎてしまい、自分の欲求が犠牲になっても「親切であること」を止められないことがときどきありました。

＊こんどは、個人的な履歴を手放すことを探求していきます。Cの性質は個人的な履歴の一部と結びついているのですが、その性質の強度や、それと関連する個人的な履歴を手放したとき、何が起こるかを探っていきましょう。

＊あなたはCのエネルギーを必要なだけ使い、その力が今や自分のものになったと想像してください。Cはもはやそれほど重要ではなくなるかもしれません。深呼吸して、開かれた心を保ち、少しずつ、それがもはや必要でなくなるまで、その性質を手放していくことを想像しましょう。同時に、Cが位置づけられた身体部位の経験をも手放していきましょう。自分の個人的な履歴の一部を手放すことを試みると、どのように身体や気持ちが変化するかに注意を払ってください。

＊その身体感覚やCの重要性を手放すにつれて、自分に利用できるようになった微細な新しい経験に注意を向けます。どんな気持ちが消えていきましたか？　どんな新しい気持ちが浮上してきましたか？　Cの性質を手放すにつれて、あなたは自分に開かれた新しい存在の仕方に気づくことでしょう。たと

えば、その女性は自分の親切な性質を手放すことに最初は抵抗がありました。しかし、彼女がそうすると、心臓のあたりが軽くなりました。彼女は突然、もっと人に対して率直であってもよいと思うようになりました。実際、怒りたければ、怒ることだってできるのですから。

＊この新しい状態の時間と空間の中で生きることを想像してみてください。あなたはこのイメージ体験を日常生活でどのように使うことができるでしょうか？　この新しい状態を日常生活にもち込むことを想像してみましょう。あなたは「誰」になるでしょうか？　先の女性は人に対してもっと率直になることを想像してワクワクしてきました。

＊個人的な履歴を手放したこの状態を、病んでいる身体の部位や、老化によって衰えていくプロセスにもち込んでみましょう。その成果を書きとめてください。

個人的な履歴における諸問題は、あなたを特定の目標、力、行動の達成に駆り立てる。こうした衝動は身体にとっては非常に負担である。なぜなら、そうした目標に駆り立てられていることをあなたは無意識的に感じているからである。そうした力や個人的な履歴の目標を発見することで、あなたは最終的にそれらを手放すことができる。この無執着は身体的ストレスを減らし、心を空《くう》に、さらにはより創造的なものにする。

個人的な履歴を手放すことをしないならば、私たちは人生に足りないものを永遠に埋め合わせようとしつづけるだろう。私たちは個人的な履歴を手放す必要性や傾向を探しつづける一方で、そうした必要性や傾向を自分の身体に投影し、ＤＮＡの帽子を破壊するようになるだろう。「生きること、そして老いていくことの生化学」にもしなんらかの意味があるとすれば、ゲノムだけでなく個人的履歴を手放すことは創造性がもつ知恵なのだ。

いずれにせよ、個人的履歴への執着から解放されることによって、私たちは空性を得る。そして、その空性によって、人生に足りないものを埋め合わせることを越えた次元へ、あるいは、もっと深い次元へ行けるようになる。その結果得られる無努力の境地は、私たちを予測できない道の上に置き去りにする。その道を私たちは沈黙の力によって動かされて、進んでいくのである。この道で重要なことは、症状の治癒でも世俗的な目標の達成でもなく、旅の一歩一歩に対する自覚なのだ。

第18章　量子レベルの自覚をもつ悪魔

意識は宇宙の一部である。したがって、意識のための適切な場所をもたない物理学理論は、世界の純粋な記述を提供するには根本的に不十分である。残念ながら、意識を説明できるようなレベルにまで進歩した物理学、生物学、計算理論はいまだ存在しない。

——ロジャー・ペンローズ（数学者・物理学者）*1

一八六七年に、スコットランドの物理学者ジェイムズ・クラーク・マクスウェルは、時間を逆転できる悪魔という妙案を思いついた。現在に至るまで、合意的現実において彼の「悪魔」の効果を証明できた人はいない。マクスウェルの悪魔は、マクスウェル自身が想像したよりもはるかに信じがたい、ある種の自覚の投影であるように思われる。私は、彼の悪魔が測定不可能な素粒子レベルで働く自覚の描写であり、その自覚は老化の感覚を確認することができること、あるいは少なくともそれをやわらげることができることを示唆したい。

これまで言及してきた症状とワークする方法はすべて、レインボー・メディスンという看板の下にまとめることができる。それは多層的な自覚のワークである。あらゆる症状は、より大きな自覚と創造性に向けた潜在的な一歩を提示している。本書の第1部では、症状の中に埋め込まれた沈黙の力について述べた。第2部では、症状と社会生活との関係を見た。第3部ではこれまで、遺伝、活性酸素の中和、渇望の軽減に関連するインナーワークの経験に焦点を当ててきた。

レインボー・メディスンの介入はすべて、量子的な世界と関連する多様な次元や微細なシグナルへの自覚を必要とする。ある意味で、症状とは、明晰な注意力と自覚を求める警鐘である。ちらつくシグナルが強くなり、十分に持続するようになると、それが存在しないふりをすることはできなくなる。あらゆる形のレインボー・メディスンは自覚のワークなのだ。

本章では、自覚の強さが活力の強さと関連することを論じていく。自覚を高めると、利用可能なエネルギーが増大する感覚がもたらされる。利用可能なエネルギーの増大は、物理学においては熱力学の第二法則、ときに「宇宙の熱死」と言われる、いわゆるエントロピーの法則と関連している。

この法則は、すべての閉鎖系において、乱雑さが増大し、利用可能なエネルギーの量が減少する、と主張する。この法則の別の公式は、乱雑さのかわりにエントロピーという言葉を使う。法則によれば、時間の経過とともに閉鎖系のエントロピーが増大する。閉鎖系（以下に説明する）では時間の経過とともに、利用可能なエネルギーが少なくなるのだ。[*2]

しかしながら、レインボー・メディスンの観点からすれば、この法則は物理系だけでなく、老化や疲労を経験する、自覚のない閉じた状態の心をも描写している。この意味で、熱力学の第二法則は、少なくとも経験的レベルにおいては逆転させることができる。私は自覚がどのようにエントロピー、すなわち老衰の感覚を減少させ、そして利用可能なエネルギーを増大させるかを示していきたい。実際、自覚はある種の身体的な老衰を逆転させることができるかもしれない。

物理学の用語では、身体は開放系である。閉鎖系は時間の経過とともに劣化する。一杯の紅茶（これは閉鎖系である）にミルクを注ぐことを考えてみよう。最初、あなたは紅茶に渦を巻くミルクの見事な模様を見る。しかしまもなく、このカップのエントロピーは増大し、その見事な模様は紅茶の中に溶け、カップの中の秩序が減少する。思考を通じて秩序を定義するのではなく、直観に従って秩序の意味を探っていただきたい。

自然の法則は、時間の経過とともに紅茶が無秩序になることを予言している。統計物理学では、ミルクの模様が最初の秩序に戻る可能性は無限小である。たとえ、紅茶を一〇億回淹《い》れたとしても、そうした奇跡が起こることは考えがたい。

第二法則によれば、閉鎖系においては、系の時間経過とともに情報量が減少するという。合意的な情報と秩序の量が減少するのだ。ここで「合意的」という言葉を付け加えたことに注意していただきたい。なぜなら、物理学の法則は合意的あるいは測定可能な秩序に関するものだからである。しかしながら、セラピストたちは、多くの人にとっては秩序であっても、別の人たちにとっては無秩序になる場合があることを知っている。

エントロピーの法則

科学者たちは熱力学の第二法則[*3]を「エントロピーの法則」と呼ぶ。それはすべての科学者たちに一般的に受け容れられている普遍的な法則だが、しばしば「宇宙の熱死」と言われる。この第二法則は、（宇宙のような）閉鎖系が最終的に劣化するという[*4]。

物理学の第一法則は、閉鎖系のエネルギーが不変であるというものだ。第二法則は利用可能なエネルギーについて述べている。物理学において、それは仕事をすることのできるエネルギーを意味する。系が損傷を負っていなければ、それのエネルギーは熱に変容するが、仕事に利用可能なエネルギーはなくなる。

ＭＩＴ（マサチューセッツ工科大学）の学生だった頃、私はこの法則について学び、どうしたらそれを変化させられるかを考え始めたのだった。それが意識のない閉鎖系と仮定されている物理的宇宙にどのように適用されているかは理解しているが、それを身体、症状、老化プロセスに適用することはできないだろうか？　エントロピーについて考えてみたい。

エントロピーは利用可能（または利用不可能）なエネルギー

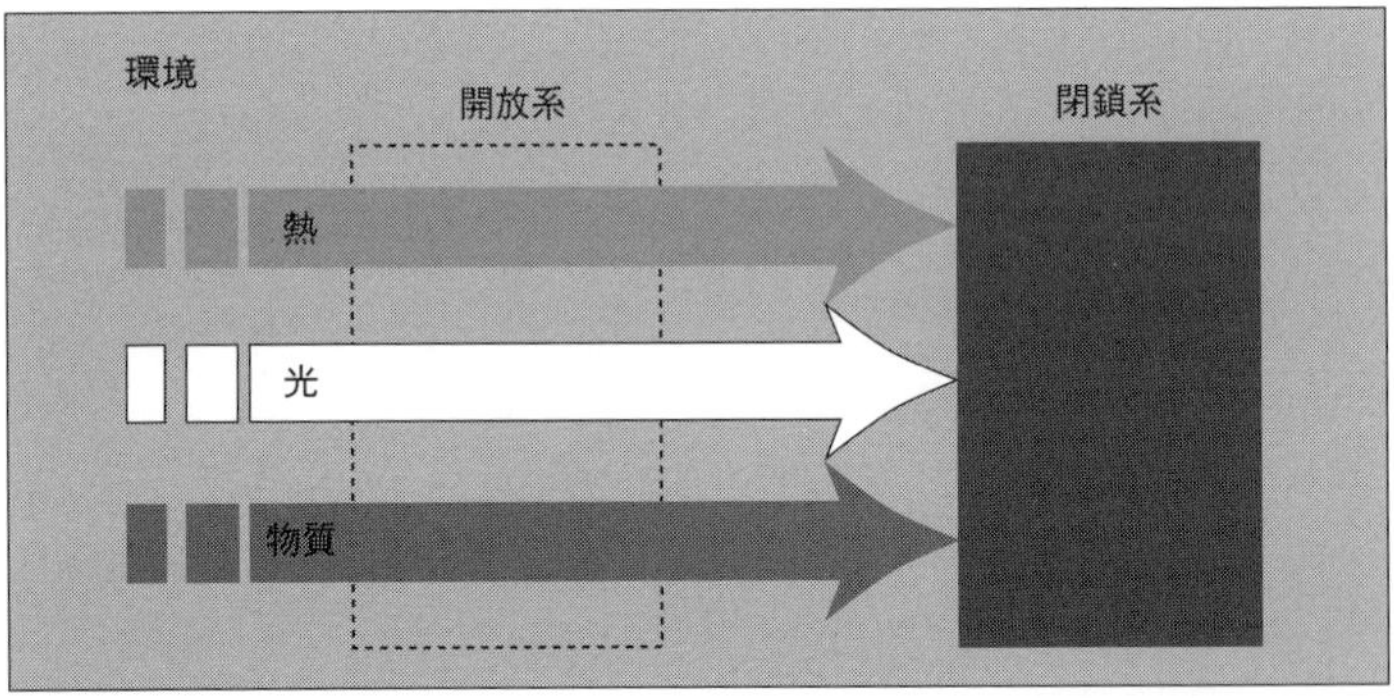

図18-1　熱、光、物質の移動における開放系と閉鎖系。

◇◇◇◇◇◇◇◇◇◇◇◇◇◇◇◇◇◇

の測定単位であり、系の無秩序を表わす状態量である。無秩序が増大すると、エントロピーは増大する。熱力学の第二法則では、閉鎖系である合意的現実の物理的宇宙は、無秩序に向かっているとされる。熱力学によれば、閉鎖系では、熱、物質、光が出入りできないのに対し、開放系では、光、熱、物質が自由に出入りできる。

◇◇◇◇◇◇◇◇◇◇◇◇◇◇◇◇◇◇

第二法則の科学的公式は、宇宙を閉鎖系とみなしている（下位の系のすべてとその環境を含む）[*5]。第二法則では、閉じた宇宙のエントロピーは常に増大するとされる。エントロピーの全体量あるいは合意的な無秩序が増大するのである。無秩序は時間の経過とともに増大する。閉鎖系では、何が起ころうと、エントロピーは増大することになる。秩序の観点から公式化された熱力学の第二法則によれば、宇宙（あるいはすべての閉鎖系）では、秩序の正味量は増大することはなく、減少する運命にある。既知のパターンはいずれ破壊される。

あなたの内面のすべてがこの法則に反発するかもしれない。そして、言うまでもなく、ルドルフ・クラウジウスが最初にこの第二法則を公式化してから、数多くの科学者たちが反発してきた。しかしながら、現在に至るまで、この法則を覆すことに成功した科学者はいない。劣化や老化はすべての閉じた宇宙で起こる。ある意味で、第二法則は常識のように考えられている。閉じたガレージの内側にダンプカーを置き去りにすれば、百年後にはさびてぼろぼろになっているだろう。これは熱力学の第二法則の身近な例である。

それにもかかわらず、この法則の真実性を認めることを拒否する反対者が常にいる。「局在的かつ

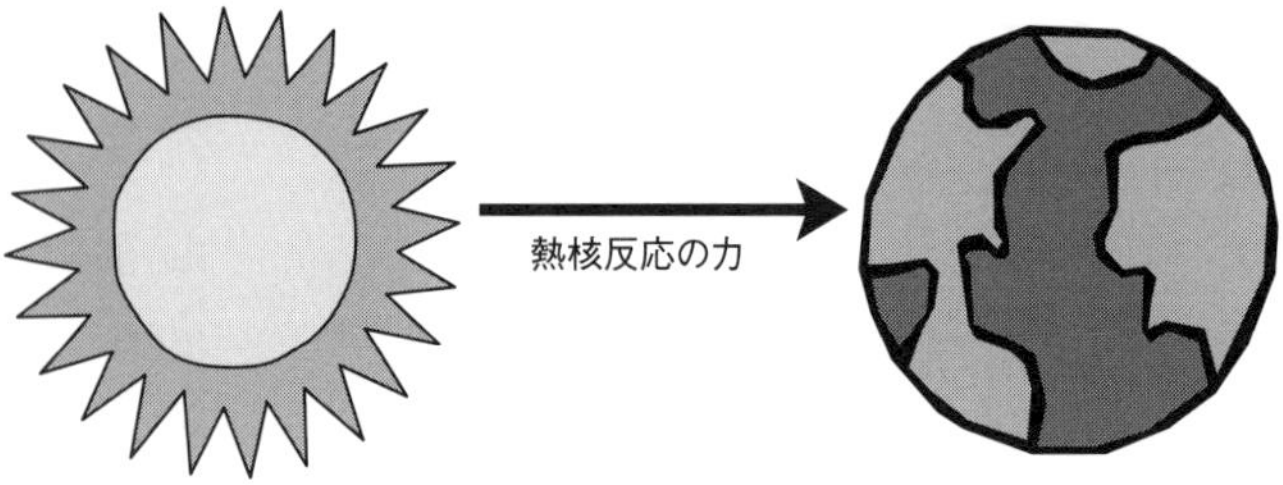

図18-2　地球の秩序は太陽の無-秩序という代価の上に成り立っている

地球は太陽の放射熱エネルギー（と太陽以外の宇宙からのエネルギー）に貫かれた開放系であり、自身の秩序を高めるために太陽のエネルギーを使う。さしあたり地球と太陽が閉鎖系であると仮定するならば、第二法則によって、地球上の秩序は太陽が燃えていることに起因することになる。私たちの進化、発達、創造的な観念、新しい道具などはすべて、太陽の熱核反応の力の減少に基いている。私たちは秩序の小集団にすぎない。使用する燃料や購入する物品を減らすことだけが、不可避である太陽の熱死を先送りにする。私たちのはかない人生は太陽の死と結びついている。

一時的な秩序は存在するに違いない。それに、なんといっても、人生は秩序正しく、意味に満ちている。人類は増大する秩序の例である。進化は秩序を創造する。ダーウィンでさえ、私たちは進化していると言った」

しかし、物理学者たちは答える。

「違う！　局在的な秩序は一時的なものにすぎない。地球の局在的な秩序は、残りの無秩序な宇宙の乱雑さの代価の上に成り立っているのである。あなたと私と他の人類みんな、私たちの進化と他の種の進化はすべて、太陽の恩恵に浴する惑星に生きる開放系の例である。一時的な秩序は、太陽エネルギーという代価を支払うことで成立しているのである！」

◎エントロピーの法則は人にもあてはまるだろうか？

もちろん、あてはまる。私たちは、閉鎖系における他のすべてのものと同様に、合意的現実における エネルギーの量や仕事を行なう能力という点では、いずれ劣化していく。外の世界から食物や物を取り入れる開放系という点から考えても、私たちは数十年をかけてゆっくりと劣化していく。

しかしながら、自覚が存在すれば、第二法則を逆転させる「マクスウェルの悪魔」(次節参照)という想像が正しいようにも思われる。次のエクササイズは、自分に利用できると感じられるエネルギーの量が、いつどんなときも、あなたの自覚のレベル次第であることを示す。言いかえれば、第二法則はすべての閉じた物理系と自覚のない心理系だけにあてはまる。物理学のあらゆる法則は、自覚が存在しない宇宙の鋳型である。

閉鎖系と開放系について考えてみたい。私たちは人を評する際、「開かれた《オープン》」とか「閉じた《クローズド》」という表現を用いることがよくある。物理学と心理学の両方において、閉鎖系とは、順応性がなく、外から新しい要素を取り入れることができない、あるいはそれを望まないシステム(人や物)である。物理学におけるエントロピーの法則は、合意的現実における不浸透性の宇宙を記述している。どのみち重力や並行宇宙に関する新しい概念が、この視点を最終的に変化させることだろう。しかし今のところ、現在の物理学は、宇宙の情報喪失(心理学的に言うなら、ある種の無意識)が、時間の経過とともに増大すると述べている。無意識は最終的に、自分が何者で、どこにいて、自分のプロセスがどこに向かっているのかに関する自覚を失わせる。

◎マクスウェルの悪魔――量子レベルの悪魔

一八六七年に、ジェイムズ・クラーク・マクスウェルは、時間を逆転できる力という妙案を思いついた。それは、自覚をもつ悪魔が、分子の極微の運動を探知することで、エントロピーの法則を逆転させることが可能なことを説明している。この悪魔は、少なくとも想像の中では、閉鎖系の無秩序を逆転することができる。

マクスウェルが想像した悪魔は、閉じた箱の中に座り、分子の流れを逆転させて、劣化している秩序を再創造した。[*6] この悪魔は、物質における意識の基本型であり、生起している事象に気づき、一定の選択をすることによってそれを制御する。この悪魔は、熱いものを箱の一方に集め、冷たいものをもう一方に集める。そうすると、最初の（熱い、冷たいという）秩序は劣化しない。この悪魔が事象を企てるため、閉鎖系のエネルギーが利用不可能になることはなく、情報は失われずに済むのである。箱の中を二部屋に仕切り、その開閉に関する自覚をもつことで、この悪魔は第二法則を逆転させたのである。しかし現在に至るまで、合意的現実において、そのような悪魔を見つけた研究者や、それを創り出すことができた科学者はいない。

けれども、マクスウェルの想像は、彼が認識していたより当を得ているかもしれない。マクスウェルは、ナノ現象やフラートに注意を払う能力である明晰な注意力を投影していたのではないか、と私は思う。このほとんど測定不可能な量子レベルの自覚は、ドリームランドで選択を行なうことのできる自覚の能力なのである。

マクスウェルの悪魔は心理療法の英雄となるかもしれない。それは、喪失（無視、周縁化、忘却、抑圧）した古いパターンを見ることで無秩序を逆転させる、私たちの中の一部分であるからだ。私にとって熱力学の第二法則は、最小限の自覚しか使わない典型的な合意的現実のライフスタイルの投影である。マクスウェルの悪魔は、ナノ現象の測定不可能な素粒子レベルで作動する明晰な自覚の象徴である。それは少なくとも老化の感覚をやわらげることができる。

マクスウェルの悪魔に投影された心理学の原理とは、合意的現実の無秩序の内に隠された秩序を見ることが、より多くの利用可能なエネルギーを創造する、ということだ。

症状の微細なシグナルを無視あるいは抑圧することが、抑うつや慢性疲労症状を引き起こす。症状を、注意を求める警鐘として認識することによって、無秩序から秩序が生まれ、より多くエネルギーを利用することが可能になる。自らの経験を周縁化し、無視するならば、あなたは自分が衰退する宇宙のように感じられるだろう。

私はマクスウェルの悪魔のことを「量子レベルの自覚をもった悪魔 Quantum Awareness Demons」と呼んでいる。それは原子や分子の運動、そして素粒子の現象を探知できる意識の明晰な光である。量子力学はマクスウェルが生きている時代はまだ存在していなかった。波動関数が編み出されたのは彼の死後五〇年ののちのことだった。しかし、もし彼が現在生きていれば、微細な傾向性、ドリームランドの量子波動、そしてそれらが私たちに与えてくれる誘導に気づき、従っていく能力をもった自覚に、間違いなく関心を抱いたことだろう。私は彼がこんなこと言うだろうと想像する。「自覚の中にちらつく微細な感覚のすべてを無視することが疲労の一因であり、実際の年齢よりも老いているように感じさせるのだ」と。

エクササイズ……負のエントロピー（ネゲントロピー）の自覚

以下のエクササイズは、利用可能な物理的エネルギーの量を増大させる悪魔の力を発見し、検証する機会を与えてくれる。あなたの人生の閉じた領域に特別な焦点を当てることにする。

＊楽な姿勢になり、老いについてどのように感じているかを考えてください。老いについて抵抗を感じることは何ですか？　その一方で、好ましいと感じることは何でしょう？　たとえば、自分の能力がより成熟していくという点で、老いを好ましいと感じる一方、活力の喪失や容姿の衰えについては抵抗を感じる人が少なくありません。老いとは生命が終わりに近づいていることだと考える人もいます。

＊準備ができたら、周囲を見渡して、もち上げたり、押したりするための何かを探してください。もしあなたが今、部屋で立っているなら、椅子をもち上げたり、壁を押したりして、自分にエネルギーがどれくらいあるか確認します。もち上げたり、押したりしながら、自分に「今、自分のエネルギーの何パーセントが利用可能だろうか？」と問いかけます。今のエネルギーの量を書きとめてください。それは八五パーセントでしょうか？　五〇パーセント？　一五パーセント？　自分を何歳ぐらいに感じますか？　たとえば今、私が椅子をもち上げると、思っていたよりも重さを感じました。私のエネルギーの五〇パーセントが利用可能といったところでしょうか。

＊あなたがもっている利用可能な筋肉エネルギーの量は、自分自身の内面の秩序の感覚に深く依存しています。そこで、自分の人生で無秩序さを感じる領域を一つ考えてみましょう。できれば、以前にワークした人間関係や身体症状ではなく、新しい領域——たとえば、仕事、財布の中身、机の上の乱雑さ、無秩序に思われる時間の使い方など——を選んでください。人から批判されたときの対応の仕方も、おそらく無秩序なものかもしれません。

＊あなたの生活の中で秩序を必要としているけれど、ないがしろにされている領域を見落とさないようにしてください。そうした領域がたくさんあるなら、今はその中の一つだけ選びます。この領域をあなたはどのような形で避けようとしていましたか？　この領域はどのような点で閉じられていると言えるでしょう？　この領域と関連する問題を忘れたり避けたりしていますか？　どのような仕方でそうした問題を忘れようとしていますか？　その問題についてもっと眠りこんでいようとしていますか？　問題についてただ不満を言うだけですか？　自分の意識から問題を追いやっていますか？　この領域に取り組むよりは、テレビや映画を観ているほうがいいですか？

＊こんどは、その無秩序な領域について考えながら、その領域が存在する空間を想像してください。その空間にはどんな色や運動が生じていますか？　人生の無秩序な領域を含んでいる空間の性質を自分自身の言葉で説明してみてください。たとえば、それは灰色、あるいは濁った色ですか？　渦を巻いてごちゃごちゃしているでしょうか？

＊この無秩序な領域があなたの身体の外にあると感じられるなら、その空間はどこに位置していますか？　身体の近くにその無秩序な領域をイメージしてみましょう。その空間に近い身体部位ではどの

ように感じていますか？　その領域に近い身体部位に何か症状がありますか？　いくつか身体症状がある場合には、一つ選んでください。これまであまり注目していなかったものを選ぶようにします。それは老いの感覚と関連する症状でしょうか？

＊その身体部位に関連する症状に焦点をあて、それがもつ二つの側面を確認していきます。たとえば、その症状の原因と推測（想像）されるエネルギーをイメージしてみましょう。そして次に、そのエネルギーないし活動の受け手側をイメージします。言いかえるなら、「症状の創り手」と「症状の受け手」との二側面をイメージするのです。

その二つの人物像について、できるだけ症状を深く感じる、あるいは症状を深く感じていると想像します。それからその感覚を拡げ、その強度を増幅します。注意力を使い、この強度を体現する人物像が浮上するまで、その感覚にとどまってください。たとえば、ガンガン痛む頭痛があるなら、怒っている人物像が浮上するまで、机をガンガン叩くなどして、その叩く側の感覚を拡大していくとよいでしょう（あるいは、そうしたプロセスをイメージしてください）。それに対して、叩かれることによって傷ついている繊細な人物像（または机）がもう一つの側面として浮上してくることでしょう。

＊それぞれの人物像が表現しているメッセージを見つけます。たとえば、怒っている人物像は、「自分のやり方を押し通すには叩く必要がある」と言っているのかもしれません。一方、繊細な人物像は、「そんなやり方はやめてほしい。あまりにも非情で、私は傷ついている！」と言っているかもしれません。

＊二つの人物像、すなわち症状を創り出す人物像と苦悩する人物像とを想像してください。その両方を絵に描いてみましょう。

＊そして、自発的な想像力を頼りに、自覚をもつ存在を創造していきます。この存在はその場に登場し、以上の二つのエネルギー間の葛藤を解決すると仮定します。二つのエネルギーと取り組むことのできる何か（誰か）――ファシリテーションの達人、精霊、スピリット、アニメのキャラクターを想像していきます。それらを絵に描き、また文章で記録しておきます。

ある女性の読者は、自分の世俗的な野心と、その野心のプレッシャーに押しつぶされそうな自分との間に葛藤を抱いていました。それら二つのエネルギー間の葛藤の解決を助けてくれる人物像として彼女がイメージしたのは、彼女自身驚いたことに、一人の司祭でした。司祭が彼女の両方の部分を祝福すると、それぞれがリラックスしていったのです。

＊準備ができたら、あなたを助けてくれるスピリット（精霊）、あるいは量子レベルの自覚をもつ悪魔になったところを想像してみましょう。ドリーミング・ボディの心理学的な閉鎖系に踏み込み、介入していくのです。その症状部位にある二つの側面の間の葛藤が解決に向かうよう、援助していくのです。

＊物語の結末を想像します。量子の悪魔に魔法のような仕方で介入してもらい、解決を見出します。症状部位に世俗的野心の存在を認めていた女性は、驚いたことに、葛藤している両方の部分がともに神を求めていることに気づきました（ここでは司祭は神を象徴するものと仮定されます）。彼女は、これまでにも幾度か自分の人生を「聖なること」に捧げてきたことに気づくまで、司祭と同一化す

ることをためらっていたようでした。

＊深呼吸しながら、その解決の感覚に焦点を当てます。できれば、症状のある部位で解決の感覚を感じてみてください。

＊エクササイズの最初に考えた人生の無秩序な領域に、この解決がどのように使えるかを想像します。最初の混乱――その空間、色、運動など――を思い出してください。そして、その領域がどのように変容したかに注意を払います（できれば絵を描いてください）。「ワーク」することを自分に無理強いしないように。解決がもたらされるまで、物事がただ内側で起こるにまかせます。

＊最後に、壁や椅子に戻り、このワークがエネルギー感覚にもたらした影響を確かめます。あなたに利用可能なエネルギーがどのように変化したか、わかりますか？

◎量子レベルの自覚をもつ悪魔

このエクササイズにはいくつかの目標がある。一つは、自分の人生の混乱状態に気づき、それが自分の身体にどのように関連し、影響しているかを認識することである。もう一つは、自分のエネルギーが枯渇したと感じるとき、それは疲労だけでなく、エントロピーの過剰（エネルギーの喪失と無秩序）のせいでもあると知ることである。

無秩序な領域は閉鎖系に似ており、葛藤についての無知、無自覚によって支配されている。そうした領域に自覚をもち込むことは、より多くの利用可能なエネルギーをもたらし、老化の感覚を逆転させる。時間がとめどなく前に進んでいくという感覚は、無視ないし封印された内的葛藤によって、いっそう強調される。自覚を使うことによって、無秩序な領域における相反するエネルギーは互いにコヒーレントになる。それまでは自分とワークするかわりに、自分に反してワークしていたのである。内的な葛藤に自覚の焦点を当てると、葛藤が逆転し、内的なコヒーレンスが増大するため、心身の健康をより感じられるようになるだろう。

あらゆる乱雑さは、自覚の潜在的可能性を無視した選択を反映している。日常的世界では、心の葛藤や不可避的な老化によって、自分は急速に老けつつある、あるいは身体的に弱くなっている、と感じるかもしれない。しかしながら、自覚を高めることが、この感覚を逆転させる。秩序や利用可能なエネルギーが創造され、結果として健康の感覚が生じるのである。[*7]

あらゆる無秩序な領域は一種の症状のようなものだ。その葛藤には二つの相反するエネルギーがある一方で、解決のためのエッセンスが欠けている。その結果、二頭の「馬」が協調するのではなく、互いに反対方向に引っ張り合っているという状況になる。自覚がなければ、あなたはこの隠れた葛藤状況を疲労や老化と呼ぶだろう。自覚があれば、あなたは超空間を加えることで、時間の方向を逆転させることができる。別の次元から来る「自覚をもった悪魔」を知ることが大切である。自覚をもった悪魔にとっては、永久に閉じられている合意的現実のシステムなどは存在しないのだから。

第19章　死は本当に一切の終わりなのか？

人生で恐れるべきものは何もありません。理解することが必要なだけなのです。

——マリー・キュリー＊1

肉体の死後、精神も消え去ると考えることは、鳥かごが壊されると鳥かごの中にいる鳥も消え去ってしまうと想像するようなものだ。鳥かごが壊されたからといって、鳥に恐れるべきものは何もない。

私たちの肉体は鳥かごのようなものだ。そして、精神（スピリット）は鳥である。鳥かごがなくても、鳥は眠りの世界を飛び回る。つまり、鳥かごが壊されても、鳥は存在し続けるのである。その感情はますます強くなり、その知覚はより大きくなり、その幸福は増大する。

——アブドル・バハ＊2

死がドアをノックするとき、安堵する人もいる。心の奥底の何かがこう言うのだ。「なんと幸せな日。これで自分自身と自分の限界から解放される」。しかし、死は逆説に満ちている。一方では、実際に死が近づいていることを初めて認識するとき、おそらくあなたは恐れを抱くことだろう。初めのうちは友人にも話さないでいるかもしれない。なぜなら、打ち明けることがもっと厄介な問題を引き起こすことになるかもしれないからだ。あなたと同様、友人たちも合意的現実の世界に生きており、来たるべき肉体の喪失だけに焦点を当てているのである。

あなたの合意的現実の意識や、友人にとって、おそらく死とは略奪であって、贈り物ではない。だが、死につつある人の立場から死について考えるなら、それはすべてからの自由を意味することもあるのではないだろうか。その自由には、死という概念そのもの――少なくとも「終わり」として捉えられた死――も含まれる。死が間近になると、あなたの見る夢は逆に人生を続けていくことに関するものになるだろう。一見したところ、終わりという考え方を無視し、多くの人々は次の段階についての夢を見る。しばしばなじみの超空間に入っていくのである。ある人は、地球上ではない「教室」で勉強する夢を見る。他の人は、人生でずっと鳥であったかのように、鳥になって夢の中を飛び回る、といった具合に。

ここまで本書では、人生の無秩序を、ワークすべき問題、他の諸世界や新しい秩序そして意味を秘めている領域として考えてきた。しかし、ここからは、明白な混沌のプロセスそれ自体に意味があると想定し、無秩序を新しい視点で捉えたい。死という「無秩序化」のプロセスに見えるものは、合意的現実におけるアイデンティティの終わりにすぎない。もはや単一の無秩序（腎臓や心臓の疾患、肺や胃の病気、卵巣がん、乳癌、前立腺がん）をもつことはなくなる。今や身体全体が大きな無秩序になる。老いは肉体のエントロピーを増大させる。しかし、ドリームランドでは、それは終わりではない。たくさんの人の夢の中で、死は古い自己からの解放のプロセスとして再解釈される。新しい事が今や可能になったのだ。

◎死の諸段階

死には数多くの段階がある。最初にやって来る死の脅威は、学校の先生に叱られることに似ている。「おまえの人生をまとめなさい！」　子供のように反抗した後、あなたは自分にとって最も意味を感じることを完了させようと試みる。死はこう言う。「人間関係でためらうな。おまえにとって最も重要なヴィジョンに向かって進み、自己を完成させるのだ」。おそらく、あなたは人生で多くの壁に突き当たり、前に進むことをためらってきたのではないだろうか。今や死があなたに必要な〝勇気〟を与えてくれるのだ。

別の観点からすれば、死の脅威は、まだ初期段階にすぎない変性（ぼんやりとした、あるいは不活発な）意識状態が、はっきりとしたものになることの脅威である。ある意味で、この十分に顕在化された変性意識状態は、あなたの人生の終わりまで待つ、といったことを拒み、今ここで顕現しようとしている。変性意識状態としての死は、それがあなたの人生の一部になることを求めて迫ってくる。それは死が近づいているからだけではなく、あなたの生き方があまりにも一面的で明るく、あまりにも外向的で他の人が考えていることばかりに関心を向けてきたからだ。死という変性意識状態の存在に対する同時的・並行的な自覚をもたずに日常生活を経験することは、大地に影を落とさずに太陽に当たるようなものである。

「死はおまえの最も大切な盟友だ」とシャーマンのドン・ファンは言う。並行世界に関心をもつ量子物理学者なら、「生のない死はない」ときっぱり言うだろう。*3 レインボー・メディスンのドリームランドや物理学の数式においては、生と死が（並行世界で）同時に存在する。死んでいなければ何も生きることはできず、ドリームランドで生がなければ合意的現実で死ぬことはできない。合意的現実における差し迫った死は、日常生活の中に存在するドリームランドの超空間への自覚を開く。死は、生に付け加えられることで、想像世界と無執着を生み出すのである。

死に向かうプロセスの別の段階において、死は極限的な変性意識状態の脅威となる。「チベットの死者の書」で言われる各バルド（この世とあの世の中間状態ないし領域）が典型的に表わしているように、死は、ヴィジョンや苦痛を通り抜ける能力を培うよう要求してくる。そうした変性意識状態で、多くの人が人生の未解決の問題、けっして満たされることのなかった渇望、古い硬直したパーソナリティを簡潔に直視する。おそらくそういった諸々のものは、身の毛のよだつ仮面に映ることだろう。生のこの段階で、死の脅威は、ヴィジョンの量子的世界、怪物やバルドの夢世界に精通することを求めるのである。*4 私の限られた経験では、そうしたヴィジョンはすばやく過ぎ去って行くこともあれば、あるいはまったく現れないこともある。人生の中でそうした怪物たちと闘ってきた人なら、とりわけそれが言える。

人生において、死は厳格な禅の師匠であり、棒（警策《きょうさく》）をもってあなたの前に立ち、自覚を深めていくことを促す。自覚がない場合には、驚異と苦悩に満ちたバルドを通り抜けるには、鎮痛剤やモルヒネを使うことが最良の選択かもしれない。私は人生の最後の日々に投薬を試みることを非難するつもりはない。しかしながら、死に近づいた人とワークしてきた経験から言えば、瞑想やイメージワークに親しむと素晴らしいことが起こるように思われる。それは人生の終わりにおいて最も畏怖させる状態を経験することを可能にするのである。変性意識状態と取り組む方法を学ぶなら、死を間近に控えた人生は、驚嘆すべきものになることだろう[*5]。

死がドアをノックするとき、合意的現実において老いた肉体を「治癒」したいという気持ちはもはやない。あまりにも長く死と闘っている人は、自らの内的な真実や最も真正なるパターンについて明晰になることを避ける可能性がある。死のような現象に自分を開くことのできる人は、死の中に無意味さではなく、混沌に似た懐かしい友人を見出す。スーフィーの詩人ルーミーは、一二世紀にこの考え方を言葉にしている。

自分自身でこの作業ができなくても、心配する必要はない。
いずれにせよ、あなたは判断を下す必要さえない。
あなたよりも多くのことを知っているこの友人は、
困難、深い悲しみ、病気をもたらすだろう。
あなたが「王手」という言葉を聞き、打ちひしがれた瞬間の、薬として、幸福として、エッセンスとして。
そしてあなたはついにアッラーの声と共に、
あなたが私を殺すことを信頼します、
と言うことができる。*6

日常的意識が自らを明け渡したときに何が起こるかを見るために、二つのエクササイズを考案した。一つは創造性に関するもの、もう一つは昏睡状態を通り抜けることに関するものである。

◎混沌と創造性

臨死経験の恐ろしい混沌や創造性について理解し、そうした状態に向けた準備をするために、次ページの図19-1を見ていただきたい。この図を使って自覚のプロセスを確認していく。準備はよいだろうか？　この図の下のキャプションを読んでいただきたい。

最初、たいていの人はこの図に何が描かれているのかわからず、その混沌さに落ち着かない気分を抱く。だが、辛抱づよく眺めていると、注意を引くいろいろな物が見えてくる。たとえば、ある人は対称的な星々や宇宙のイメージを見る。他の人は空っぽの空間、音符、雨、太陽の光、蝶の群れ、包装紙を見る。「一時停止」の交通標識が見えたという人もいた！

このエクササイズを行なうと、リラックスして混沌を受け容れれば、つまりあなたが自らを明け渡

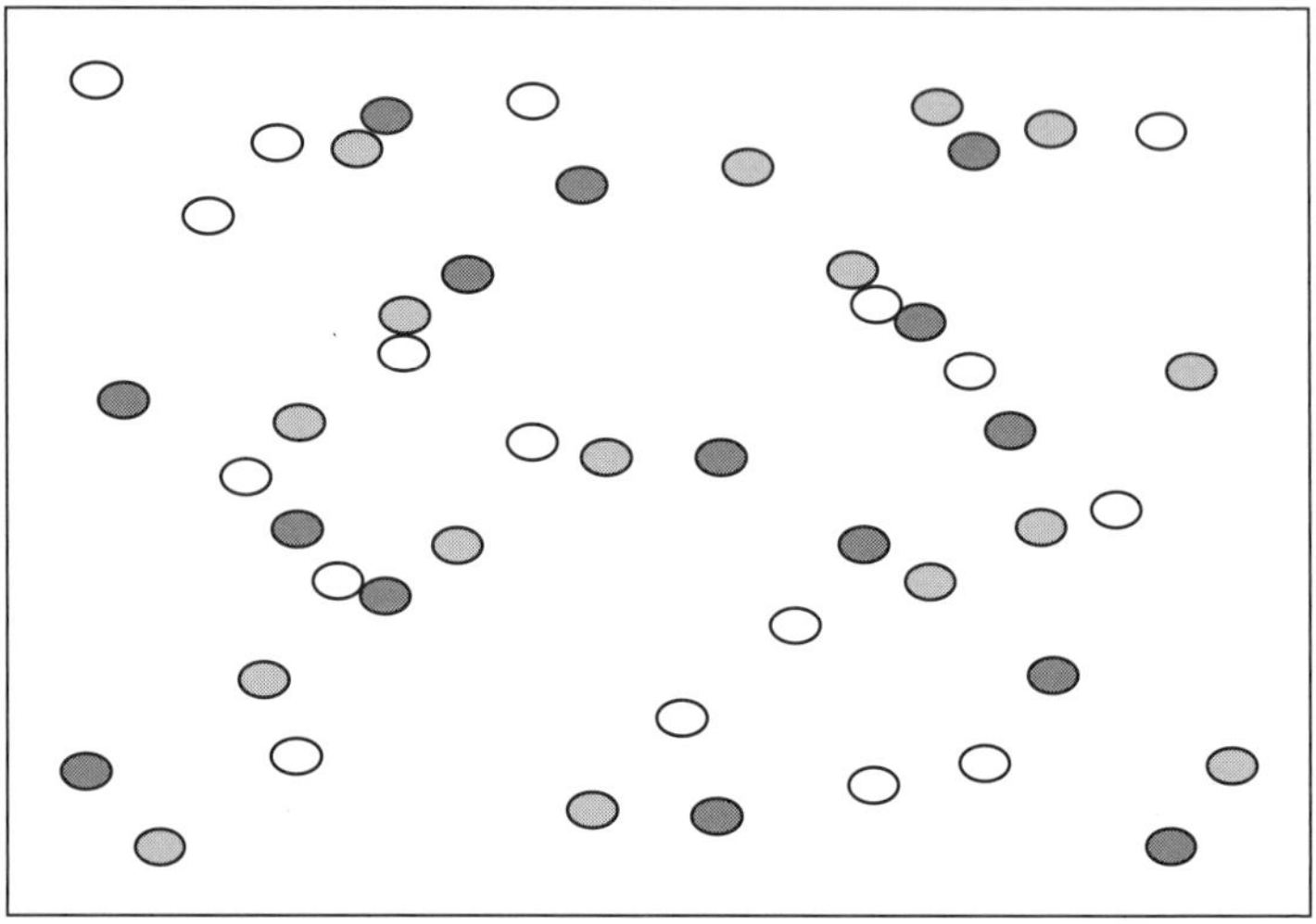

図19-1　この図にフラートされてみよう。準備ができたら、目をリラックスさせ、深呼吸をして、「解き放つ」。できるだけ夢を見ているような感じで、この図にフラートされてみよう——ゆっくり時間をかけて、何かがすばやくあなたの注意を引くにまかせる。不合理な何かでかまわない。それを記憶に保つ。何があなたの注意を引いただろうか？

すなら、沈黙の力が必然的に新しい何かを創造することがわかるはずだ。要するに、ある世界で混沌や無秩序として現れるものは、別の世界の潜在的な情報で満たされているのである。死や臨死において、無秩序の混乱状態が合意的な秩序を解体したとき、新しい宇宙や生き方が浮上する場合がある。〝生〟は肉体の存在だけに縛られていない。それには自覚の自発性や創造性も含まれている。ドリーミングが宇宙を再創造するのである。*7

死の概念は恐ろしい。が、死があなたを目覚めさせるとき、古いアイデンティティが消えていき、変化の可能性が生じる。これはエイミーと私が数年前にワークしたペーターの最後の言葉を思い出させる。彼は白血病で死につつあった勇敢な男性である。私たちの援助により、彼は昏睡状態から目覚め、静かに亡くなる直前に一時的に息を吹き返した。亡くなる前に、彼はチューリッヒの病室で恍惚として叫んだ。「僕は……それを……見つけた……僕はずっと……探し続けてきた……もの……を……見つけた……人生の鍵は……鍵は……新しい路面電車だ……計画……すべては計画に……基づいている……すべて……それ……はここに……アーニー〔著者〕が僕とワークする以前から」*8

ペーターは人生の最後の段階まで、チューリッヒの大衆紙「ターゲス・アンツァインガー」で新聞記者として働いていた。私たちは、合意的現実においてのみ、彼は実際の人物であると言うことができる。彼の人生の終わりに浮上した計画（チューリッヒを走る都市路面電車システムの複線の地図）は、ある種のパイロット波であった。彼の〝意図をもつ波動〟は、新しいチューリッヒの地図だったのである。彼は自分の内的ネットワークの形が、同時に「新しい」チューリッヒの構造であることを認識した。

大きな視点からすれば、私たちは誰もが地図である。私たちは誰もが、沈黙の力として身体的に経験される、「意図をもつ場」の上に成り立っている。病気、喪失、なんらかの激変の経験を通して無秩序が避け難くなったとき、それはあなたの合意的な道を混乱させる。けれども、（実は）いつもそこに存在していた秩序立った計画が再び浮上する。私たちが肉体に位置づけられた存在である、という合意的現実のアイデンティティを手放すことができるなら、本当の自己がある種の永遠なる意図、いたるところに広がる非局在的な計画として浮上し、似たような意図をもつすべての人々を包含するようになるのだ。

ノーベル賞物理学者のウォルフガング・パウリはこのことを認識していたにちがいない。なぜなら、亡くなる直前に彼は、「ドリーミングが物理学の背景である」と述べているからだ。私は前に、「カンガルーを殺すことはできるが、カンガルー・ドリーミングをなくすことはできない」というオーストラリアのアボリジニーの言い伝えを引用した。私は、アボリジニーの長老ルイス・オブライエン氏が、誰も気づいていないがアデレードの都市計画は赤カンガルーの輪郭の上に成り立っている、と指摘したことを述べた。[*9] 時間を超越した永遠なるパターンは、大地あるいは宇宙の構造の一側面なのだ。

◎昏睡状態

私は人生の折々で死を恐れてきたが、死につつある人々の変性意識状態に対して数多くのワークを行なってきた結果、今の私は死については安心している。臨死の昏睡状態は、必然的に、重要な方向性、新しい段階、計画、地図を明らかにするように思われる。それは人生の他の何よりも「意図をもつ場」を明らかにするものだ。[*10]

劣化と混沌だけが、臨死で起こる昏睡状態を支配しているのではない。昏睡状態は自覚の終わりではない。昏睡状態を通り抜けた人の経験、そして西洋の病院で「死」を迎えたチベットの僧たちが「死」後何日も普通でない体温を維持したという逸話や記録から判断すれば、[*11] 明白な死の後に自覚が持続する可能性を考慮しなければならない。

現在、死の診断は脳あるいは脳幹の無反応に基づいているが、これはまもなく不十分なものとなるだろう。ナノサイエンスが発展するにつれて、反応は原子レベルで測定されるようになり、現在の合意的現実における死の定義は難問に直面することになるだろう。生はナノ反応の観点から測定されることになると思われる。

強烈な変性意識状態あるいは昏睡状態とワークすることが、最も簡単な、しかし最も劇的な、沈黙の力を探求する方法の一つである。以下のエクササイズは、自分自身やそうした臨死状態にある人とワークすることの助けになるだろう。[*12] このワークでは、合意的現実のシグナル（呼吸、手やまぶたのかすかな動きなど）と同時に、微細な非合意的シグナルに従うために明晰な注意力を組み合わせて使う。すべての次元に対する自覚が鍵である。臨死状態に内在する潜在的な創造性を探求するために、マクスウェルの悪魔を思い出していただきたい。昏睡のような状態で想像力を使うのだ。

エクササイズ……昏睡状態――目覚めの瞬間

＊まずは、しばらくリラックスして、吸う息と吐く息のリズムに注意を向けてください。そのリズムに身をゆだね、漂うような心地よい状態に入っていきましょう。準備ができたら、昏睡状態に入っているところを想像してください。この想像上の経験に時間をたっぷりかけていきます。昏睡状態に入るにつれて、たとえば疲労状態とは、この変性意識状態へと誘導する企てであったのかもしれない、と気づく人もいるかもしれません。リラックスして、昏睡のような状態の中で、ただ自分自身の呼吸に

従い、呼吸だけに気づきを向けてください。

*リラックスした状態でありながらも、明晰である注意力を心がけます。しばらくして、身体のひきつりやそわそわした感じ、といったものが注意を引いたなら、そうした経験に気づきを向け、従っていきます。明晰な注意力を心がけ、ちょっとした経験を信頼していきます。特に、目覚めに向かうかすかな傾向を捕えます。

まぶたがひとりでに開き始めるかもしれません。あるいは、指や手が勝手に動く場合もあるでしょう。もしかしたら、音に注意を引かれるかもしれません。なんらかの音や動きの傾向が生起する瞬間に注意を払ってください。

*そうした瞬間は創造に満ちています。そのプロセスを捕えたら、ゆっくり時間をかけて、ドリーミングの力の自発的な性質に敬意を払い、呼吸のリズムとともにそれを展開していきます。ヴィジョン、想像、物語が浮上してくるかもしれません。たとえ最初はとても不合理に思われたとしても、自分の体験の目撃者でありつづけてください。

*イメージが浮上し、自然に完了していくと、次にあなたは自分がより覚醒し、また動きたくなっていることに気づくかもしれません。その場合はこの時点で、そのイメージや経験の意味について考えます。人生の道が今のイメージの中に潜んでいたり、象徴されていたりしませんでしたか？　たとえば、死を恐れていたある内気な老女がこのエクササイズを行なったところ、「自分を目覚めさせる鳥」を体感しました。このエクササイズを行ないながら自宅の庭で静かに横になっていると、一羽の鳥の声がやさしく耳に飛び込んできて、彼女を「昏睡状態」から連れ出したのです。最初、彼

女はその鳥に意味があるとは、ほとんど信じることができませんでした。というのも、その種の鳥の声はしょっちゅう彼女の注意を引いていたからです。しかし、イメージの自発的な展開にまかせていると、彼女は鳥のように周囲を自由に飛び回り、家の向こう側をも見渡しながら、家族にアドバイスを与えている自分に気づきました。「アドバイスを与えることが自分にとって大事なことだと発見するなんて、驚きだわ」と彼女は語ってくれました。この経験の後、彼女は自分の内気さを手放し、家族に自分の知恵を伝えるようになったのです。

このエクササイズは、臨死経験だけでなく、合意的現実の焦点が弱まったときに浮上する自発的なエネルギーや創造性の感覚を与えてくれるだろう。そのとき沈黙の力が最もよく聞こえるようになり、それが常にそこにあったことに気づくのである。このエクササイズを通じて、もしかすると、あなたは非常に深い次元にまで行き、自分の人生を特徴づけるより大きな、そしてより基本的なパターンの一部を発見したことだろう。そうしたパターンは、ハイゼンベルクといった量子物理学者たちがいう「量子波動の傾向性」——合意的現実の中の諸傾向——から導き出せるものなのかもしれない。

◎時間を超越した道

私の経験では、臨死状態とエクササイズ中の私たちの生理状態は非常に異なっているにもかかわらず、日常的意識が弱まった状態で生起する感覚や現象（今のエクササイズであなたもおそらく経験したような）は、臨死状態に典型的なものである。隠された地図や鳥のように飛びまわる経験は、自分自身の新しい部分を考える勇気を与えてくれる。そうした経験があなたを新しい人――より包括的そして超空間的な観点をもち、多次元への自覚のある人――に生まれ変わらせる。臨死体験から目覚めた人は、たいていより人間的かつ意識的になり、永遠なるものだけでなく、人類やこの世のすべての生き物と同一化することができるように思われる。

この新しい人は、あらゆる道の背後にある道を歩んでいる。この道は、あなたが行なうすべて、行なってきたすべて、そして行なうことができたとあなたが夢見るすべての背後にあるように思われる。パイロット波がすべての並行世界の合計であるように、あなたが歩むことのできるすべての可能な道は、より中心的な、時間を超越した道のさまざまな支流である。

たとえば、あなたのもつ多くの並行世界、多くの道のひとつとして、合意的現実におけるあなたのアイデンティティ、日常的自己が存在する。別の道には、あなたの最も愛する人が含まれており、また別の道には、あなたが嫌う人たちがいるかもしれない。さらに別の道には、泥棒、ヒーラー、恋人、敵、野心、寛大さ、死などが含まれているかもしれない。

量子論では、粒子は可能な道を同時に進んでいると理解することができる。同じように、夢の中で、そうした道のすべてを一晩のうちに自ら歩んでいることを発見することもあるだろう。日常的現実では、そうした道のうちの一つのみを選択することになりがちだが。

カルロス・カスタネダはその著書『呪師になる――イクストランへの旅』の中で、畏怖すべきシャーマンの師ドン・ファン・マトゥスの言葉を紹介している。ドン・ファンはすべての道について触れ、「どの道も一つの道にすぎない」と述べている。ドン・ファンのエッセンスの視点からすれば、すべての道はどこにも行き着かない。どの道も一つの道にすぎないがゆえに、賢者は心ある特別の道を選ぶ。それは恐れや野心のない道である。それは年老いた賢明な人としてあなたが選択する道である。この時間を超越した道は、あなたの気分を良くし、喜ばせる。それは他のすべての道の合計かつエッセンスであり、合意的現実における人生の終わりに近づいたとき、あるいは深い変性意識状態にあるとき、はっきりと浮かびあがってくる道である。

アボリジニーの世界観では、合意的現実とドリーミングの関係性を月の二つの側面として理解する。月の明るい部分は日常（合意）的現実を象徴し、暗い部分はドリーミングを象徴する。後者は、月明かりの夜に月の明るい部分だけを見るならば、気づかれることのない部分である。[*13] 月の暗い部分も、ドリーミングの背後の力、すなわち沈黙の力のもう一つのイメージである。月の明るい部分が見えないときも、暗い部分はそこにあり、光が戻ることを待っているのである。秩序と無秩序はどちらも人間のパターンの一部である。そして、宇宙のパターンの一部でもある。

私は最近、タオイズムにも月についての似たような考え方があることを発見して驚いた。中国研究家のフランク・フィードラー博士によれば、「（『易経』に見られる）変化の概念は元来、月の満ち欠けの変化に基づいていた。最も古い形において、『変化』を意味する漢字の『易』は、月の暗い部分と明るい部分を示す象形文字であった[*14]」と述べている。

月の暗い部分と明るい部分を表わす象形文字の「易」は、月の変化を表現しているのだ。それの基本的な考え方は、人生のある部分が目に見えるようになると、目に見えない部分が退き、……そしてその逆も同じということである。何かが意識化されることで、未知なる何かが隠されてしまうのだ。

こうした考え方は、変化の原理を説明する、中国の『易経』の謎めいた神秘的な言い回しに豊かに表現されている。『易経』によれば、「過去を振り返ることは、前に進む動きに依存する。将来を知ることは、後ろに進む動きに依存する。それゆえ『易経』の数は降順になっているのである[*15]」。

『道徳経』の中で老子は、「言葉にすることのできるタオは、永遠のタオではない」と述べている。この文章で老子は、人生で重要なのは、目に見えるものではなく、目に見えないもの――事象の背後に存在する動機や傾向性――であることを強調している。物理学者デイヴィッド・ボームは、普遍的だが事象の背後の不可視の流れである波動関数について、とても似かよったことを言っている。「(……)明示的に定義できず、暗示的にしか知ることのできない普遍的な流れがある。それは普遍的な流れから抽出される明示的に定義可能な形や姿によって示唆される。あるものは安定しており、あるものは不安定である。この流れの中では、意識と物質は分離した存在ではない。それらは一つの全体性、分割不可能な動きの異なる側面である[*16]」

◎ゼロサム・ゲームを超えて

沈黙の力、心ある道、言葉にすることができないタオ、太極、ドリーミング、ボームのパイロット波――これらすべては、日常的現実の背後にある、精神物理的な本質と考えられる基本的パターンの諸側面である。日常生活において、われわれは人生の浮き沈みやバランスを作り出すこの道をいとも簡単に無視してしまう。この道を無視することは、死への恐怖、時間を超越した道を求めることへの恐怖につながる。この捉えがたい道は、測定したり、計算したりすることができない。それは合意的現実の観点からすれば「無」に等しいとも言える。けれども、非局在的そして無時間的であるがゆえに、それは人生の中心的あるいは本質的な経験なのである。それがなければ、人生は一次元的で抑うつ的なものになるだろう。

一九三〇年代に、当時の卓越した数理物理学者ジョン・フォン・ノイマン（量子物理学の数学的基礎を初めて明らかにした人物）は、数学がどのように意識からやって来たかを示した。意識は数学をもたらした原初の現実であり、そして数学から物理的世界がもたらされた。合意的現実の物理的世界は（量子波動関数といった）数学の顕現であるという考え方である。言いかえれば、合意的現実の世界はより深い諸現実の顕現であり、それ自体は根源的な現実ではない。

日常的現実に気を滅入らされることは少なくない。なぜなら、それはフォン・ノイマンの言葉を借りれば、ある種のゼロサム・ゲームだからである。あまりにも多様な人生があり、合意的現実では収まりきらない。あなたが何をしようと、歴史の現時点では、寿命を一二〇歳以上に延ばすことはできないだろう。あなたは死を克服することはできないのである。

そうした現状において、あなたは選択することができる。合意的現実のゲームにとどまるか、あるいは、より根源的な現実である沈黙の力の自覚に移行するか。別の時空間からやって来る、この非局在的なパターンは、極微のミクロ生理学的な動きや、一見、無意味なフラート的な思いつきに現れる。そうした傾向に注意を払い、この根源的な現実、個人の寿命を超えて動く超時間的な意図と近いところで生きること。そのとき、時間と空間、生と死、人と粒子といった合意的現実の概念は、あなたがずっと歩いてきた（そして常に歩いていくであろう）時間を超えた道を描写するには不十分であることを知るだろう。

第４部　量子の悪魔のライフスタイル——時間から解放された身体

第20章　非局在的医療《ノンローカルメディスン》の実践

量子系は内的な関係性をもつ。出会いの後に、それぞれはそれ自体よりも大きな新しい何かの一部になる。

——ダナ・ゾーハー[*1]

悟りを得た人（……）の意識は宇宙を抱擁し、宇宙は彼の「身体」となる。そして肉体は普遍的な意識の顕現となる。

——ラマ・アナガリカ[*2]

「マクスウェルの悪魔」とはある種の自覚／意識の投影、すなわち、混沌状態や臨死状態にあっても覚醒を保つことによって無秩序を逆転させるような自覚の投影であることを私たちは見てきた。また、熱力学の第二法則とは、「家に誰もいない」ときに（閉鎖系に自覚が存在しないときに）どのようなことが起こるかを示すおとぎ話であることを提示した。この「法則」は、自覚をほとんど使おうとしない現代の典型的なライフスタイルの投影である。その結果として、利用可能なエネルギーがどこからやって来てどこへ行くのか、常に不確実になる。マクスウェルの悪魔は、暗い家に明るい光をもち込むことによって、すなわち測定不可能なナノ現象に「明晰な注意力」をもち込むことによって、すべてを逆転させる。明晰な注意力は、どのようなところにも利用可能なエネルギーを見出していく。本書の第4部では、この明晰な注意力を日常生活に統合する方法について提案したい。

レインボー・メディスンにおける人の概念は、物理学における粒子の概念に似ている。点としての粒子が合意的現実に存在しないのと同じように、人と呼ばれる特別な実体も存在しない。エッセンスにおいては、私たちは沈黙の力によって描写される場である。「沈黙の力」の道は私たちを動かし、私たちの意図が共有されるいたるところに広がっている。

人生において中心的な役割を演じているのは非局在性であり、レインボー・メディスンの概念や実践においても同じことが言える。すべての現象と同様に、症状は肉体の中にのみ存在するのではない。症状は観察可能な特徴として主に肉体に現れ、それに応じた治療を必要とするが、症状には非合意的な、空間のように広がった性質もあり、それが現れた場――人間関係、コミュニティ、世界、過去、未来など――に応じた治療が必要である。

現代の医療従事者の多くが患者の肉体に結びついた局在的現象の治療を基本と考えるのに対して、シャーマンは常にコミュニティ指向であった。シャーマンは何世紀にもわたって、遠隔地の人を援助

プロセス指向医学の概念

［意図をもつ波動／パイロット波］　パイロット波はボームの編み出した概念で、量子波動関数から導かれたものである。このような波動の場は、微細な傾向性あるいは沈黙の力として経験される。そうした波動や力は導き《ガイダンス》として経験される情報である。それらの意図は、経験がひもとかれることがなければ、けっして明確に理解されることはない。

［量子の自覚を持つ悪魔］　「マクスウェルの悪魔」は物質に対して意識や自覚が投影されたものであり、人間さらには宇宙の自己反射する傾向の投影である。個人の人生の中で、量子の自覚をもつ悪魔は、フラートに気づき反応する繊細な能力に現れる。多くの物理学者らは、量子的現象は日常的意識とは隔絶した仮想的現実であると考えているが、悪魔の明晰な自覚は、一見密閉されているかのような合意的現実の世界に亀裂を入れ、（熱力学の第二法則に基づいた）合意的現実の測定や予測を超えた傾向や沈黙の力を感じ取る。

　言いかえると、日常的な心は、微細なナノ現象に気づくことができないように思える。しかし、マクスウェルの悪魔と同じように、自覚は日常的な平凡な現象を逆転することができる。この悪魔は合意的現実では見出すことはできないが、それは存在しないからではなく、測定不能な量子的現象を内省する能力の中に棲んでいるためである。量子論では数式の中にそれを見出すことができる。*3 あなたと私との関係の中では、この悪魔はフラートに対する両者の自覚に現れる。この悪魔は誰もが生まれながらに受け継いでいるものであり、自然の自己反射の中にどこにでも見出せる明晰な能力である。それが実際の世界の諸相を顕現させる。この悪魔は最も微細な沈黙の力を探知することができ、日常的意識が眠っているときでさえ意識を保っているのである。

悪魔の自己反射傾向は、存在や生命の確率を創造する。それは沈黙の力の自己反射能力を人物化したものである。

【観察と周縁化】　沈黙の力の自己反射傾向は合意的現実を創造する。逆に、自覚は、あたかも並行世界や沈黙の力が存在しないかのように、それらを周縁化することができる。生命の想像的な質《クオリティ》を無視することによって、もっぱら測定できる物や考えに焦点を当てる合意的な日常的現実が創造される。しかし、周縁化された諸現実は、問題、人、症状と呼ばれる現象に埋め込まれて再び浮上してくる。

【非局在性】　非局在性とは傾向性のもつ無空間的・無時間的性質を指す（物理学の数式においては、そしてあなたの内的経験においては、非局在性は空間のような、そして時間的に似た質をもちうるが）。非局在的な情報は、夢、想像、直観、漠然とした場、絡み合うフラートに現れる。それは合意的現実で測定するにはあまりにも高速で、反復不可能で、不合理な、束の間の断片（プロセス）である。

【展開と重ね合わせ】　沈黙の力は自己反射し、展開し、昼夜に散在している無数の夢のような断片や、一瞬のうちに過ぎ去るものの観察を通して合意的現実の中に現れる。そうした断片や観察は本質的に合意的現実から切り離されている。それらはまるで分離した宇宙であるかのように、並行世界に存在する。重ね合わせとは、すべての断片それぞれが、本書で「心ある道」と比喩的に呼んでいる合計の一部であるという意味だ。それぞれの分離した世界は沈黙の力の一側面である。

するために、潜在的な非局在性現象を活用してきた。非局在的医療の効果をより深く理解するなら、コミュニティにおける（そしてもちろん医師の）経験を患者の健康状態により十全に組み入れることができるようになり、医療行為のかたちも変わってくるのではないかと私は思う。現在、医師のほとんどは自分の気持ちを封じ込め、患者と感情的に関わらないよう訓練を受けている。

理論的そして経験的に、あなたと私は夢状（夢次元）の場に浸っており、その場の文脈が症状のワークを局在的、非局在的、そして想像的なものにする。こうしたより広い視点がなければ、私たちは自分を多次元的な宇宙に結びつける鮮明な経験や投影を切り離して、ある種の一次元的な局在的医療を実践せざるを得なくなる。

◎コミュニケーションと並行世界

「医師と患者」の関係における非局在性を、医療の実践としてどのように利用するかを探っていく前に、必要となる考え方を本書から以下に要約する。

非局在性は、私たちがあらゆる存在に対して抱いている、微細な内なるつながりの感覚の大部分を説明する。レインボー・メディスンは症状とワークする際、さまざまな方法で非局在的現実に取り組んでいく。たとえば、これまでの章で、私は身体症状、人間関係、コミュニティの諸問題の非局在的なつながりを指摘した。ここでは、症状とワークするときに利用可能な対人関係における非局在的世界を探求したい。

他のあらゆる現象と同じように、人間のコミュニケーションは多層にわたっている。一つひとつのシグナル交換は多層的現実を含んでいる。まず、私たちは合意的現実のレベルではっきりと指摘できるシグナルを互いに送り合っている。すなわち、私たちは目で見たり、耳で聞いたりできる仕方でコミュニケートしている。この次元で私たちが話したり、行なったりすることは、ビデオカメラで撮影することができるだろう。そうした目に見える合意的現実のシグナルのいくつかを私たちは認識しているが、他の多くのシグナルについては、可視的なものであるにもかかわらず、目に入らない(無意識であると思われる)。

私は、自分が発信している(そしてビデオカメラで撮影できる)にもかかわらず、同一化できないシグナルを、「二次シグナル」あるいは「ダブルシグナル」と呼んでいる。私たちはそのようなシグナルを発信していることを認識することができない。[*4] 私はこうしたシグナルのメッセージが夢に見られることを見出した。たとえば、自分が興奮していて情熱的なシグナルを送っていることに気づいていないような場合、夢の中に情熱的な人物が登場する可能性がある。

ドリームランドに根ざすダブルシグナルや微細なフラート、深いエッセンスの感覚は、私たちを互いに絡み合わせ、人間関係を多次元的で驚くべき現象にする。対人関係は、合意的現実での人間関係に関するアイデンティティ(たとえば、医師‐患者、教師‐学生、親‐子、友人同士、恋人同士など)と、絡み合うドリームランドとエッセンスのシグナルおよび諸経験のすべてを合計したものと定義できる。合意的現実のあなたと私は、私たちの関係性に内在する沈黙の力の二つの側面にすぎない。

シグナルとダブルシグナル

シグナルとダブルシグナルについて、次の例から考えてみたい。クライアントがあることについて、心配である、と語っているとしよう。それに対してあなたは「心配しないでください」と応えている。

しかしながら、あなたは、クライアントが頭をうなだれ、表情を曇らせながら、「落ち込んでいます」と非言語的コミュニケーションによって伝えていることにはほとんど気づいていない。ビデオで見直してみれば、その様子に気づくだろうが、彼女と話しているとき、あなたには見えていないのである。ビデオを見ていると、彼女の非言語的メッセージに対して、不意に自分の肩がすくんだことをあなたは発見する。まるで、彼女の落ち込んだ表現に対して、「どうしたらよいかわかりません」と言っているかのようだ。以下の図は二者間のそうした力の働きを描いている。

合意的現実のシグナルは意図されており、その存在は合意されるだろうが、ダブルシグナルは意図されておらず、自覚がなければ、共有されている意味に気づくことは難しく、合意されることはない（たとえば、私たちは人と会えば互いに笑顔を交わすが、同時に他の微細なダブルシグナルを無視していることに気づいていない）。

図は、ダブルシグナルが互いに絡み合っていることを示唆している。意図されていないシグナルは、不快な、あるいは困惑させる微細な反応を引き出す。それは自覚を使って展開すれば、「どうしたらよいかわかりません」「私が助けましょう！」「私はどうでもいい！」といった気持ちとして表現されるシグナルであるかもしれない。ダブルシグナルの研究のためにビデオを見たとしても、誰が最初に何を行なったか、どういったシグナルを送っていたかを簡単に同定することはできない。あらゆるドリームランドの現象と同じように、あなたとクライアントのシグナルは非局在的である。つまり、それらは結びついており、絡み合うプロセスなのである。
ビデオカメラで撮影できる可視的シグナルやダブルシグナルに加えて、合意的現実の表面には現れていないが、確かに感じられる前シグナルを忘れてはならない。前シグナルは、多くの場合フラートのような身体経験であり、明晰な自覚にはフラートやちらつきとして現れるが、ビデオで撮影するにはあまりにも微細すぎる。しかし時間がたつと、それは多くの場合、可視的シグナルとして現れる。

合意的現実において
クライアントが「心配です」
と言う。

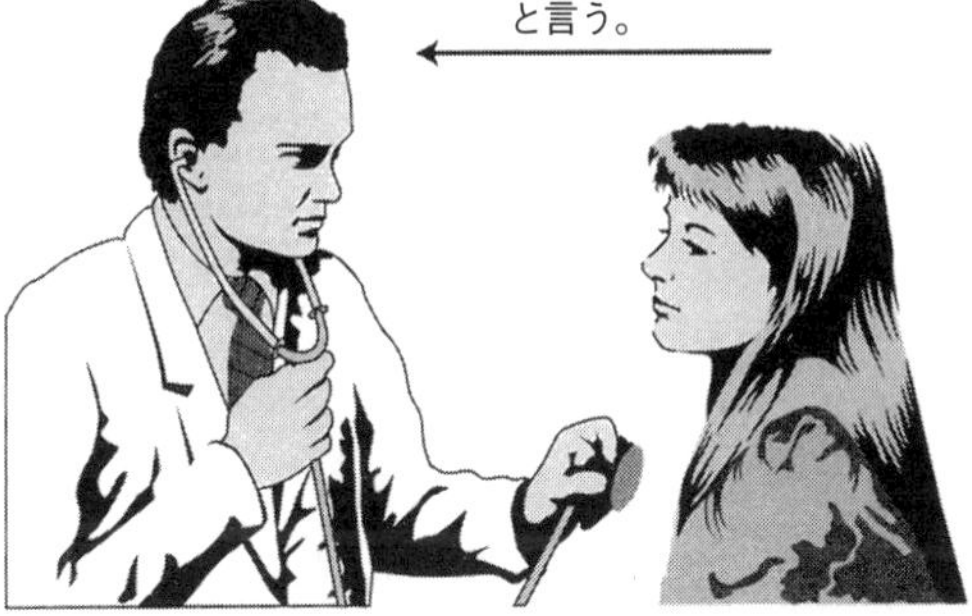

援助者は「心配しないでください」と応える。

ダブルシグナル
同時に、ほとんど見ることのできない並行世界において、クライアントは「落ち込んでいます」とダブルシグナルを出している。

援助者は、ダブルシグナルで「どうしたらよいか分かりません」と応えている。

図 20-1　二つの世界のシグナル

エッセンスならびにドリームランドの世界は基本的に非局在的である。それらのシグナルや前シグナルを、あなたないし私のものとして明確に位置づけることは困難だ。それらはいたるところに存在する。一方、分離した、そしてたいてい葛藤しているシグナル（「はい」と言いながら、意図せずに首を横に振るしぐさなど）は、私たちが互いに共有している多様な世界や関係性に起因している。私たちが人間関係と呼ぶものは、実際は、すべての諸世界の組み合わせであり、「重ね合わせ」であるが、その内の多くは日常生活から周縁化されている。たとえば、私たちはある世界で合意しても、別の世界で論争の真っ只中にいるのかもしれない。ある世界では、あなたが医師で、私は患者かもしれない。しかしながら、また別の世界では、あなたは子供で、私がその親なのかもしれない。

私たちは人間関係において、常に複数の役割に巻き込まれている。そして、役割の組み合わせのそれぞれが、それ自体で一つの世界をなしているのだ！　今は援助者とクライアントという関係にある人でも、同時に、以下に挙げるような関係のいずれかをもっているのではないだろうか。たとえば、友人－友人、師－弟子、親－子、虐待者－被虐待者、教師－学生、雇用者－労働者、女性－男性、ゲイ－ゲイ……等々。繰り返すが、私たちが人間関係と呼ぶものは、素晴らしい色の虹であり、すべての役割あるいは諸世界の仮想的な重ね合わせである。周縁化され、認識されずにいる世界に葛藤があるなら、合意的現実での対人関係も問題を抱えることになる。夜の夢に現れるだけで、認識することが困難な諸問題を解決するために、微細なフラートに対する明晰な注意力や、あらゆる種類のシグナルに関する全般的な自覚が日常生活に必要とされているのである。

◎対人関係における倫理

多次元的な虹の概念は、日常の実践とどのように交差するのだろうか？　そうした役割を知ったところで、どうやって取り組めばよいのだろうか？　私は自分のワークを明快にするために以下のガイドラインを使っている。*5

・**尊重**――同一化され、好まれている、合意的現実の関係性を尊重すること。あなたが援助者の役割を引き受けるとき、何よりも尊重を重視するように。相手のニーズを確認し、尊重すること。

・**役割の共有**――援助者であるためには、援助者以外のすべての可能な役割も必要とされるので、そのことを忘れないようにし、援助を求めている人の関心と同意とともに共有すること。もし、そうした他の役割に関するあなたの自覚を共有することに相手が同意しないなら、あなたの洞察を自分自身の人生のために用いること（どのようにそれを行なうかは、以下の例で明らかになるだろう）。

・**権力の差異**――与えられている社会的現実の視点から見れば、すべての関係性には権力の差異が含まれる。たとえば、親と子、教師と学生、医師と患者、友人同士など（片方がもう片方よりも支配的である）。そうした差異は、びくびくした身体反応、傷つけるような身体反応、あるいは防衛的な身体反応を避けるために、明確化しなければならない。

たとえば、クライアントが面接にやって来たとき、あなたが自分のことを子供のように感じるならば、自分が感じていることをクライアントに明らかにする許可を得る必要があるだろう。もしクライアントが不快感を示すならば、合意された関係性はあなたが子供である並行世界を表立って認識しないまま続いていく。もしあなたがその状況から「子供」を何とか分離できなければ、そしてクライアントがその状況に不快感を抱き続けるならば、他の援助者を探す選択肢をクライアントに提示するしかない。

援助を求めているクライアントが、別の世界では友情を求めていることがしばしばある。それゆえ、相手が求めていることは援助だと考え、援助しなければならないと単純に思うことは、間違いになる場合がある。あなたの援助は失敗に終わる。なぜなら、相手は淋しいだけだからである。さらに、あなたと相手の境界が曖昧になる非局在的な宇宙では、援助者としてのあなたはクライアントの孤独だけでなく、自分自身の孤独をも周縁化することになる。このワークでは、相手の感情は自分の感情でもある。

あなたが援助者として経験する疲労や消耗感は、多くの場合、並行世界を周縁化することに起因する。そこでは、あなたは孤独だが平穏であり、自分の人生をもっと楽しみ、休暇を取り、夢を見る時間をもっている。合意的現実で休暇を取ることは重要だが、それは日常的現実の世界と一緒に生起する並行世界でもある。自分のワークを楽しみ、平板な世界の一次元性で消耗しないために、他の諸世界に関する自覚を招くことを忘れず、そうした諸世界を自分のワークにできるだけもち込むことが大切である（たとえば、ワークにもっとくつろいだ態度をとり入れるなど）。

◎症状のワークにおける多様な役割の自覚

これまでの章では、最も困難な問題の解決策が、しばしば並行世界、すなわち周縁化されている超空間に潜んでいることを述べてきた。並行世界の非局在性のゆえに、あなたの身体はその周縁化された並行世界を感じるだろう。明晰な注意力があれば、あなたはこの世界を自覚し、そこで変化を起こし、間接的にクライアント（そして自分自身）の症状に影響を与えるのである。

明晰な注意力をもつ悪魔を使うことによって、あなたはみんなの利益のために超空間を生活にもち込むことができる。これを行なうために、複数の役割に対する自覚を使うこと。合意された関係性を尊重し、そして同時に、日常的現実の制限された空間から自分自身を自由にするために、他の諸世界のイメージをもち込むこと。非合意的な感覚や不合理なちらつきを感じ取り、それらとワークすると、それらは信じられないほど素晴らしいものになる。

たとえば、いかめしい表情の友人あるいはクライアントが頭痛を訴えるとき、圧迫されるような感覚をあなたがかすかに感じているならば、相手の頭痛に焦点を当てながら、自分の圧迫されている感覚にも焦点を当てる。圧迫されていると感じる世界であなたは、みんなに圧迫を与える批判者のイメージを見出すかもしれない。基本的な考え方は、あなたの圧迫感と批判者のイメージが非合意的現実において対極性を創り出しており、それがクライアントの頭痛と結びついているかもしれないということだ。非合意的現実の基本的な非局在的性質のために、あなたが経験するすべては、あなたの中にあり、相手の中にもある。

以下のエクササイズでは、まず並行世界の葛藤を解決することに焦点を当てる。あたかも、それがまったく自分の中にあるかのように（たとえば、圧迫を感じている側と批判者の闘争を実演化する）。それから、あなたはそのプロセスおよび結果をクライアントと共有する。最後に、ワークが現在の症状とどのように関連するかを見ていく。

エクササイズ……非局在的セラピー

このワークは、誰とでも、いつでも、行なうことができる。おしゃべりしているときに行なってもいいだろう。このエクササイズを実際の、あるいは想像上のクライアントと実践してみよう。このワークは、自分自身とクライアントを想像しながら一人で行なうこともできる。

＊以下のことを想像するか、行ないます。クライアントにインタビューする準備ができたら、彼あるいは彼女に身体問題について語ってもらいます（ここでは性別をわかりやすくするために、クライアントは女性ということにします）。話を聞きながら、その瞬間に自分が感じていることに気づくために、自覚を向けてください。

＊自分の感覚の内容を探って、それが相手の役割に対する反応であると想像します。これを行なうために、両方の役割を想像してください。それぞれの役割が互いに何と言っているかに注意を払います。人によっては、リラックスした、ほとんど夢を見ているような意識状態になったほうがうまくいくで

しょう。いずれにせよ、そうした役割について明晰な自覚を保ちながら、クライアントが自分の一部であるという可能性に心を開いていることが大切です。繰り返しますが、話を聞きながら、彼女の表現、そして特に彼女に対する自分自身のあらゆる反応に注意を向けてください。たとえば、サリーは私に慢性的な腰痛について語りました。どうしたわけか、彼女が話していると、私は確たる理由もなく、とても「陽気な」、とても楽天的な、不合理な感覚を抱きました。最初私は、おそらくこの陽気な感覚は「ただ私がそう感じているだけ」だろうと考えました。しかしその後、この感覚は並行世界に存在するもので、「彼女の中の」何かに反応しているにちがいないと気づいたのです。彼女が話していると、私は、彼女が私をとても悲しそうに見ていることに気づきました。まるで悲しい子供のように。私は二つの役割をもつ非局在的な場の存在を想像しました。一方の人物は陽気な親、もう一方は傷ついた子供です。

＊相手の表現および自分の反応を、役割として、つまり並行世界の対極性として考えてください。この対極性は関係性における多様な役割の一組です。それは両者に属しています。しかしながら、このエクササイズでは、あたかもそれらが自分自身のものであるかのように、役割を実演化することから始めます。場を「拾い上げ」、自分で引き受けるのです。自分のイメージを使い、手を使ってそれら二つの役割が互いに相互作用しているところを実演化してください。役割の会話を声に出してみましょう。それから、あなたの（想像上の）クライアントに、自分が経験していることを明らかにする許可を得ます。

＊クライアントの前で二つの役割を実演化しながら、彼女のフィードバックを観察します。彼女が

心を奪われているように見えるか、あるいは笑い始めるならば、正しい方向に進んでいる証拠です。解決がもたらされるまで二つの役割を実演化し続けてください。この時点で私は、左手を陽気な親、右手を悲しい子供と想像しました。子供は「私はすごく傷ついた」とこぼします。それに対して、(もう片方の手の)陽気な親は、子供に「心配しないで。私はここよ」と愛情をこめて話します。私が(いや、陽気な親が)、もっと言葉を足す前に、サリーが割って入り、「どうしてこれが私の主な問題であることがわかったんですか? 私は誰かに愛されていると感じたことがないんです!」と言いました。それには答えず、私は二つの手で互いにおしゃべりを続けました。親が子供に言います。「これから先は、あなたが何をしていても、たくさんの愛を感じるでしょう」

＊両手、人形、イメージの並行世界で問題がまだ解決されなければ、もっと深く入っていきます。最も厄介な人物像のエッセンスをできるだけすばやく見つけます。その厄介な人物像の基本的なエネルギー(エッセンス)を見出すか、推測してください。それは、その人物像がそこまで劇的になる以前に、穏やかな形で存在していたエネルギーです(その人物像のエッセンスを見出すために、その人物像になりきり、手をもっとゆっくり動かしてみましょう)。

＊最も厄介な人物像は傷ついた子供であると私は思い定めました。私の右手の子供は「私は子供よ! そんなにたくさんのことはできない。それに一人じゃできない。愛と助けが必要なの!」と言います。子供が話すにつれて、私は彼女のエッセンスは何だろうかと思いをめぐらせました。子供の動きをゆっくりにして、エネルギーやエッセンスを感じていったのです。自分の手でその子供を感じ、その子供がだんだんゆっくり動くにつれて、私は彼女のドリーミングの力を感じ取ることができまし

た。そのエッセンスは自発性であり、宇宙や瞬間にすっかり開かれることでした。

＊その「子供」は続けました。「私を大事にして。私は人生のエッセンス、自発性と遊びなの！」。私が言葉を終える前に、クライアントが吹き出しながら、「そうそう、子供の遊び心や自発性が本当の私だわ！」と言いました。

＊しばらくしたら、ドリームランドにあなたのイメージを戻し、今度はクライアントの現実に焦点を当てます。あなたが「見た」人物像が彼女の身体のどこに位置づけられるかを尋ねてください。あなたが演じてきた問題に対する、彼女の経験、直観、想像を語るように求めます。私はサリーに、彼女の身体のどこに傷ついた子供や陽気な親がいるかを尋ねました。すぐに彼女は、苦悩する子供は腰にいると答えました。それからしばらく考えて、陽気な人物像は心臓にいると答えました。私が、子供は開かれていて遊び心があると言ったとき、どうしたわけか彼女の腰の症状は良くなったそうです。「何かがリラックスしました」と彼女は言いました。

＊あなたがたった今ワークした二つの役割は、症状の創り手と受け手に関するクライアントの経験と関連しているか、もし関連しているならばどのようにかを考えます。この提案はクライアントの経験にしっくりきませんでした。彼女はそれ以上進む必要がなかったのです。彼女の腰痛は楽になりました。彼女の腰の筋肉の引きつりは消えたようです。彼女とのワークはそれっきりです。腰痛が消えた彼女はそのまま私のオフィスを去っていきました。

あなたが心理学的な援助者という合意的現実のアイデンティティをもっているならば、次のステップは、エクササイズで発見したことをどのように生活にもち込むかについてクライアントと話し合うことであろう。たとえば、並行世界の解決策は、日常的現実でどのように活かされることを望んでいるだろうか？　医学指向の強い援助者ならば、この時点で、どんな種類の逆症療法、代替療法がクライアントの全体的プロセスを最もサポートするか考えるのもよい。

◎宇宙としての身体

　エクササイズのどこかの時点で、自分の行なっているワークが、クライアントのことだけでなく、自分自身のことでもあると感じたのではないだろうか。ワークが自分のことなのか相手のことなのかわからなくなる理由は非局在性である。ワークは両者に関わるものであると同時に、どちらに関わるものでもない。あなたが困惑するのは、非局在性と並行世界の性質を周縁化しているからだ。非局在性はドリームランドでの人物の同定について不確実性をもたらす。明確な時間と空間は、合意的現実の「医師」と「患者」にのみ属している。ドリームランドでは、役割はたやすく共有されるのである。

　非局在性の創造的で重要な側面は、ドリームランドでは個人の境界が重ね合わされることである。このシャーマニックな非局在的経験は沈黙の力に基づいており、それはすべての多様な諸次元、諸世界、および関係性における役割を含んでいる。「雰囲気の中にひそむ」問題を感じ取り、それらの解決を試みることによって、あなたは症状の超空間に焦点を当てることになる。クライアントの身体的問題は、局在化されたものではなく、いたるところに存在する。[*6]　こう言ってもいいだろう——あるひとりの人が問題をもっているのではなく、いたるところに、どんなときも、いつでも、現在進行中の自覚のワークだけが存在する、と。（合意的現実における場合を除いて）症状は誰がもっているわけでもないのだ。

私たちには、とりわけ科学指向の医療従事者たちには、締め出された感情に心を開く勇気をもち、それらが素晴らしい情報の源であることを理解する必要がある。苦悩をめぐって展開される人々の間の相互作用はどのようなものでも、並行世界でのさまざまな役割を創り出し、私たちに示してくる。そうした役割を真剣に受け取られなければ、それらは頭から離れなくなり、医師と患者という合意的現実の関係性を覆い隠してしまう。[*7]

非局在的宇宙では「クライアント」や「医師」はいない。実際のところ、私たちは誰も自分自身の感情などもっていない。明晰な注意力があれば、あなたは私たちが感情を共有していることに気づくだろう。さらに言えば、あなたの身近な誰かが困っているならば、並行世界ではあなたも困っている。それゆえ、誰かを援助するには、あなたにもまったく同じ薬（medicine）が必要となる。クライアントがもってくる葛藤はあなた自身の葛藤であり、彼らが必要とするレインボー・メディスンは、あなたが必要としているものでもあるのだ（あなたの薬が彼らの役に立つように）。

拡張された多次元的視点で現実を見た場合、あなたが認識するすべてのものがあなたの身体の一部である。この視点では私たちは、ドリームランドにおいては物語に展開していき、現実においてはあなたや私のような個人に展開していく種子である。あるいは、傾向性や意図と言ったほうがいいだろうか。私たちはたいてい関係性を、合意的現実での友情などとして理解する。だが別の次元の視点からすれば、合意的現実の関係性は、あなたが一つの役割を演じ、私が別の役割を演じるという合意の上に成り立っている。そして、ドリームランドで私たちが同じ物語と同じ役割を共有しているという事実が周縁化されてしまっている。

本章の最初に引用したラマ・アナガリカの言葉はこの点について次のように述べている。「悟りを得た人（……）の意識は宇宙を抱擁し、宇宙は彼の〝身体〟となる。そして肉体は普遍的な意識の顕現になる」

あなた自身あるいは誰かのものとしてこの瞬間に現れている葛藤を解決することは、あらゆる人の身体に非局在的な影響を与えるのである。

第21章　害のないライフスタイル

（……）明示的に定義できず、暗示的にしか知ることのできない普遍的な流れがある。それは普遍的な流れから抽出されうる明示的に定義可能な形や姿によって示唆される。そのいくらかは安定しており、そのいくらかは不安定である。この流れの中では、意識と物質は分離した実在ではない。それらは一つの全体性、分割不可能な動きの異なる側面である。

——デイヴィッド・ボーム*1

あなたの身体は解決を求めて対立する超空間的な力の闘いの場である。合意的現実の身体についてはちゃんと世話をしなければならない。必要とされる薬を飲み、助けになる医師を探そう。

もし、薬が十分でなければ、闘いは目に見えるレベルでも素粒子レベルでも継続し、微細な非局在的経験に対する自覚を要求しつづける。そのとき、あなたは症状を敵ではなく、多様な経験、次元、夢、神秘という虹で満たされた贈り物を届けてくれる盟友として理解しなければならないだろう。

◎敵ないし盟友としての症状

本書は、そうした症状の経験を通して、これまであなたが避けてきた力である盟友に出会うことを提案する。ふと頭をよぎるイメージや感情を探求し、微細な感覚、痛み、苦しみ、圧迫感に注意を払うことが大事である。

最初は、症状が局在的なものであるかのようにワークしよう。感覚に向けられた自覚を使い、身体の各部位を探求する。症状の性質に深く入っていき、その創り手を経験し、想像する。シャーマンのように、悪魔に見えるものを盟友に変えよう。あるいは、せめてそのエッセンスにたどり着こう。悪魔の秘密、悪魔を浮上させた沈黙の力を見出すのだ。

ふと気になる不快な感覚が自覚を求める合図であり、身体症状の可能性の源であることを忘れなければ、予防医学を実践することができるだろう。沈黙の力とクォンタム・マインドは、最初はふと気になる感覚として現れ、その後は夢のような人物像および虹色の並行世界として現れる。

合意的現実の視点からすれば、症状はあなたのものである。それはあなたの身体の中にあり、あなた個人の歴史と結びついている。しかし、別の視点から見るなら、それはどこから来たのでもない。

粒子が一見何もない空間である真空から生じることがあるように、症状はまるで永遠から、沈黙の力から顕現するように思われることがある。あなたという個性がゼロ近くまでなくなり、日常的意識が静まったとき、自分を与えられた道に沿って動かす傾向を感じることができる――そうした傾向は、「語りえないタオ」「神」「宇宙の始まりに存在する目に見えないパイロット波」などと呼ばれる。この道を無視することを選ぶならば、それはときに身体問題や人間関係での難題といった劇的な形で浮上する。

その闘いはあなたの内面で激しさを増し、人間関係を混乱させる。その闘いは家族の中に見出せる。あなたの属する共同体は戦場である。世界全体があなたの身体であり、あなたの物語なのだ。

一つのレベルのみでワークすると、その闘いは解決不可能なものと感じられ、また、その個人的意味のみが誇張されてしまう。戦場はすべてのレベルの現実にわたるものであり、その闘いはあなただけのものではない。非局在的な世界では、あなたの症状は私のものであり、私が必要としている薬はあなたが必要としているものでもあるのだ。

◎なぜ私が？　なぜ今？

ドリーミングの世界では、私たちは経験が非局在的であることを理解しているが、私の合意的現実の部分は「なぜ私が？」「なぜ今？」「こんな闘いを引き受けるようなことを私はしたのだろうか？」と知りたがるかもしれない。レインボー・メディスンは答えをもっている。症状自体に答えが内包されているのだ。症状は身体の問題として経験されるが、普遍的な内的連関性という広大な風景からの暗号化されたメッセージである。

あらゆる症状の共通分母は自覚である。自覚が微細なシグナルや耐え難いシグナルの基盤である。身体症状は単なる病理ではない。それらは微細なナノ現象に対する自覚を目覚めさせる禅の師なのだ。

◎害のないライフスタイル

人生の諸側面を周縁化することは有害である。あらゆるレベルで自覚を使うことが、害のないライフスタイルを創り出す。自覚があれば、あなたはより多くの利用可能なエネルギーをもち、並行世界を知ることになる。害のないライフスタイルにはたくさんの楽しみがある。あらゆる所があなたの家になり、あなたの意識、身体、関係性、家族、コミュニティ、世界……すべてが未知なるもので満たされる。害のないライフスタイルは、二四時間のあらゆる瞬間において、創造性に注意を向ける自覚のワークで成り立っている。

何かがあなたを悩ませるとき、自覚を使うこと。自分が行なっていることの強度に用心深く注意を向けること。それから、同じ強度を保ちながら、自分の「行為」の背後の沈黙の力、種子に気づくまで、自分の動きをゆっくりにしていく。そして、その力に自分の動きをゆだねることでレインボー・メディスンを創り出すのだ。

◎天　敵

症状は身体の中だけにあると信じるなら、あなたは症状との闘いに敗れるだろう。そのとき、あなたの苦痛は激しい苦悶になり、薬や医学的治療は不十分になる。あなたが天敵の側に立つとき、症状は最悪の意味であなたを殺すと脅かす。天敵は合意的現実がすべてだと言う。天敵は言う。「別の世界なんて忘れるんだ！　そんなものは測定不可能だ。それが存在することは証明できない。ドリームランドなんて忘れてしまえ。深層の傾向性なんて忘れろ。量子の世界なんてない。そんなものはただの数式にすぎない！　空性なんてない。沈黙の力もない。治療することが可能で、レントゲン写真で見ることができ、かたまりとして感じられ、道具で測定することが可能で、ウイルスの中に発見できるものだけしかない！」

天敵は言う。「俺様が道だ。確信できるのは、空間のセンチメートル、時間の秒、重さのグラムだけだ」。天敵は、症状が単なる血液、測定、診断、レントゲン写真、遺伝子の問題であると言う。天敵は、明確に示せないものをけなす退屈な人物である。

天敵は倒せないが、そのエネルギーを使うことはできる。天敵のエッセンスにたどり着こう。自覚を正確に使うこと。細部まで正確な、感覚に基づいた自覚を使い、状況の合意的現実に焦点を当てること。無意識になるという意味でただ夢を見るのではなく、精密な注意力を働かせること。起こっていることを明確に捉えること。明晰な自覚を使うこと。マクスウェルの悪魔になり、明晰な注意力で、不合理な経験や言葉にできない感情の性質を見抜くこと。天敵の閉じた合意的現実系を打ち破り、状況を逆転させるのだ。自分の注意を引くものに気づきを向けること。天敵がそれに気づき、「症状」と名づける前に、それに影響を与えよう。

◎イエスとノー

多くの並行世界が姿を現し、合意的現実のあなたを不確かなものにするだろう。あなたは、闘うべきか降参すべきか、イエスと言うべきかノーと言うべきか、この道を行くべきかあの道を行くべきか、生きるべきか死ぬべきかを知りたいと思う。天敵は一つの道を選ばなければならないと言う。しかし、沈黙の力やドリームランドの視点からすれば、イエスでもありノーでもあり、正しくもあり間違ってもいることが妥当である。害のないライフスタイルは、自分がさまざまな世界のすべてであることを周縁化せず、受け容れる。天敵が勧める有害なライフスタイルにだまされないように。それは合意的現実の自分のみに同一化し、自分自身の別の諸側面に対抗することを強いる。

あなたは私の結論に同意するかもしれないし、同意しないかもしれない。並行的現実の宇宙では、あなたのすべての見解がそうした現実の一つにおいて正しいはずである――私の見解が別の世界で正しいように。

◎あなたの人生は、あなたとは関係ない

エッセンスの視点からすれば、あなたの人生は、あなたとは関係ない。あなたは自分の人生が「意図をもつ場」や沈黙の力に動かされていることを認識して、最終的に合意的現実を明け渡さなければならなくなるだろう。

だから、気を楽にして、「それに事をまかせよう」。すると、あなたはより多くのことを片づけられるようになる。日常のちょっとした事柄でさえ、あなたとは関係がない。あなたが着るものから信じるものまで、すべてはフラートを引き起こす磁力をもつ背景に動かされているのだ。最も深い自己に従うこと。それは遺伝子さえ再配列するかもしれない反応を創り出し、あなたは自分の変化する性質とよりコヒーレントになる。

四歳以下の子供は「自分の衝動に従う時間なんてない——明日まで待つことにしよう」とはけっして言わない。子供たちは時間を超越した「今ここ」でフラートに従う。そこはまだ天敵が人生を支配していない。禅でいう「初心」があれば、あなたも実際の机と椅子が、部分的に龍や幽霊によって使われているような時空間に生きることができる。

「つまり計画を立てるべきではないという意味ですか？」とある人に訊かれたことがある。害のないライフスタイルにも、計画はたくさん存在する。計画が浮上してきたら、それはなんらかの可能な方法で実行に移される。将来のことを考える際、自分自身をごまかさないようにしてほしい。そのいわゆる将来というのは、今ここ、今この瞬間に起こっているのだ。

天敵は、時間と人生を自分のものと信じている。天敵は、物事を起こるままにまかせるスタイルに反対する。過去や未来をこの瞬間の並行世界で生きるスタイルに反対するのだ。天敵が「今は十分な時間がない」と言うとき、あなたはそれが正しいことを知っているが、あなたも正しいのである。時間など存在しないからだ。

◎組織のレインボー・メディスン

自分自身や自分の愛する人と生きるだけ、ワークするだけでは十分ではないだろう。非局在性の影響があるからだ。あなたがこの世界から逃げることのできる場所はない。あなたは手紙、メール、電話に応答しないことを選べる。しかし、永遠から受け取るナノ的フラートについては何も選べない。あなたは自分がそれと知る前にそれらに応答するのである。

組織に対するレインボー・メディスンは簡単だ。一方の側面をサポートし、それからもう一方の側面をサポートし、そしてすべての側面をサポートするのである。「最悪」のエッセンスを見出すこと。その「最悪」の役割や人物には、深いエッセンス・レベルでグループを一つにまとめる何かがある――その合意的現実の人物ではなく、彼あるいは彼女のエッセンスをみんなが必要としているのだ。それがコミュニティを見るときの肝心な点である。

家族のメンバーと同じことを行なおう。すべての葛藤を自分自身で引き受け、最も厄介な人物のエッセンスを見出すこと。それが自分自身や他のみんなを育む方法である。対極性を歓迎すること。ある側面をサポートし、すべての側面をサポートすること。それから、エッセンスのためにそれらを手放すこと。世界やコミュニティがあなたを悩ませるとき、非局在的医療を思いだそう。コミュニティとはあなたの身体の地図である、という考え方を思い出そう。

◎可能性の種子

死の床にある禅の老師が、献身的な弟子たちに囲まれていた。弟子たちは、師が死につつあることを悲しみ、むせび泣いていた。すると突然、師が弟子たちの頭を棒で叩き、こう言った。「私が死んだらどこに行くと思っているのか?」

この問いに対して私は、師はどこにも行かず、いままでと同じだろうと答えたい。あなたや私と同じように、師の合意的現実の身体があろうとなかろうと、師は沈黙の力であり、物語のエッセンスとして顕現する。私たちは可能性の種子であり、コミュニティの意図である。

生死は、空間や時間と同じように、私たちの完全な本質を説明するには不十分である。ドリームランドおよび量子物理学や生物学の想像的空間においては、私たちは生きていると同時に死んでいる。つまり、それは私たちが生きているときに死んでおり、死んでいるときに生きていることを意味する。これは私が心理学、生物物理学、身体症状の数学を研究した後にたどり着いた一つの結論である。

◎量子レベルに存在する癒しの源

人生のあらゆる瞬間を通して、私たちの身体に関するすべては、量子の世界を支配するのと同じ逆説によって大部分支配されている。おそらく、そうした逆説の最も素晴らしい点は、身体症状がそれ自体の驚くべき解決を内包しているということだろう。繊細かつ明晰な自覚が、最も困難な症状に内在する量子レベルの癒しの源がもつ変容の力を明らかにするのだ。

私たちの身体や意識と量子物理学の関連を示す数多くのアナロジーや一致がある（付録参照）。ボームのパイロット波や、症状と深くワークするときに感じる導きの感覚を思い出そう。並行世界は多様な意識状態を反映している。心理学と物理学の関連は新しい研究領域を提供する。それは宇宙全体に関する未だ発見されざる洞察の宝庫である。それが新しい種類の臨床医学ないしレインボー・メディスンを出現させ、主観的経験を統合し、私たちが現実と呼ぶものを再創造することは必然であると思われる。

これまで私たちの多くは、病気の治癒を現在の逆症療法や代替療法の手続きに見出し、あるいは投影してきた。けれども、広範な意味での癒しは、深奥の自己と同期することを必要とする。この同期のプロセスは、ある程度あなた自身の自覚のワークにかかっている。私はこれまでの章で、自分自身と同期することが、あなたの生化学、人間関係、共同生活の新たな局面を開くことを示唆してきた。症状のワークに自覚を使うと、人生の感覚を手に負えないイメージの向こう側にまで拡張することができる。症状のエッセンスは、あなたをしっかりと大地に根づかせると同時に、時間や空間から自由にする。こうして、あなたは症状が潜在的な恩恵であることを発見するのである。

付録

——はじめに

これまでの章は、症状とワークするための新しい実践的なアプローチを一般の読者に試みてもらうことを意図していた。以下の付録は、クォンタム・マインドという問題や、来たるべき科学の統一により深く入っていくために、科学や心理学、伝統医療や代替医療の基本的な考え方を探求することに関心をもっている人に読んでいただきたい。以下の付録が、その探求における基本的な要素の理解に寄与することを願っている。

以下の付録は、三つのセクションに分かれている。

付録A「波」では、波の研究や波動理論に焦点を当てる。このセクションでは、波の心理学や数学、その物理学における適用に関する情報を得ることができるだろう。物質と意識を交差する量子状態に関する初期理論が、このセクションの終わりに提起されている。

付録B「世界」では、量子物理学におけるヒュー・エヴェレットの多世界解釈と、観察が現実を並行世界に枝分かれさせるという彼の考え方を見ていく。

付録C「意識」では、クォンタム・マインドに関する私の考え方のいくつかを要約する。

［付録A］　波——量子状態の交差

すべての物質は絶え間ない宇宙的ダンスのうちにある（……）。すべての粒子は「自分の歌を歌い」、律動的なエネルギー・パターンを生み出している。

——フリッチョフ・カプラ*1

私は波が好きだ。海に行き、寄せては返す波を見るのは、たまらない喜びである。波の無窮の動きを見るとき、私は月と地球の間の重力を感じることができる（月は地球の周囲を回りながら、地球を「引っ張り」、波を創り出す）。波、波、波——夜も昼もあらゆるものが上下に動く。波、変性意識状態、量子状態の関連を検討することは、私にとってエキサイティングな試みである。

波は、合意的現実で「身体」と「心」と呼ばれるものを関連づける助けになるだろう。量子状態の交差（一三八頁参照）は、一般に精神物理的関連ないし心身相関と呼ばれていた、精神と物質が結びついている可能性を説明するものである。

◎プネウマ・弦・波

先に進む前に、後ろ向きに進もう。あなたに関する基本的な質問を尋ねたい。自分が生きているという感覚や考えは何が与えているだろうか？　あなたは自分が生きていることをどのように知っているだろうか？　しばらくこの質問について考えてほしい。多くの人は、多かれ少なかれ、自分が自発的に考えたり感じたりしているから、あるいは身体が自発的に動いているから、生きていることを知っているのだ、と言うだろう。多くの人は、自分が呼吸しているので生きていると感じる。

呼吸が生きている感覚の基本だとしよう。すると呼吸の乱れは死の不安をかきたてるのに十分である。多くの瞑想の手続きは、あなたを呼吸の感覚や、傾向性の世界、意識や生命の源に結びつける。

呼吸の周期的、律動的な性質は、時間の経過や老化の感覚といった（一見）直線的な人生の側面よりも、たいてい自覚から遠い。あなたはおそらく、まず自分自身を直線的な時間の経過と同一化し、それから季節の変化、昼夜の変化、吸う息と吐く息のリズムといった振動性や周期性に気持ちを向けるだろう。[*2]

それにもかかわらず、私たちは呼吸を、自分が生きている感覚としてとらえている。たとえば、初期のヨーロッパ人は（特にグノーシス主義の伝統では）、ときに「スピリット」や「いのち」と翻訳されるプネウマを、生命の実体、生命の本質と考えていた。プネウマが多すぎたり少なすぎたりすると、深刻な障害の原因になるとされた。[*3]

生命の実体である呼吸の決定的な特徴の一つは、その波のような性質である。物質や生命そして宇宙に関する基本理論が波に似ていることは驚きではない。古代中国では宇宙の原初の実体は道《タオ》と呼ばれ、対極にある傾向の根本的な振動とされた。オーストラリアのアボリジニーは月の変化の諸段階、現実とドリームタイムの間の推移を時間とした。前世紀、物理学は物質を物質波ないし量子波動の観点から量子レベルで捉え直した。最近では、物質の波動的性質は、弦理論の考え方に戻ってきている。

◎弦理論

物理学では、物質に関して異なる理論がある。量子力学は空間が量子や諸部分に分割されるという。相対性理論は空間を連続的なものと仮定する。この二つの理論を統合するため、物理学者たちは超空間（高次の次元）に解決を求め、弦理論（および、その拡張である「pブレーン」や「M理論」）を発展させた。物理学者たちは、超空間的思考が弦理論を通して、量子力学の原理と相対性理論とを結びつけることを期待している。[*4]

弦理論は多次元の存在を提唱する。実際、現在の物理学は一〇から二六の次元を思い描き、使っている。弦理論の数学には問題があり、そうした次元が何からできているのか誰にもわからない。しかし、基本的な考え方は、弦と名づけられた小さな振動が、宇宙を漂っているということである。原理上、そうした前物質的な弦の振動が宇宙の基本であり、合意的現実の世界を生じさせたとされる。

物理学者たちの提唱する弦を考えるとき、ギターの弦を考えるとわかりやすい。ギターの弦を二点間で引き伸ばし、ぴんと張って弾くと、音、響き、波を創り出す。宇宙の弦は何かによって押さえつけられているわけではないが、緊張しており、エネルギーをもつと想定されている。それらが集合して量子力学の仮想波になる。弦が直立の波になるとき、測定器具がそれらを粒子として感知する。弦理論は弦が輪を描いている（そのいくらかは開いている）と提唱する。

弦理論は、開いた弦あるいは閉じた輪の振動の頻度によって基本粒子を表現することが可能になるという。特別な振動パターンが、特別な素粒子を表現するのである。振動パターンの頻度により、弦は物理学者たちによってクォーク、レプトン、電子と区別されるものとして現れる。

弦は粒子よりも基本的なものと考えられている。弦理論における弦の波動は、従来誰もが物質と考えてきたものよりも基本的である。私たちが粒子と考えてきたものは、今や弦と波動である。点としての粒子はもはや存在しない。現在の弦物理学者たちは、「粒子を点と考えることは控えよう。どのみち私たちはそれらを測定することができない」[*5]と言うのである。

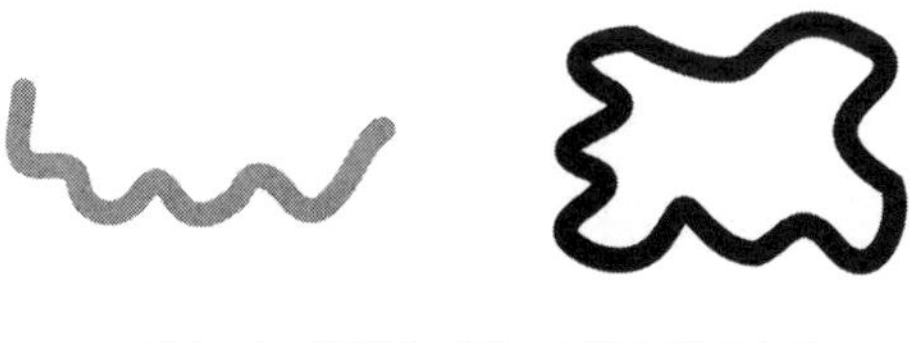

図A-1　弦理論：開いた弦と閉じた輪

◎弦と波の心理学

波についてもう少し考えてみよう。図A-2を見ていただきたい。あなたにとって二つの図は何が違うだろうか？

多くの人々は、点の方がくっきりしていて、より静的であると言うだろう。波にはもっと動きがある（もちろん、点は動くことができるし、直立した波は静的になりうる）。私は、点と波の違いが、「状態」と「プロセス」の違いに反映されていることを示唆したい。私たちの生命活動の多くは、点（あるいは点を作ることに）に基づいている。時間と空間は点によって決定される。「五時にどこそこにいてください」というように。ケープタウンには特別な緯度と経度がある。私たちは単一の点で生きる人がいないことは知っているが、それにもかかわらず、点の存在について合意している。あなたの身長が一七〇センチだとしよう。しかし、ずっと座っていると、背中が縮んで、一センチ低くなるかもしれない。鉄棒にぶら下がると、背が高くなるかもしれない。いったいどれがあなたの本当の身長なのだろうか？

あなたは変化していくプロセスであり、一定の状態ではない。私たちは時空間上の一定の点（ポイント）にアポイントメント（約束）を取り付けるが、「時間」「位置」「身長」は、時計や計測器上に想像される特定の点にす

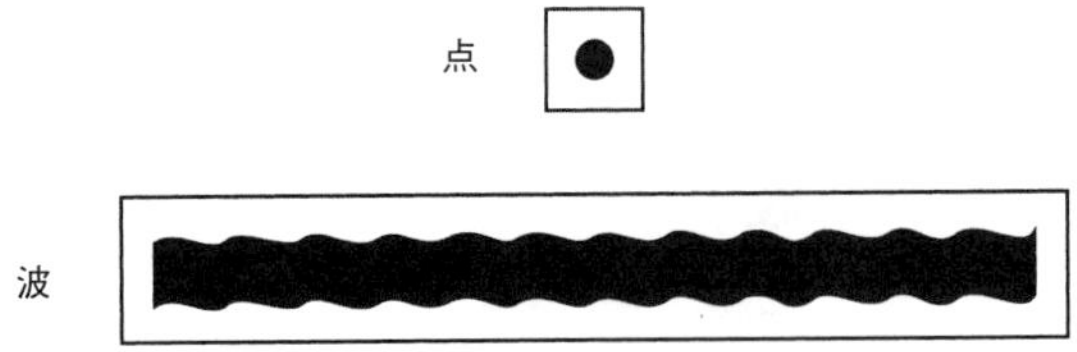

図A-2　点と波の相違

ぎない。それらは存在するのだろうか？　イエス。それらは合意的現実の観念として確かに存在する。しかし、量子物理学では、粒子のような点は、事実ではなく、一つの見方である。

日常の合意的現実でのコミュニケーションの多くは点指向である。「私の意向を理解して（catch my drift.）」〔訳註「drift」には流れという意味もある〕よりも、「私の要点を理解して（get my point）」と言うことのほうが多い。波（wave）という語は、何か非合意的な事柄について表現しようとする際に使われることが多い。たとえば、「我々は波長が合っている（We are on the same wavelength.）」というように。

◎魅力的な波

最も単純な波（規則的な脈拍の連続）でさえ周期的である。ギターの弦を弾《はじ》いたとき、何が起こるかを考えてほしい。その音程はその波の頻度——すなわち一分間の振動数——に左右される。水の波、光、音は、周期的な波動の例である。

あなたはゆるいひもを使って、それを揺らしたり（waving）、ぐいっと引っ張る動作を規則的に続けることによって、波の動きを創り出すことができる。連続する動きや刺激は大きくても小さくてもよく、ごく小さなぴくぴくした動きでもかまわない。あなたの身体は脈動する媒体である。自分の身体にとても繊細であるならば、あなたは自分自身の脈拍や心拍を感じることができる。

この脈動や生命の力の源は何だろうか？　第7章で、量子波動（そして弦）が宇宙にただ在ることを示唆した。それはエッセンスであり、私たちもその一部である、より大きな存在の沈黙の力なのだ。

図A-3　単純な周期的な波

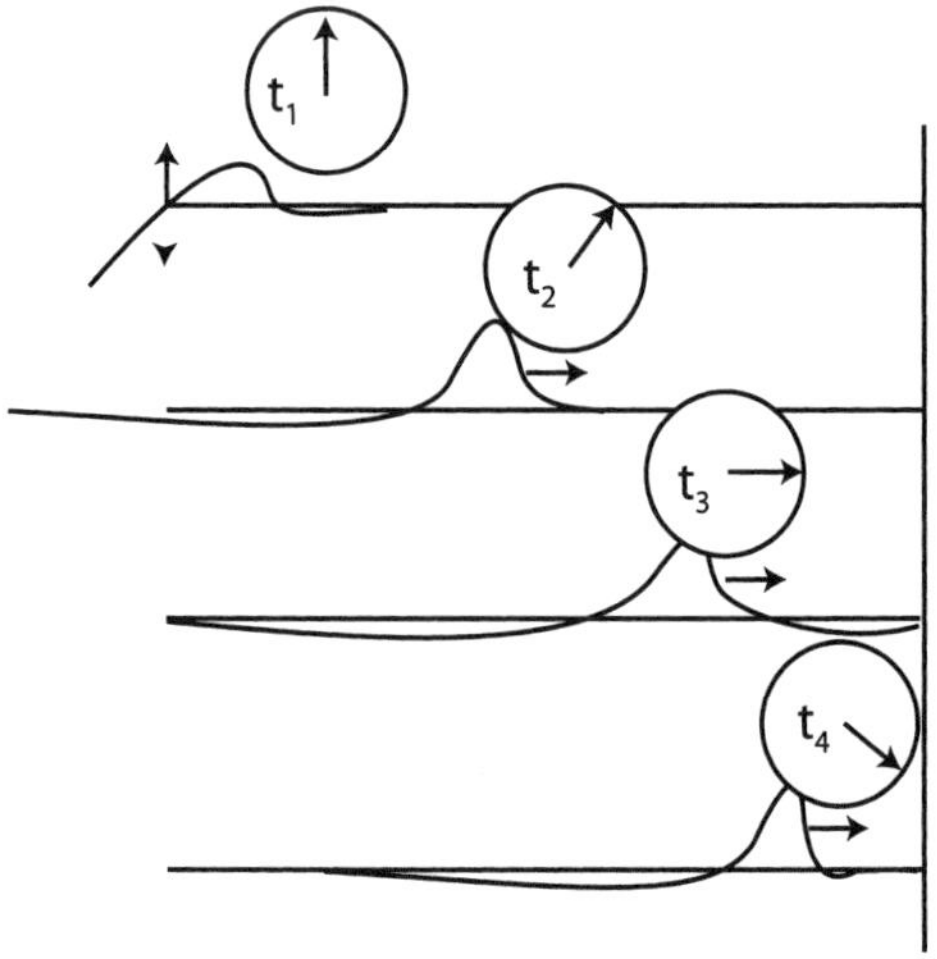

図A-4　波の動きを創り出す振動

個人である私たちは、音楽のように、脈動や新しい波を創り出すことができる。おそらく、宇宙全体がゼロポイント・エネルギー*6の場においてかすかな振動や波動を創り出し、そこからすべてが生命の鼓動を得るのだろう。

ここでは、物理学の数式で表現された振動について見てみよう。図A-3を見ていただきたい。振動とは、あらゆる種類の波全般を創り出す動きを指す一般的な用語である。それは現実的でもあり、想像的でもある。

図A-4では、壁に結ばれたひもにいかにして振動が伝達されるかを見ることができる。これは単純な種類の波の動きである。時間t_1　時間t_2（……）で示してある。

ひもの一端からだけ振動が送られるのではなく、ひもの両端から振動がやって来ると（たとえば、振動が壁で跳ね返った、あるいは反射したと考えてほしい）、私たちはすべての波に見られる典型的な動きに気づく。反対方向からやって来る二つの波は、互いに足し合わされるか、あるいは差し引かれる。それらはより大きな波に合計されるか、あるいは互いに相殺されるのである。科学者たちは、この現象を二つの波の重複という観点から説明する。

◎波の重ね合わせ

スーパーポジション、すなわち波の重なり合う仕方は、波が出会うときに生じる特別な性質である。波が足し合わされたり、差し引かれたりする仕方、つまり波の重ね合わせは、粒子には生じない。波だけに生じるのである。合意的現実では、粒子が出会うとバンと衝突する。しかし、波は違う。波は足し合わされ（あるいは差し引かれ）、そして出会ったことを多かれ少なかれ忘れて、そのまま進んでいく。図A‐5では、一つは左側から、もう一つは右側からやって来る二つの波が、いかに相互作用するかを示してある。

重複は、波が出会い、交差するときに生じる。t_2 で

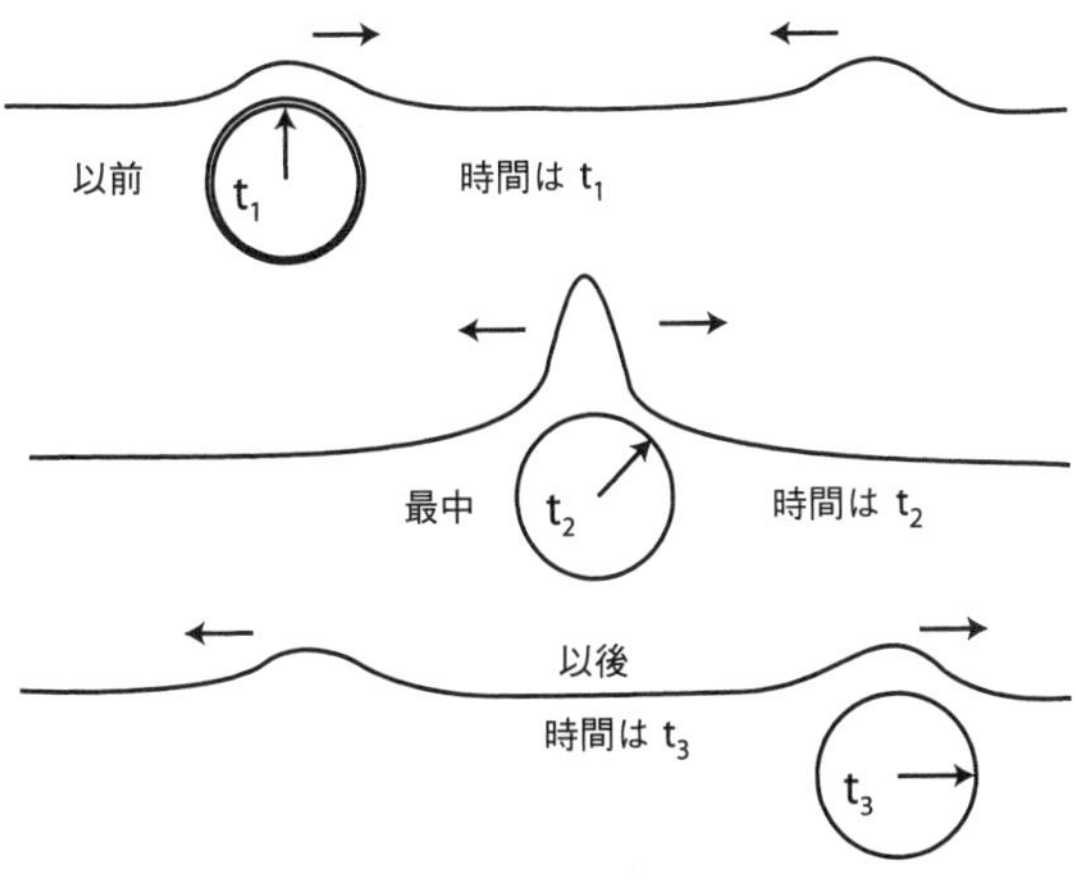

図A‐5　重ね合わせの生じ方

出会った後も、t_3の振動は基本的に変化しておらず、そのまま進み続けていることに注目してほしい。波は独立ないし分離した性質をもつのである。それらは相互作用し、足し合わされ、差し引かれるが、最初の道を見失うことはない。[*7]

もし、波の大きさや形が同じではなく、まったく正反対であったら、何が起こるだろうか？　図Ａ-６を見ていただきたい。波はt_2を通過するときに、互いに相殺される。それらのエネルギーはどこへ行ったのだろうか？　エネルギーはひもの振動の中を進んでいる。

波は、粒子とはまったく異なる仕方で互いに関わる。波は出会うときに足し合わされる（あるいは差し引かれる。そして相殺される）。一方、粒子は互いにぶつかって跳ね返る。出会った後に、粒子の道は変化する。波は以前と同じ道を進む。まるで互いに分離しているかのように。[*8]

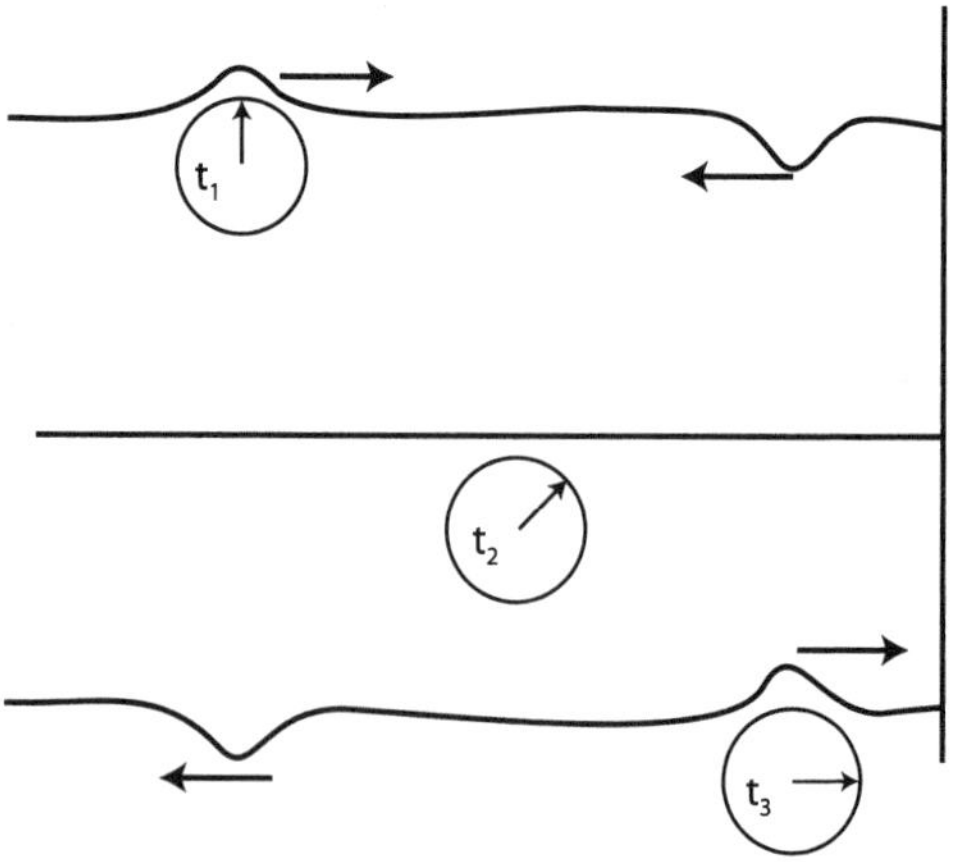

図Ａ-６　波の相殺

粒子は相互作用の最中に起こるがままにまかせようとしない。粒子は、道で互いに出会ってもよけようとせずにぶつかってしまう融通の利かない人物にちょっと似ている。波は、足し合わされたり、差し引かれたりできるが、その後も基本的に変化することのない、余裕のある人に似ている。

私たち人間は、波のようでもあり、粒子のようでもある。もしあなたが私を批判するならば、多くの場合、私は粒子のように振る舞い、とんがって衝突するかもしれない。私の自覚が非合意的現実に焦点を当てるならば、私は批判されても波の状態を保つ。私は状況を受け容れ（合意された、あるいは誤りを指摘されたと感じ）、また進んでいく。

非合意的現実では、外側と同じ重ね合わせが私たちの内側で起こる。たとえば、私のある側面が「イエス」と言い、他の側面が「ノー」と言うならば、たぶん私はただぽかんとするだけだろう（もし私が自覚を使い、起こっていることに注意を払うならば、t_2で生じているようなダイナミックな内面のバランスに気づくだろう）。

要するに、内的経験は波に似たプロセスなのだ。それらは重ね合わさる。それぞれの波や世界は時間がたっても分離を保つ傾向があり、相対的に変化しない。

◎重ね合わせの原理

重ね合わせの原理（principle of superposition）は物理学における一般法則である。[*9] 水の波や量子の波といった波動の現象に適用されるこの原理によると、ある時点で相互作用するすべての波を重ね合わせた影響は、その時点に存在するすべての波の強度（あるいは振幅）の合計である。例として次ページ、図A－7の四角の波を見てほしい。他の波を足し合わすと、四角の波に近づけることができる。重ね合わせの原理によると、二つ以上の波が空間上の同じ領域を通り抜けるとき、波が重なり合い、両方の波の合計からなる結合の効果が生み出される。波は重なり合っても完全な状態を保つ（つまり恒久的変化がもたらされることはない）。

リチャード・ファインマンは、重ね合わせの原理（すべての波は他の波の合計として理解できる）があらゆる数学と物理学の中で最も驚くべき原理であると述べているが、私も同じ意見である。すべての波は（図の四角の波のように）他の波の集まりとして想像できるので、波のように見えるあらゆる粒子も波の集まりによって表現できる。

一九二〇年代の物理学者たち、たとえば量子波（「物質波」と呼んでいた）を最初に発見したエルヴィン・シュレディンガーなどは、この原理を捉えて、「もしすべての波が他の多くの波の合計ならば、ある一つの波動（たとえば粒子の量子波）は、たくさんの〝下位‐波動〟をもっているにちがいない。そのそれぞれは波動／粒子の分離した量子状態を表現しているにちがいない」と述べた。

そのとおり！　ある物体の主な波動は、その素粒子的状態を表現する下位‐波動に分解される。ある物体の波動関数全体は、すべての下位‐量子状態の合計である。要するに、原子の素粒子的状態は、

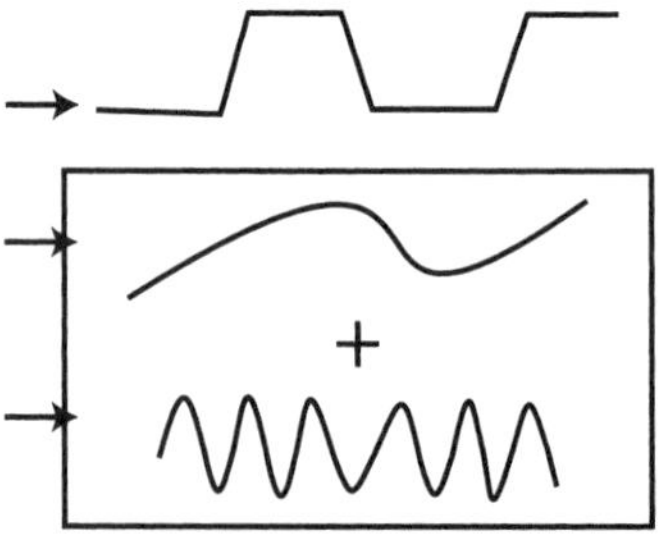
あらゆる波、四角の波でさえ、より多くの波を見出すことによって理解できる。あるいは創り出すことができる。たとえば、この長い波と、
この周波数の高い波を
（他の多くの波と）足し合わせると、上の四角の波に近づく。

図A-7　重ね合わせの例

振動の多様なあり方から成るのだ！　日常語で言うならば、原子（ついでに言えば、あらゆる物体）の基本的な数学パターンは、その量子的ないし夢的パターンのすべての可能性の合計である。

◎夢の断片は下位‐波動である

シュレディンガーはある意味でセラピストだと言えるだろう。私たちセラピストは、合意的現実のその人だけを見るのではなく、非合意的現実の下位パーソナリティの集まりがその人であると考える。だから、セラピストたちはいつも、自分自身を知ることは自分の多様な部分やプロセスを知ることを意味すると言うのである。夢を見てみよう。私たちは、昨晩の夢に五つの異なる断片が出てきたとしても（たとえば、木、犬、父、姉、学校の先生が出てくる夢を見たとしよう）、そうした表象あるいは下位パーソナリティのすべてが完全なあなたを創り上げるために必要であることを知っている。日常的現実で、あなたがそうした夢の要素を見ることはない。それらは重ね合わさって、あなた全体の輝きあるいはオーラと呼べるような、沈黙の力、微細なパターンを創り出している。それがあなたを動かすのだ。

原子がたくさんの量子状態をもつように、ドリームランドであなたはたくさんの下位パーソナリティをもっている。それぞれの状態、それぞれのパーソナリティは、ある状況下におけるあなたの振る舞いの実際のあり方の可能性や傾向を表現している。

◎分離可能な諸世界

それぞれの波は、分離した並行世界である。それぞれは、あなたが進むことのできる道だが、他の道とは基本的に独立している。あなたは自分自身の人生において無数の分離可能な諸部分を経験したことがあるだろう。あなたは漠然とした自覚しかもたずにあることを行ないながら、同時に、別のことについて夢を見たり、イメージしたり、ハミングしたりできる。ハミングしながら別のことを行なうというのは、並行世界の平凡な例である。あなた全体は両方の世界の重ね合わせなのだ。

◎波と粒子

物質に関する多様な見方のいくつかをまとめてみよう。古典的物理学や現代医学では、粒子はいまだに粒子、化学物質は化学物質、身体は身体と考えられている。一方、量子物理学や弦理論は、粒子や身体を確率の雲あるいは単純に波動と捉える考え方を提起した。[*10]

すべての波が他の波の合計であることはすでに学んだ。本書の第1章を思い出してほしい。デイヴィッド・ボーム（そしてその先駆者ド・ブロイ）

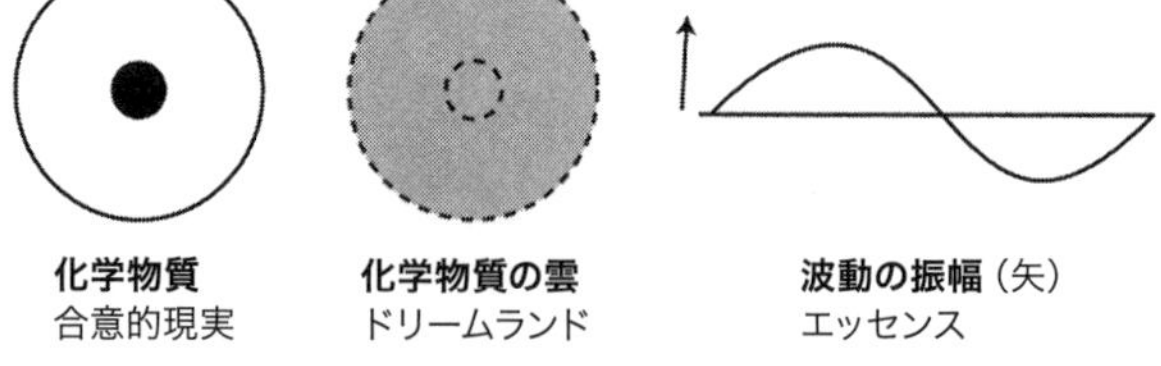

図A-8　物質の展開図

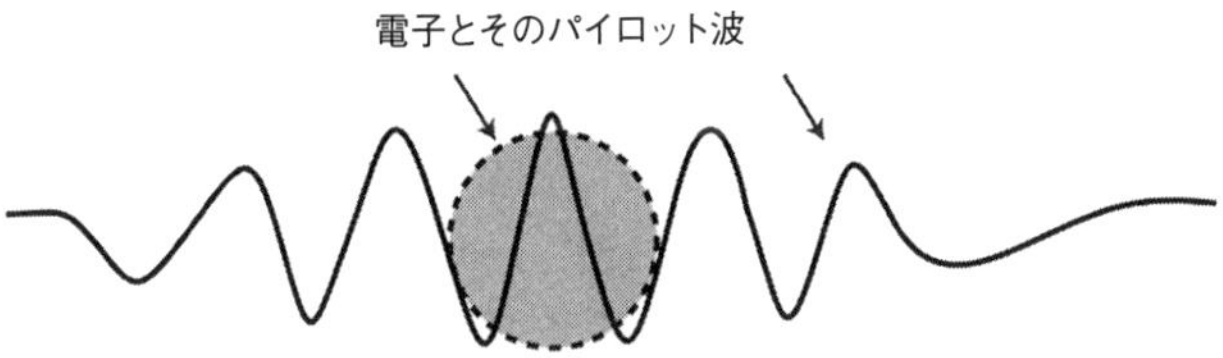

図 A-9　物質に関するボームの見方の図

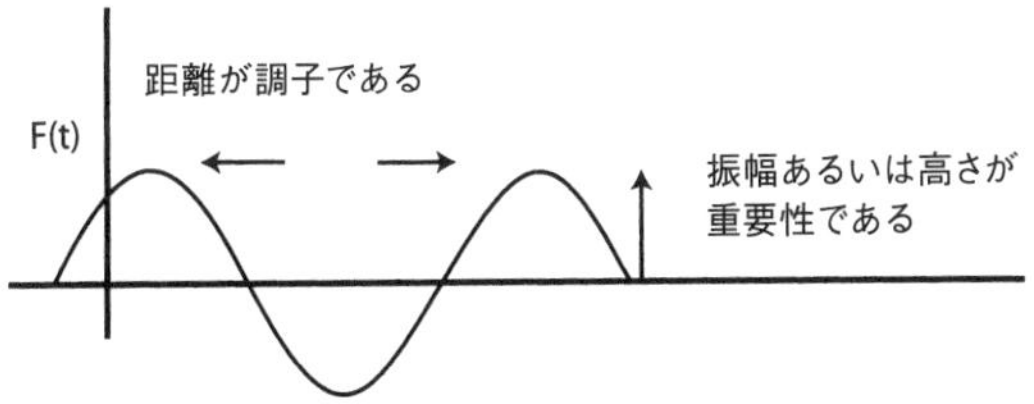

図A-10　量子波動の意味

が、電子のような合意的現実の粒子を、その波動によって時空間を導かれるある種の想像的な小片と捉えたことを論じた。ボームは量子波動をパイロット波と想像したのである。

粒子に対するボームの見方は、私たちが身体で経験する物質の仮想的性質(「意図をもつ場」の情報的性質)と一致する。同時に、いかにして私たちが想像的な物質と自分自身を合意的現実で(時間と空間の中の粒子、物体、人として)一致させたかに関する描写を含む。[*11]

シュレディンガーは、量子波動の振幅(あるいは高さ)が、系全体にとってのその特別な量子状態の重要性を含むことを示唆した。[*12] この振幅は二乗されると、日常的現実に生じる事象の確率になる。波長の距離は、仮想的で測定不可能な量子状態の個別の頻度あるいは調子を表現している。

シュレディンガーによる波動方程式の発見は、二〇世紀の偉大な達成の一つである。それは物理学のほとんど、そして、理論的にはすべての化学をも含むものであった。それは物質の原子構造を理解するための強力な数学的道具である。

当初、シュレディンガーは量子波を「物質波」と呼んだ。彼は最終的になんらかの物質が測定されるであろうと考えていたのである。そうした波は合意的現実では測定不可能であることが判明したが、身体で感じられる身体感覚的な経験であるという意味では物質的である。素粒子的な領域に関する彼の直観は、私の意見では、ドリームボディの知恵に関する直観である。ある人はそれをグレート・スピリットと呼び、またある人はそれをクォンタム・マインドと呼ぶかもしれない。シュレディンガーにとって、それは「物質波」であったのだ。

◎量子状態の交差点

この付録で私は、物質の測定不可能な量子状態が、いわゆる心理学で言及される下位状態のアナロジーであること、もしかしたらまったく同じものかもしれないことを示唆した。今この瞬間に、量子の場あるいはパイロット波の場、それを私は経験に基づいて「意図をもつ波動の場」と呼んでいるが、それが私たちを動かし、私たちに情報を与えている。粒子がそのパイロット波によって情報を与えられ運ばれるとボームが想像したのと同じように。この意図はエッセンス、沈黙の力である。それは、自覚が培われていれば、あるいは睡眠中も明晰かつ静穏であるならば、あなたが日常生活で感じる動作傾向として現れる。

沈黙の力がエッセンスの世界からドリームランドに浮上すると、それは夢の断片に分裂する。ちょうど量子状態（たとえば、各原子の振動モード）と同じように、すべての断片は私たちの全体性に欠かすことのできない貢献者である。日常的現実では、夢のような経験を振り返ることが、自分の振舞いの大まかな感覚を与えてくれる。ちょうど量子状態が反射し、そして自己増幅し、起こる事象の確率を生み出すように。

心理学と素粒子物理学の概念、パターン、構造の類似性は、心理学、アート、科学が重なり合う結節点を創り出す。私は、物質と精神が溶け込む、この重なり合いの区域を「量子状態の交差点」と呼んでいる。

物質や精神という古い用語を私たちはあまり使わなくなっている。時間や空間といった合意的用語を使うことも減っていくだろう。それらは精密さを要求する研究に答えるにはあまりにも漠然としているのだ。文化が変化していくにつれて、そういった古い用語は最終的に消え去るだろう。結局、それらは沈黙の力から浮上している形なのである。イメージに焦点を当てるならば、心理学になる。身体感覚や計測器を使うならば、物理学になるのだ。

合意的現実でのみ、身体感覚は実際の肉体と相互作用すると言える。相互作用は合意的現実の用語であり、分離した点とその関連性から事象を考える。最も深いレベルでは、あなたの感覚が身体である。分離した世界が交差するのだ。量子状態と、夢という変性意識状態は、同じ潜在的現実に与えられた二つの名称である。この現実（私たちの人格の背後にある沈黙の力、弦、物質を導く量子波動と呼ぶこともできる）が変化するとき、それが私たちを導く夢のようなパターン全体を変容させるのである。もちろん、それが特定の局在的な身体症状に与える影響は、不確定性原理に支配されているが。

　とにかく、プロセス指向の科学では、何かが正しいとみなされるのは、既知の事実だけでなく、人間の（測定できないかもしれない）諸経験全般に言及し、それが合意的現実およびドリームランドにおいて妥当であるときだ。レインボー・メディスンでは、新しい概念や理論は検証でき、そして感じることができなければならない。新しい科学パラダイムでは、ある概念が正しいと言えるのは、合意的現実で検証され、そして合意的現実、ドリームランド、傾向の世界で経験されるときである。

　これは、沈黙の力といった概念の妥当性、多様な下位状態の重ね合わせの正確性、量子状態の交差という考え方が、最終的に合意的現実における検証によって主題になり、洗練されうること、されなければならないことを意味する。

［付録B］　複数世界――エヴェレットの多世界

波動方程式の謎――なぜ、それは確率を生み出すために増幅される必要があるのか、ひとたびそれが日常生活で現実になると並行世界には何が起こるのか――を理解するために、物理学者たちはさまざまな概念を使ってきた。

おそらく、最もよく知られている考え方は、量子力学のコペンハーゲン解釈である。この解釈は非合意的な事象、たとえば並行世界は、数学的に言えば特異状態であり、非実在的なものとして無視することができる、つまり無意味であると示唆している。

しかしながら、心理学的に言えば、私たちはなんらかの経験に焦点を当て、それらを現実と呼び、それ以外の経験を忘れ、無視することさえある。私たちはたいてい友人のいつもの外見に焦点を当て、その友人のちょっとした変化を無視する。その意味が即座にわからないからだ。観察者としての私たちは、現実を創り出し、それに執着する力を、自分で気づいている以上にもっているのである。

ヒュー・エヴェレットは、一九五七年にジョン・ウィーラーの下で博士課程の学生だった頃、観察者の力を通してどのように現実が生じるかということに関するコペンハーゲン解釈の理解に対する代替案を夢に見た。[*1] 噂によれば、エヴェレットはとても夢想家であったという。マイケル・プライスはこう述べている。「エヴェレットは、見たところ強烈な個性の持ち主で、その話し方には鋭い知性が感じられ、二言三言聞いただけで質問を先取りした。そうそう、どうでもよいことだが、彼は豪華なキャデラックを運転していた」。[*2]

エヴェレットは他の物理学者たちよりも観察者をより深い民主的な見方で捉えていた。エヴェレットによれば、量子状態は並行世界である。そうした世界のすべては同時に存在する。もちろん、私たちがいる世界が合意的現実で最も知覚されやすく、それゆえ経験されやすい。言いかえれば、エヴェレットにとって、並行世界はそのすべてが現実に存在するものである。したがって、ある瞬間、ある世界で生きながら、別の世界では死んでいる可能性もある。

エヴェレットの概念は、周縁化の考え方を思い起こさせる。すべての世界を現実として捉えるならば、私たちが合意している世界は、単に最も起こりやすい世界、最も観察しやすい世界にすぎない。他の世界では何が起こっているのだろうか？ なぜ私たちにはそれらが見えないのだろうか？ それらが私たちの焦点の真下にあるにもかかわらず、私たちはそんなものなど存在しないと自分自身に言い聞かせ、この世界以外の（諸）世界を周縁化しているから、というのが私の答えである。

エヴェレットは、二つのシステムが互いに相互作用しているとき、それらが一瞬同じ波長になることを指摘した。一つのシステムはこの波長を測定値として記録する。別の瞬間には、観察者は観察される物と別の波長あるいは別の世界に入ることができる。こうして、（コペンハーゲン解釈のような）波動関数の崩壊はなくなる。今や、システム全体の量子状態と同じだけの多世界があるのだ。

心理学においても、私たちはこの概念を知っている。ある日、私たちは友人に会い、一緒に一つの世界に入る。次の日、私たちは別の世界で相互作用し、その友人とまったく異なる振動に乗る。このように、私たちは誰もが並行世界（関係性における二重の役割や多様な諸世界）を知っている。ちょうど音楽鑑賞で、交響曲のさまざまな楽器や音、さまざまな音色や倍音を聞き分けることが要求されるように、心理学や物理学の理解は今やさまざまな世界やその想像的な空間と時間に同調することを私たちに要求する。

合意的現実の世界のすべての観察とともに、あるいはそのすぐ隣に、複数の宇宙が横たわっている。私たちそれぞれの周りに、無数の経験と宇宙が横たわっている。それらに注意を向ける練習をしよう。

[付録C] 意識——クォンタム・マインド

クォンタム・マインド(量子レベルの意識)に関して、専門的でありながら読みやすい本としては、ニック・ハーバートの『エレメンタル・マインド *Elemental Mind*』、フレッド・アラン・ウルフの『量子の謎をとく *Taking the Quantum Leap*』、アミット・ゴースワミの『自己意識をもつ宇宙 *The Self-Aware Universe*』などがある。物理学の心理学的基盤については拙著『クォンタム・マインド』、また、医療分野におけるクォンタム・マインドについてはスチュワート・ハメルホフの研究が参考になる。*1

ここでは、クォンタム・マインドという語のもつさまざまな意味のいくつかを要約する。

ヴェルナー・ハイゼンベルクによれば、量子的領域の傾向性は「可能性と現実のちょうど中間にある不思議な物理的現実」に存在する——それは日常的現実で経験されるが、確実な実在として経験されるわけではない感情に似ている。ハイゼンベルクは、「原子と素粒子それ自体は実在とは言えない。それらは物や事実ではなく、確率あるいは可能性の世界を形成するのである(……)確率の波動は(……)何かに向かう傾向性を意味する。それはアリストテレス哲学のポテンシア〔可能性、能力〕という古い概念の量的なバージョンである。それは事象の観念と実際の事象の中間に立っている何か、可能性と現実のちょうど中間にある不思議な物理的現実を指す」と述べている。[*2]
クォンタム・マインドは具体的な像として正確に捉えることはできない。私たちは人や石や木がどんな形か知っている。しかしながら、クォンタム・マインドを簡単に想像することはできない。なぜならこの意識は、量子力学の数式と同じで、たとえば椅子のような具体的なイメージをもった物ではないからだ。ニールス・ボーアによれば、一つの現実だけが測定可能である。私はこの言葉を「合意的現実仮説」と呼んでいる。クォンタム・マインドとは、非合意的現実の経験であり、常に説明できない仕方で私たちに情報を与える場の感覚、私たちを導く知性である。
私たちがクォンタム・マインドを観察しようとするとき、それは日常的現実における事物の性質を帯びる。注意深く観察するなら、「自分が」何かを観察する以前に、それがふっと意識をよぎることに気づく。そして私たちには、観察の衝動がその対象から来たのか、自分の内側から来たものなのか確実なことはわからない。言いかえれば、クォンタム・マインドは合意的現実で私たちに浮上する観念と対象の中間の場、そしてそれを超越したところにある。
クォンタム・マインドは自己反射的であり、自己覚醒的である。私たちには、自然があたかも好奇心をもち自己反射的であるかのように見える。クォンタム・マインドは自己反射的である。それはそれ自身を反復して、立体感、現実性、理解、覚醒の感覚を創り出す。ジョン・フォン・ノイマンは『量子力学の数学的基礎』の第6章で、量子力学の（暗黙の）仮説では、観察者という概念の中に埋め込まれている意識が不可欠であることを示した。彼の考えによれば、現実の根源的基盤は数学であり、合意的現実で描写されるものではない。言いかえれば、通常私たちが現実世界と考えているものはリ

量子物理学	プロセス指向のレインボー・メディスン	分析心理学
ゼロポイント・エネルギー	**エッセンス**	**無意識**
宇宙の始まり 量子波動場 自己反射する波動 ナノ的事象	沈黙の力 意図をもつ場 反射するフラート フラート、前シグナル	ウヌス・ムンドゥス (一なる世界) 類心的無意識
数　学	**ドリームランド**	**夢**
素粒子的状態 重ね合わせ 確率	並行世界 プロセス 身体感覚、想像	夢の断片 意味 元型的イメージ
現実、時間、空間	**合意的現実**	**日常生活**
観察可能 測定 粒子、対象	シグナル、ダブルシグナル 自覚 身体、心、人 プロセス	行動 意識 自我、ペルソナ 個性化

アルではない。それゆえ、私はそれを合意的現実と呼ぶのである。

ひとたび結びついた事象は常に結びついている。シュレディンガーは、二つの原子がいったん相互作用すると、一つの原子の可能性や傾向がもう一つのそれと永遠に結びつき、絡み合うと述べている。この即時的かつ非局在的な相互作用は、自分自身を他人から切り離し、自分の感情からも自分を切り離そうとする私たちの日常的な姿勢とはまったく異なっている。微細な非合意的現実の事象は相互連結しているのだ。

空間、局在性、粒子、身体は、いたるところにあるクォンタム・マインドが合意的現実に顕現した形にすぎない。非局在的なつながりとは、いったんあなたの靴の一部がある街の歩道をこすったならば、あなたとその歩道が常につながっていることを意味する。ボームは、分割不可能な量子世界の本質的なつながりのことを「分割不可能な全体性」と呼んだ。その性質は、いわゆる「ベル‐アスペの実験」によって支持されている〔訳註　一九八二年、フランスのアラン・アスペらが「ベルの定理」を実験によって証明した。すなわち、光子が光速を超えて瞬時に情報伝達していることを証明し、素粒子の非局在性を立証した〕。

並行世界は同時に存在している。クォンタム・マインドは沈黙の力として感じることができ、共存するという性質をもつ分離した多様な世界において現れる。すなわち、クォンタム・マインドの並行世界は、「分離した現実 separate reality」〔訳註　カスタネダのドン・ファン・シリーズ第二作のタイトルに用いられた表現〕である。それぞれの世界は本質的に分離しているのだ。それらは時に重なり合うこともあるが、互いに強く影響を及ぼすことはないようだ。

クォンタム・マインドはスピリチュアルな文脈および科学的な文脈においてさまざまな名称をもつ。科学者の多くは、グレート・スピリット、ドン・ファンのいうナワール、神、タオといった名称に抵抗する。スピリチュアルな観念は、科学的な教育によって大部分が否定されているにもかかわらず、実は科学の非合意的な基盤を形作っている。私はアインシュタインの有名な言葉を思い出す。「私は神の考えを知りたい(……)それ以外のすべては些事にすぎない」

分析心理学において、おそらくユングは、錬金術師たちのいうウヌス・ムンドゥス(一なる世界)とはクォンタム・マインドのことだと考えたことだろう。理論物理学者のウォルフガング・パウリと同様に、ユングは心理学と物理学の統一が「テルティウム・コンパリシオニス」(第三の中間領域)において起こると推測した。私は、上記のレインボー・メディスンの用語が、第三の中間領域の描写に貢献することを提唱する。三六二頁の表はけっして完全なものではなく、ひとつの示唆にすぎず、物理学者たちやあらゆる種類のトランスパーソナル・セラピストたちのさらなる考察を促すものとなれば幸いである。

クォンタム・マインドはどこから来て、いかにして始まったのか、私にはわからない。「いかにして」や「どこで」は合意的現実の概念であり、ドリームランドの想像的領域ではあまり意味をもたない。私たちの身体に対する非合意的現実の自覚や意識の影響に関するかぎり、測定は非局在性との取り組みのうえでなされなければならない。原理上、ある場所における自覚の変化は、宇宙全体の未来と過去の両方に変化を生み出す。こうして、生きとし生けるものすべては、クォンタム・マインドの「共-創造」に寄与しているのである。

このような状況下においては、経験の自覚が、数学的な美や時空間における測定と同様に、やがてはドリームランドや物理学の数学的空間を解釈する支配的なパラダイムになると思われる。従来は、合意的現実における測定や数学の厳密性および証明が有効なパラダイムであった。しかし今や、多次元的な自覚を含む、刷新されたより包括的な合意的現実が出現すべき時である。私は、根源的な現実としての主観的な身体経験に焦点を当て、それを尊重することが、健康の諸問題に著しい肯定的な結果をもたらすであろうと予言する。

訳者あとがき

本書は *The Quantum Mind and Healing: How to listen and Respond to Your Body's Symptoms* の全訳である。元物理学者であったアーノルド・ミンデルは、前著 *Quantum Mind: The Edge Between Physics and Psychology*（未訳）において、物理学、量子論、数学をプロセス指向心理学の立場から読み直し、深層心理学、カップル・セラピー、家族療法、コミュニティ心理学との新たな関係や可能性について、理論的に論じていた。本書はその姉妹編であり、前著を、プロセスワークが誕生当時から着目しつづけてきた身体症状や病気との心理学的取り組みに、どう応用できるか、といった内容になっている。本書には物理学や生物学の最新の知見がふんだんに盛り込まれており、そうした分野にふだんあまり接していない読者には、最初やや取っつきにくい面もあるかと思われるが、とても平易かつエキサイティングで、プロセス指向心理学（ＰＯＰ）の基本およびその今日までの歴史を概観しながら、自分や知人の身体症状や病気、加齢、アディクション（嗜癖）、遺伝的問題などと実践的に取り組めるものとなっている。

本書で特筆すべきは、身体疾患を西洋医学以外の視点、「（夜見る）夢」の地平から見直すことの有意義さを主張している点、さらには、疾患が人間関係や家族、コミュニティ、国といったネットワークの中に深く根ざしたものであることを、平易に解き明かしている点であろう。

そのことをミンデルは、「多次元的療法」あるいは「レインボー・メディスン（虹の医療）」と呼んでいる。虹は現実《リアリティ》や意識の多次元性を比喩的に言い表わしたものだが、医療を、そうした観点から捉え返しているのである。筆者なりにミンデルの虹のアプローチを整理すると、医療には、①西洋医学的次元、②社会的（世間一般の）／合意的現実の次元、③心理学的（自我主観の）次元、④夢（ドリームボディ）の次元、⑤エッセンスの次元があり、それらすべてを肯定し、コラボレートさせていこうとする試みが、多次元的療法の立場である。したがって、代替療法家が西洋医学をときに敵視するのに対し、ＰＯＰは投薬や入院、機械論的な西洋医学のあり方を、積極的に受容している。代替療法は、その有用性や科学性を西洋医学の次元や言葉で証明しようとすることが少なくないが、それは元来、西洋医学のパラダイムとは異なる文脈《コンテキスト》を基盤としているため、西洋医学の側から見ると、かえって「いかがわしさ」が強まる結果に終わることも多いのではないだろうか。それに対してプロセスワークは、神秘主義やトランスパーソナル心理学から意識や現実の多次元性あるいは「深さ」という見方《パラダイム》を借用し、その中に、多次元的療法に不可欠な一要素（一つの次元）として西洋医学を収める、という戦略を採っている。

次に、社会的に合意された次元であるが、それについてはプロセスワークが、あらゆる現象は所与の歴史的・社会的文脈の中で意味づけられる、という文化人類学や社会学の成果を踏襲しているといえよう。しかし、夢の次元、特にエッセンスの次元では、社会的次元《パラダイム》を打ち破り、超え出たトランスパーソナルな文脈（地平）が広がっている、と仮定している点では、文化人類学や社会学とは袂を分かち、ユング心理学や神秘主義の系譜に連なることになる。

言いかえると、多次元的な文脈の中に社会的次元（文脈）を包含できる、と仮定しているのである。社会的コンテキストを重視する立場からは、医学モデルはもとより、神秘主義的次元、トランスパーソナルな次元のほうこそ、歴史的・社会的文脈の中で捉え返されなくてはならない、という主張が出てくるだろう。しかし、そう考えると、西洋医学パラダイムも、その立場から社会的に合意された次元や深層のトランスパーソナルな次元を取り込もうとしても不思議ではない。

要するに、「文脈」主義それ自体も他の多様な文脈によって解体されてしまうのだが、プロセスワークは元々、「心」理学であり、心を考えると、医学や社会学を超えた「内面」を問題にせざるを得なくなる。そして「心」や「内面」、及びそこから見えてくるリアリティは多次元的である、と仮定するところから医療を見直しているのだ。

簡単な例から考えてみよう。あなたが頭に痛みを感じているとしよう。あなたやあなたの家族、友人は、その経験を「頭痛」と呼ぶだろう（世間一般の、社会的現実）。数日経っても頭痛が治まらず、あなたは病院へ行く。そこであなたは「緊張型」の頭痛と診断される（西洋医学的現実）。たまたまカウンセリングに通っていたあなたは、その「頭痛」について、「まるで孫悟空みたいに、頭にはめられた金の輪で締めつけられているような痛さ」と思わず表現する。実際にそんな輪（緊箍児《きんこじ》という）をはめられたことなどないが、その表現はあなたの痛みの体験にぴったりである（あなたの、自我の、または心理学的現実）。心理学者は医者のように痛みを緩和すべくアスピリンを処方することはできないが、金の輪で締めつけられるような苦痛に共感し、あなたの自我主体を支えていく。ところで、ある日、全身が部屋の両側から締めつけられるような夢を見たとしよう。それについてカウンセラーに話していると、ふとそれが、頭にはめられた金の輪を増幅したイメージであることに気づき、妙に納得する。ここでこの夢＝金の輪のイメージ＝頭痛（身体症状）と仮説を立てることがドリームボディ（夢の身体）の見方、見立てである。夢やイメージ、身体症状は、それぞれ「より大きな夢の身体」の一部または断片だったのだ（ドリームボディの現実）。この例で言うと、輪っかで締めつけられるような痛みを感じ、部屋の両側から締めつけられることに、おそらく恐怖や苦悩を感じているのが自我であるのに対し、金の輪や、部屋など、締めつける側がドリームボディのイメージである。それはあなたの中から生まれたイメージや夢であるため、主観的なものだが、同時に、輪っかや部屋によって締めつけられることは、あなた（自我）の意図を超えているものであるゆえに、トランスパーソナル（超個人的）なプロセスでもある。ドリームボディは、主観的であるとともに、主観を超えたものなのだ。

ところで、心理学が身体症状やドリームボディに対する自我主体のあり方（たとえば、あなたの不安、傷つき、痛み）を支援するのに対し、プロセスワークは症状や病気そのものにアプローチしていく。そういった意味で、ＰＯＰは、西洋医学と同じ領域を対象としている。しかし、大きく異なるのは、身体症状を医学的次元からではなく、夢やドリームボディの次元《パースペクティヴ》から捉えている点である。西洋医学と同様の領域を対象としながら、それとは異なる有益な見方と方法論をプロセスワークが有しているため、ＰＯＰに関心を示す医師たちが増えている。

さて話を戻すと、瞑想的なやり方で、意識の視点（立脚点）を、ふだんの私（自我）から金の輪や部屋の壁といった締めつける側に移していったとしよう。すると不思議なことに、頭や体を締めつけると思っていたイメージが、言葉になる前の感覚として「包容力」に変わっていったとする（エッセンスの次元）。プロセスワークでは、ドリームボディの次元までのイメージや身体経験は、（ふだんの）自我の側からの、または（未成熟な）自我との対比で生じていたものだった、と考える。それに対してエッセンスの次元は、自我と、非（対）自我のイメージ（他者、世界、その他）に分かれる以前の非二元的次元だ。たとえば、意識を自我から金の輪や壁などの締めつける側に移すと、それらは自我を起点とした見方《イメージ》から解放されて、別のイメージに変容したり、自我とイメージに分節化される以前の次元に回帰したりする。その体験を把握するには、直感（intuition）や霊感（inspiration）、第六感といった感覚に開かれていなければならない。

　プロセスワークは以上の各次元をすべて肯定し、西洋医学、代替療法、心理療法、プロセスワークのドリームボディ・ワーク、エッセンス次元を前提とした瞑想的または、より微細なドリームボディ・ワークのコラボレーションを図っている。本書には、以上のようなさまざまな立場に立ったエクササイズがふんだんに盛り込まれているので、楽しみながら試みていただきたい。

　本書の翻訳作業は、まず青木聡が行ない、それを基に藤見幸雄が原文と照らし合わせて逐一確認していった。今回も、以前に引き続き、編集者の鹿子木大士郎氏には大変お世話になった。プロセスワークを常に支え続けていてくださる同氏、また今回翻訳を快諾してくださった日本教文社に心から感謝いたします。

藤見幸雄

原　註

第1章

1. 2001年フェルミ研究所でのスピーチにおいて、ダン・ゴールディンは夢見ることを忘れた物理学者たちを叱咤した。
2. クォンタム・マインドと物理学や心理学の関連については、付録C「意識：クォンタム・マインド」を参照のこと。
3. 付録では、こうした分野に対する感覚が物理学の量子ポテンシャルや波動関数の心理学的なアナロジーであることについて述べている。
4. 心理学者にとって、虚時間は神話の現実性や神話的な概念を側面から支えるものとなるだろう！

第2章

1. *Frontier Perspectives* (The Center for Frontier Sciences at Temple University), Fall 2000, 9 (2): 27.
2. Abraham Pais, "Wolfgang Ernest Pauli," *The Genius of Science*. 2000.
3. これは量子物理学に対する私の解釈である。拙著 *Quantum Mind* を参照のこと。
4. Harold D. Roth は、*Original Tao* (1999) で、老子の『道徳経』に先立つ長く失われていたテクストにおいて「内面の鍛錬」と呼ばれる文献を発見したことを語っている。古代の思想に関する彼の概観によれば、古代中国の哲学や科学についての私たちの考え方を根本的に変えるのは、タオあるいは「道の力」がすべてを創り出すという思想である。この世界は道の力の顕現なのだ。
5. Ibid., p.46.
6. ソギャル・リンポチェ『チベットの生と死の書』（講談社）を参照のこと。
7. Heisenberg (1958), *Physics and Philosophy*, chapter 2.「しかしながら、（波動あるいは）確率関数それ自体は時間経過における事象の過程を表現しないことを強調すべきである。それは事象に向かう傾向や事象に関する知識を表現する」（『現代物理学の思想』みすず書房）

第3章

1. この講演はカリフォルニア工科大学 (Caltech) で行なわれ、同大学の *Engineering and Science* の1960年2月号に発表された。現在はウェブで入手可能。www.zyvex.com/nanotech/feynman.html
2. Robert Freitas はその著書 *Nanomedicine* で、ナノサイエンスと医療を統合するエキサイティングな仕事について述べている。
3. Ibid.

4. クレイマーの仕事に関しては、拙著 *Quantum Mind* を参照のこと。フレッド・アラン・ウォルフの *The Quantum Leap*、および、特に *Parallel Universes* (p.219-223)（『もう一つの宇宙』講談社ブルーバックス）も見よ。そこではクレイマーが最初に名づけた、反射する「オファー」と「エコー」波動について詳述されている。それは観察者と観察されるもの、あるいは観察者と本人自身の間を通過する。
5. 私は『24 時間の明晰夢』（春秋社）で、フラートする傾向について詳述した。
6. David Bohm(1957), *Causality and Chance in Modern Physics.*
7. あるアボリジニーがある人類学者に「ドリーミング・プレイス（夢見る場所）」という概念を説明している。出典不詳。*IONS Noetic Sciences Review*, September-November 2000, Ausalito, CA 94965 からの引用。
8. 共役に関する徹底的な議論は、拙著 *Quantum Mind* を参照のこと。
9. インド哲学でプラーナは身体エネルギーを指す。初期ヒンドゥー哲学の中心的な概念であるプラーナは、特にウパニシャッドで表現されているが、生命力の原理であった。それは永遠に向かう人の「最後の息」あるいは来世まで生き残った。Gopi Krishna, *The Biological Basis of Religion and Genius* を参照のこと。ヴァイツゼッカーによる序文がある。
10. Ibid. ヴァイツゼッカーは、クンダリニーと量子論における波動関数の「確率振幅」を関連づけた。

第4章

1. Michio Kaku, *Hyperspace: A Scientific Odyssey through Parallel Universes, Time Warps, and the Tenth Dimension*, 1994（『超空間』翔泳社）を参照のこと。
2. Nima Arkani-Hamed, Savas Dimopoulos, and Gerogi Dvali による *Scientific American* の記事 “The Universe's Unseen Dimensions” を参照のこと。現代物理学や科学技術と関連した高次元的思考に関する躍動感のある面白い文章である。
3. ジャック・リュセイランの作品を教えてくれたカール・ミンデルに感謝する。
4. Jacques Lusseyran, *And There Was Light: The Autobiography of Jacques Lusseyran.*
5. エレン・コーエンによる翻訳、1980 年。

第5章

1. Richard Feynman, *The Character of Physical Law.*（『物理法則はいかにして発見されたか』岩波現代文庫）
2. 拙著『シャーマンズボディ』（コスモスライブラリー）第 6 章を参照のこと。

第6章

1. Dalai Lama, *Freedom in Exile.*（『ダライ・ラマ自伝』文春文庫）

2. *And There Was Light: The Autobiography of Jacques Lusseyran.*
3. 拙著 *Quantum Mind* 第 16 章～第 18 章を参照のこと。
4. 本書の第３章を参照のこと。
5. Davis と Sumara は *Harvard Educational Review* の記事 “Cognition, Complexity, and Teacher Education,” で、知覚の座そしておそらく生命それ自体を捉え直すことを支持している。「もし私たちが、認知は（互いに孤立したものとして配役され、世界から区別されている）認知する側の『内面』にあるという「自明」の原理を却下し、代わりに、すべての認知は全体論的関係性という複雑な生態の “隙間” に存在すると主張したらどうなるだろうか？」
6. 彼の著作 *The Tao of Physics*（『タオ自然学』工作舎）より。
7. *Starwave* より。
8. この定義は検証することができる。なぜなら、それは特定の化学的公式に照らして、自身や他者を再創造および複製する傾向と生命を結びつけるからだ。たとえば、結晶は核酸なしで分割そして複製するが、この定義では結晶は生きていないことになる。それは核酸を持っていない。
   分子や酵素という概念は合意的なものである。非合意的な用語では、複製するが目に見える核酸のないシステムは、「幽霊」のようである――それは物質的な意味では生きていないが、他のレベルで存在しているのである。世界中のさまざまな地域で、特別な「死者の日」の間に、死者がよみがえると信じられている。それによって死者が思い起こされるのである。実際、死者と触れ合うことは、触れ合った人の健康を保証するものである。死者はもはや生きていないという考え方は理解できる。しかしながら、現代世界における合意的現実の信念は、多くの人々の微細な諸経験や信念体系を周縁化している。
9. ブダペストクラブを主宰しているアーヴィン・ラズロ博士は、*The Creative Cosmos: A Unified Science of Matter, Life, and Mind* の第５章で、ダーウィン理論に対する最近の批判を見事にまとめている。
10. たとえば、昏睡状態の人は、多くの場合、無意識あるいは臨死状態であると仮定されている。しかしながら、微細なシグナルに明晰な注意力を向けると、昏睡状態の多くの人々は、驚くべき仕方で意識を取り戻すことが知られている。拙著『昏睡状態の人と対話する』（NHK ブックス）や Amy Mindell の *Coma: A Healing Journey* で報告されている。

第７章

1. ブルース・チャトウィン『ソングライン』（めるくまーる）
2. エンテレキー（ギリシア語のエンテレケイアが語源）は、情報をもたらすある種のスピリットであり、単なる可能性だったものを具現化する。アリスト

テレスは物質と形相、あるいは現実と可能性を区別した。彼は物質が具現化するには本質が必要であると考えた。生き物においては、この本質は「魂」や「生気」として現れる。それは生命体の最初のエンテレキーと呼ばれた（この話題の詳細に関しては、*Encyclopedia Britannica* を参照のこと）。

3. ポール・デイヴィスは彼の著作で、宇宙論、重力、量子場の理論に焦点を当てている。特にブラックホールや宇宙の始まりに重点を置いている。
4. 特に Bohm, *Physics and Human Knowledge*, pp. 58-59. を参照のこと。
5. Jack Sarfatti のウェブサイト "Post Quantum Physics" (www.qedcorp.com/pcr/pcr/) を参照のこと。
6. Philip Rawson and Legeza Laszlo, *Tao: The Chinese Philosophy of Time and Change*, figure 55.（『イメージの博物誌９　タオ』平凡社）
7. Ibid. Figure 28, of Liu-hai, the Immortal.

第８章

1. Michio Kaku, *Hyperspace: A Scientific Odyssey through Parallel Universes, Time Warps, and the Tenth Dimension.*（ミチオ・カク『超空間』翔泳社）
2. 付録Ａで、心理学と物理学における波の理論や経験の詳細、そして、心理学が生物学といかに関連しているかについて論じた。
3. 原子の詳細については付録Ａを参照のこと。
4. ドリームワークに関心のある方は、音やリズムと人物像を関連づけることが、夢とワークする「センシェント」（微細）な方法であることに気づくだろう。
5. この合計はフーリエの考え方の基本である。波動の合計に関する詳細については付録Ａを参照のこと。
6. 拙著『ドリームボディ』（誠信書房）を参照のこと。
7. ヒュー・エヴェレットに関しては、付録Ｂ「複数世界――エヴェレットの多世界」を参照のこと。Fred Alan Wolf の *Taking the Quantum Leap* におけるエヴェレットの仕事に関する論考も参照のこと。
8. ミチオ・カクは、以下のようにこの考えにたどり着いたと思われる。各量子の状態あるいはプロセスは波によって特徴づけられる。それは互いに同時に共存し、通過するときに足し合わされたり、差し引かれたりするが、互いの性質を重大に乱すことはない。
9. ホーキングの考え方の詳細については、拙著 *Quantum Mind* を参照のこと。

第９章

1. *The Sufi Message of Hazrat Inayat Kahn: Music* (Vol.2, chap.3) からの引用。この文献を教えてくれたエイミー・ミンデルに感謝したい。
2. Theodore Levin and Michael Edgerton, "Throat Singers of Tuva," *Scientific*

American, September 1999 を参照のこと。モンゴルとシベリアのトゥバ族は、現在おそらく最もよく知られた倍音（ホーミー）の歌い手である。彼らの羊飼いの歌は、古代のアニミズム伝統と結びついている。アニミズムとは、自然の物や現象に魂や霊が宿っているとする信仰である。トゥバ族の生気論的信仰体系においては、山や川は物理的な形象や位置として現れただけでなく、それらが生み出す歌として現れてもいる。古代インドの人々は、大地それ自体が「オーム」という音から創り出されたと信じていた。

3. www.nanou.com.au/songlines/ を参照のこと。そうした物語を伝える儀式的な歌がある。祖先がさまざまな冒険を経験し、生活の規則や狩猟の技術が確立した。彼らの歌、物語、絵画は絡み合っている。土地は文字通り存在へと「歌われた」のである。
4. Richard Leviton は The Galaxy on Earth で、神話学、歴史学、旅行者の観察に基づいた個人的経験の観点から、地球の微細な諸現実をいかにして理解するかを示している。
5. 私はこの絵を www.nanou.com.au/songlines/ でローラ・インカマナ（#LI1）から購入した。
6. このエクササイズのアイデアは、2000 年にニューメキシコ州・サンタフェにあるロスアラモス国立研究所の科学者たちとミーティングした後に思いついた。彼らはエイミーと私が量子物理学と身体を結びつけたことにとても関心を持ち、このアプローチが 15 年から 20 年は時代を先取りしていると思うと述べてくれた。彼らは私たちが身体のナノ化学に働きかけていると感じたようだ。医療におけるナノサイエンスに関しては、Freitas の *Nanomedicine* を参照のこと。
7. 私は本書を執筆した後に、量子状態の「交差」が、心理学や物理学と呼ばれるものをより統合的な視点から再創造することに気づいた。私はこの統合的な再理論化に関して、自然がクォンタム・マインドを持つ、すなわち瞬間的な夢のような運動に対する自覚や自己反射の能力を持つ、とみなすことから始めることを提案したい。最初、この「意識」は（現実および想像的な事象の混合からなる）ドリームランドの事象として現れる。心理学では、そうした事象は夢の方向性や傾向として現れる。物理学では、複素数の空間における物体および光の方向性や傾向として現れる。今後の著作で、私はドリームランドのベクトルがファインマンの素粒子ダイアグラムにおいて仮想粒子の道を反射するように見えることについて詳細を説明するつもりである。とにかく、この理論によれば、そうした精神物理的なドリームランドのベクトルの自己反射が合意的現実を生み出し、その結果、量子物理学や夢の心理学が「並行世界」に現れたと考えられる。

第10章

1. Nadeau and Kafatos, *The Non-Local Universe: The New Physics and Matters of the Mind,* p.36を参照のこと。
2. オレゴン州・ポートランド在住のPierre Morin M.D.は、オハイオ州・シンシナティのユニオン大学院に提出した博士論文Rank and Salutogenesis (2002)で、(ランクに関する判断として示された)コミュニティの信念体系が個人の健康に影響することを示唆する統計を整理している。
3. 拙著 *Quantum Mind,* p.194を参照のこと。
4. シェルドレイク(Sheldrake)の *The Presence of the Past* によれば、「形態形成場は電磁場とは根本的に異なる。後者はシステムの実際の状態——電荷を帯びた粒子の運動に依存する。一方、形態形成場は発展中のシステムの潜在的な状態に相当し、最終的な形態をとる以前からすでに存在している」。さらに彼は述べている。「化学的そして生物学的な形態が再現されるのは、不変の法則あるいは永遠の形態によって決定されているからではなく、以前の類似する形態から因果的な影響を受けるからである。この影響は、既知の種類の物理的作用とは異なり、空間と時間を超えた作用を与える」。彼は言う。「過去の場は情報の非エネルギー的伝導によって現在の場に影響を与える」。したがって、物理的な現実でありながら、物理学で知られている場とは異なり、「空間と時間の両方を超えたある種の作用」(空間の距離や時間の長さで低下しない作用)が含まれる。
5. 拙著 *Quantum Mind* や本書の付録Cにおける非局在性に関する論考を参照のこと。
6. *The Non-Local Universe: The New Physics and Matters of the Mind.*
7. 量子エンタングルメントあるいは内的連関に関する実験は、ときに「世界の統一性」あるいはベルの実験と呼ばれる。この実験は、ある光源から放たれた光子がつながりあっていることを示している。他のあらゆる量子現象と同じように、光はときに粒子として、ときに波動として振る舞う。たとえば、点灯しているネオンランプを想像してほしい。ネオンランプから光子の対が正反対の方向に放出される。一方の光子はある方向に向かい、他方の光子は正反対の方向に向かう。この驚くべき実験は、どんなに距離が離れていても、どれぐらいの時間離れていても、一方の粒子に起こることは何であれ、他方の粒子に起こることと関連しているように見えることを示した。ベルの定理(John Stewart Bell, "On the Einstein Podolsky Rosen Paradox," *Physics* 1: 95-200, 1964)は、局在的な隠れた変数のスピン相関の可能性が、量子論的なスピン相関の関数に拘束され、従うものであることを証明した。このことは、量子現象が本質的に非局在的であることを含意する。量子論の代替として非局在的な隠れた変数理論の可能性を開いたのである。1982年にアラン・アスペク

トによって実験的に証明され、物理学者たちは非局在性について一般的に合意することになった。

8. 拙著『紛争の心理学』（講談社現代新書）を参照のこと。このワークは 1920 年代にヤコブ・モレノによって創案され、一般によく使われるサイコドラマの手法の発展型である。
9. グループプロセスが都市に影響を与える例については、拙著 *The Deep Democracy of Open Forums: Practical Steps to Conflict Prevention and Resolution for the Family, Workplace, and World* を参照のこと。
10. 拙著 *The Deep Democracy of Open Forums* で、私はそのような瞬間についての様々な「実際の」物語を紹介した。
11. 拙著『24 時間の明晰夢』（春秋社）第 1 章を参照のこと。

第11章

1. ラリー・ドッシー『癒しのことば』（春秋社）
2. Kircher, *Oedipus Aegyptiacus* からの引用。装飾的な縁飾りは、動物、鉱物、植物の名前を含んでいる。対応する身体の部位との関係は、点線によって示されている。この絵は、Philosophical Research Society の許可を得て掲載された（copyright 1996）。
3. Richard Wilhelm による *I Ching, Book of Change* の翻訳を参照のこと。
4. ここで私は同僚であるジョン・ジョンソン博士の "Environmental Justice for All: Principles and Practices for Conflict Resolvers," *AcreSolution*, Summer 2002 を紹介しなければならない。その論文は、さまざまな環境問題が社会的および心理的なランクといかに本質的に関係する問題であるかを正確に指摘している。

第12章

1. スティーヴン・ホーキングのウェブサイト www.hawking.org.uk を参照のこと。
2. 虚数については、拙著 *Quantum Mind*, pp. 91-100 を参照のこと。
3. www.hawking.org.uk/lectures/bot.html を参照のこと。
4. Ibid.
5. Derek A. Long, *The Raman Effect*, p.385 を参照のこと。
6. クレイマー（Cramer）は、アインシュタイン＝ポドルスキー＝ローゼンの実験と非局在性（たとえば、絡み合う量子系における分離した諸部分の空間的な分離を超えた相関の強化）について、Quantum Nonlocality and the Possibility of Supraliminal Effects (Proceedings of the NASA Breakthrough Propulsion Physics Workshop), August 12, 1997 で論じている。
7. クレイマーによれば、「それ（反射プロセス）は、未来と過去との間で、エネ

ルギーや運動量などを伝達するために行なわれる、双方向の交流である。その際、交流の“境界”となる放射体／観察者に対して課されるエネルギー保存則や量子化の諸条件はすべて遵守される」。量子論は非局在的である。なぜなら、（量子波動における相関という非合意的現実のレベルで）「未来は、限られた仕方で、過去に影響を与えている」からである。

第13章

1. Rupert Sheldrake, "Part I. Mind, Memory, and Archtype: Morphic Resonance and the Collective Unconscious," および www.sheldrake.org/articles/pdf/44.pdf を参照のこと。
2. アーネスト・ロッシ(Ernest Rossi)は、遺伝子発現の精神生物学に関する2002年の著作 *The Psychobiology of Gene Expression: Neuroscience and Neurogenesis in Hypnosis and the Healing Arts* で、「もはや“かもしれない”ではない――分子レベルでフィードバック回路があることは明らかである」と述べている。彼は「遺伝子発現……この精神生物学の新しい概念は、脳の成長、行動、創造的な人間の経験に架橋する」と述べている（p.3)。またロッシは、「波動方程式は、遺伝発現、神経発生、癒しの精神生物学の源である」と提唱している（p.29)。彼は遺伝子の二つの新しい種類についての研究を報告している：環境的な揺らぎに概日周期を通して反応している「最初期遺伝子」およびその他の種類である。たとえば、活性群は、神経発生関連プロセスのカスケードに参入することによって、運動に反応する。
3. 遺伝学および遺伝子工学に関するきわめて代替的で有益かつ刺激的な評論が執筆されている。Mae-Wan Ho, *Genetic Engineering: Dream or Nightmare?* Continuum Publishing, New York, 1998.
4. ロッシは上記の書で、神経遺伝学研究の最前線の仕事を論じ、それを遺伝子発現や神経遺伝学を最大限に活用する実践と結びつけている。ロッシは、アート、科学、セラピーにおける創造的経験を通した脳の成長と癒しを促進することを目指している。物理学と遺伝学の関連についての卓越した最新情報である Mae-Wan Ho, *Genetic Engineering: Dream or Nightmare?* 1998も参照のこと。
5. 遺伝子の突然変異を生み、修復するために、物理的な方法は常に発展している。おそらく将来はナノロボットが私たちを助けてくれるかもしれない。
6. ここでは触れることができないが、この夢の友人は夢見手にとって意味のある個人的なメッセージを持っていた。

第14章

1. Thich Nhat Hanh, *The Heart of the Buddha's Teaching.*
2. David Bohm, *The Undivided Universe.*

3. このアナロジーは、他の研究者たちによって個別に確認されなければならない。多くの質問が答えられることを待っている。私たちは夢から身体についてどれぐらい予言できるだろうか？　そうした予言と遺伝情報から得られた確率の間の相関はどの程度であろうか？　夢は遺伝が語らないどんなことを語っているのだろうか？　遺伝子は夢に見出すことができない何を含んでいるのだろうか？
4. さらに情報が欲しい方は、ユングの『心理学と宗教』や『心理学と錬金術』を参照のこと。
5. 私が記憶している限り、『子どもの夢』はウナ・トマス（Miss Una Thomas）が1920年代にチューリッヒで行われたユングの夢に関するセミナーを記録したものである。私が1960年代にチューリッヒで彼女に会ったとき、ウナは90歳であった。彼女は間違いなくユングの最も創造的な生徒の一人だろう！

第15章
1. 老子『道徳経』
2. ティク・ナット・ハン（Thich Nhat Hanh）による仏教の概説を参照のこと。*The Heart of the Buddha's Teaching* (1988).
3. 八正道は、以下の通りである。(1) 正見――存在に対する仏教の見方を信頼すること。(2) 正思――仏教の実践を試みること。貪欲、瞋恚（しんに）、愚痴を避けること。(3) 正語――妄語、両舌、悪口、綺語を避けること。(4) 正行――殺生、偸盗、邪淫を避けること。(5) 正命――仏教徒の原則にそぐわない仕事を拒否すること。(6) 正精進――良い精神状態を発展させ、悪い精神状態を避けること。(7) 正念――身体、感覚、思考を自覚すること。(8) 正定――瞑想すること。

第16章
1. Richard Feynman, *The Character of Physical Law.*（ファインマン『物理法則はいかにして発見されたか』岩波現代文庫）
2. 強い渇望を解決するために、霊的諸伝統は自分自身を高次の力に明け渡すことを提案する。アルコホリックス・アノニマス（ＡＡ、アルコール依存症者のための自助グループ）は、嗜癖や渇望が「高次の力」とつながることを求める深い欲求の指標であるというユングの考え方に基づいて創案された。
3. 拙著 *Quantum Mind* の第33章と第34章で、そうした仮想粒子の詳細について説明しているので、ここでは詳細について、立ち入って論じてはいない。
4. ファインマンの「仮想粒子」という素晴らしい概念は、相対性理論、量子力学の原則、電場理論を融合させる。完全ではないが、今でも多くの点で最良の理論である。最終的にはより新しい仮説、たとえば超弦理論が量子電磁力

学（QED）に取って代わるものと思われるが、それが世界についてQEDと同じぐらい多くのことを私たちに語ることができるようになるまでには、まだ長い時間がかかるだろう。
5. 湖の上の二人のアイススケーターが互いにボールを投げて「交換」するように、二つの電子が光子を「交換」するからである（ボールはスケーター間の斥力に起因し、スケーター間に運動量を伝達する仮想光子を象徴している）。
6. ハイゼンベルグの不確定性原理によれば、粒子の寿命は Et ＞ h で表現される。Ｅはエネルギー、ｔは時間、ｈはプランク定数である。この定式を破らない限り、エネルギーを持つ粒子は短い間存在することができる。エネルギーが高くなればなるほど、粒子の寿命は短くなる。

第17章
1. テロメラーゼが細胞内で長い寿命を創り出すと聞いて、細胞が成長し続けるがんの場合、過剰なテロメラーゼがあると考えた方がいたかもしれない。その考え方は正しいことが判明している。何かがその酵素のスイッチを入れ、がんの場合には過剰に生産されているものと思われる。
2. 特にカルロス・カスタネダ『呪師に成る――イクストランへの旅』（二見書房）を参照のこと。
3. 素晴らしい絵の使用を許可してくださったwww.buddhanet.netに感謝している。十牛図は、中国の宋王朝時代（1126年～1279年）の廓庵師遠禅師に由来する。そして初期の仏教経典と深い結びつきがある。グラフィック・デザイナーのHor Tuck Loonが現代的な味わいを加えて絵を描いた。www.buddhanet.net/oxherd1.htmを参照のこと。

第18章
1. ロジャー・ペンローズ『心の影――意識をめぐる未知の科学を探る』〈1〉〈2〉（みすず書房）
2. エントロピーとは、ある系の中で仕事に利用できないエネルギーの測定単位である。
3. 熱力学は、どのように熱が移動するか、どのように利用できるエネルギーが利用できなくなるかなど、一方から他方へのエネルギーの変換を支配する法則を研究する学問である。「利用可能な物理的エネルギー」は直接仕事に転化することができる。このエネルギーは利用可能な、あるいは「秩序正しい」エネルギーと言われる。それに対して、利用不可能な、「無秩序な」エネルギー（たとえば熱）は直接仕事に転化することができない。
4. 劣化は、あらゆる形の利用可能なエネルギーが利用不可能な形（たとえば熱）に転化することを意味する（だから、「宇宙の熱死」を引用した）。宇宙が本

当に閉じられているのかどうかについて、現在も議論が続けられている。この分野の第一人者であるL. D. ランダウとE. M. リフシッツによれば、重力がダイナミックな「外的」状態と考えられるならば、宇宙は厳密には閉鎖系ではない。彼らの議論に従えば、私たちの自覚もまた、外的な、少なくとも非局在的な状態であるだろう。
5. たとえば、あなたの都市が閉鎖系ならば、それぞれのビルや熱、光、その中を動く物といった環境が、サブシステムである。
6. マクスウェルは、容器に入ったガスがパーティションで二つの部屋に仕切られていることを想像した。最初､二つの部屋のガスは同じ温度である。速い分子に気づいたらパーティションのドアを開け、それを通すようにすると、そちらの部屋の温度が高くなる。なぜなら、分子の速度が速くなるからだ。こうして悪魔は同じ温度という平衡状態にあるガスの無秩序から秩序を創り出すことができる。
7. 自発的な癒しは内的葛藤を解決する明晰な自覚を含むと思われる。

第19章
1. Lynn Caporale, *Darwin in the Genome*, p.101を参照のこと。
2. ペルシャに発祥したバハイの神秘主義者のこの言葉の初版は、Kegan Paul, Trench, Trubner & Co. Ltd. によって1908年に出版された*Some Answered Questions*である。最初の合衆国版は1918年に出版された。
3. 私は「シュレディンガーの猫」として知られている量子のパラドックスのことを特に考えている。観察される以前は、猫は死んでおり、同時に、生きている。基本的な考え方は、たとえ生(あるいは死)という観察された合意的現実の状態が他の諸世界を締め出したとしても、生も死も分離された状態として並行世界に存在するということである。
4. 「バルド」とは、「中有」を意味するチベットの用語である。輪廻の諸段階には、日常生活、臨死の刹那(「光」「餓鬼」など)、肉体の死後、がある。詳細については、ソギャル・リンポチェ『チベットの生と死の書』(講談社)を参照のこと。
5. 拙著『昏睡状態の人と対話する』(NHKブックス)を参照のこと。
6. Camille and Kabir Helminski, (*Rumi: Daylight*の訳者)
7. 多くの人々に見られる老化に関連する記憶力の減退は、何をしようとしていたかを忘れることである。あなたは「なぜ」何かをしようとしていたのかを忘れてしまう。このような記憶の喪失に対して、プロセス指向の見方は、なぜ何かをしようとしていたのかを知ることを手放し､「それ」に身をゆだねて、微細な「傾向」や沈黙の力に人生を創造させる「必要」があると捉える。
8. 拙著『昏睡状態の人と対話する』を参照のこと。

9. Lewis O'Brien に対する David Nankervis のインタビュー。"We're Built Like a Giant Kangaroo," *Adelaide Times*, November 1996.
10. このような事例については、拙著『昏睡状態の人と対話する』を参照のこと。
11. Reggie Ray の素晴らしく明晰な書。*Indestructible Truth* を参照のこと。
12. 死に向かう人に対する「実践的」なワークの説明は、Amy Mindell, *Coma, A Healing Journey* を参照のこと。
13. 拙著『24 時間の明晰夢』（春秋社）の第 1 章で、アボリジニーの神話学について述べた。
14. フランク・フィードラーの仕事を参照のこと。www.lunarlogic.de/Frank/introduction.htm
15. Wilhelm(1981), *I Ching*, p.265 を参照のこと。
16. *Causality and Chance in Modern Physics*, p.11（『現代物理学における因果性と偶然性』東京図書）を参照のこと。

第20章

1. *The Quantum Self*, p.132 を参照のこと。
2. フリッチョフ・カプラは、独創的な著書『タオ自然学』で、チベット密教ゴーヴィンダ・ファウンデーションのラマ・ゴーヴィンダを引用している。
3. この悪魔は、量子物理学に欠けている特徴の描写であり、量子波動理論になぜ自己反射が現れるのかを説明するために必要とされる。宇宙の自己反射能力がなければ、宇宙は存在しないものと思われる。アミット・ゴスワミ（Amit Goswami）は、この主題に関して啓発的な著書 *The Self-Aware Universe* を書き直している。私が「明晰な注意力（Lucidity）」という言葉を使うところで、彼は「意識（consciousness）」という言葉を使う。
4. 拙著 *Dreambody in Relationships* でシグナル交換について論じた。
5. 医療的あるいは心理臨床的セッティングで、最も起こりやすい役割の組は、医師-セラピストと患者-クライエントである。二人が一緒に参入する特定の役割や世界は、私たちが何者であるか、何をしているのか、そしてその瞬間の性質に左右される。したがって、援助専門家にとっての「二重の関係性」は、臨床的でないあらゆる関係性のことになる。たとえば、誰かのセラピストでありながら、同時にスーパーヴァイザー、教師、友人であることが、二重あるいは複数の関係性の意味である。

今日、二重の役割は心理臨床の世界で数多くの議論のネタになっている。一般的に言えば、臨床的でないあらゆる役割は、それがセラピストの客観性に影響を及ぼすならば、心理臨床のセッティングでは問題視される。虹の自覚（レインボー・アウェアネス）は主流派の視点を支持する。しかしながら、規則があろうとなかろうと、「客観性」は決して完全には実現されない。なぜな

ら、観察者は非合意的現実（たとえば、量子レベルやドリームワーク）で観察されるものと常に「絡み合う」からだ。したがって、関係性の並行世界に対する自覚のワークが必須でなければならない。

6. たとえば、拙著『シャーマンズボディ』（コスモスライブラリー）で、あるケニアのシャーマン夫婦が、彼らのワークを説明してくれたことを書いた。夫婦は「クライエントたち」を訪ね、彼らを家に戻す。そして、夫婦はトランスに入り、そこでクライエントの問題を解決する。シャーマニズムの風習や信念は、現代の合意的現実の観察者が信じるよりも「効き目」がある。
7. 複数の役割の「規則」は重要である。なぜなら、それらは援助者‐クライエントの関係性を有効にし、それを守らせるからである。しかしながら、諸役割と結びついた権力の使用に無自覚なので、規則は最初に強制される必要がある。

第21章

1. *Causality and Chance in Modern Physics,* p.11.（『現代物理学における因果性と偶然性』東京図書）

付録A

1. フリッチョフ・カプラ『タオ自然学』（工作舎）
2. 私たちは自分の腕時計が時間と共に前に進んでいることを経験するが、時間の経験は時間の観察者によって伸び縮みするだろう。それは相対的なものである。そのうえ、アインシュタインの時空間の湾曲は、時間が直線的であることを決して期待すべきではないことを明確に示している。
3. 「二元論」および下位項目の「生と死」については、*Encyclopedia Britannica* を参照のこと。
4. 弦理論の簡単な概観のために、パトリシア・シュワルツ博士の「超弦」公式ウェブサイトを参照のこと。www.superstringtheory.com/basics/index.html
5. スティーヴン・ホーキングは著書『ホーキング未来を語る』で、量子力学と相対性理論を統合する最新の理論について語っている。その本で彼は、すべての弦とその多次元的な対であるｐブレーンを含む、弦理論、「ｐブレーン」、「M 理論」を分かりやすい言葉で説明している。「楽観主義者」である彼は、数学は便利なので、それが「現実」であるかどうかという議論にとらわれることなく、それを使い、それについて考えるべきであると述べている。この実用的な視点によって、彼は虚時間や虚時間の概念を考えることができた。

   私は、すべての理論を心理学的に捉える視点を持っている。それらは私たちのエッセンスから生まれ、夢、私たちが想像する数学、希望やヴィジョン、日常的現実のあれこれを通して展開していく。量子力学で仮説として取り上

げられる振動的な性質や、その最新版である弦理論は、私たちの心で経験される波動的な性質から生まれる——私たちはそれをクンダリニー、傾向、ナノ運動などの身体経験として感じ取る。

6. ゼロポイント・エネルギーは、物質が振動を停止する温度である絶対零度、すなわちマイナス273℃でも（物質内に）残存するエネルギーである。なぜこのエネルギーが残存するかというと、量子論によれば、単調和振動する粒子には、運動エネルギー0という静的状態が存在しないためである。不確定性原理は、そのような粒子が振動の厳密な中心点で停止することを認めない。したがって、すべてがまったく空に見えるときでさえ、常に（ゼロポイントで）エネルギーがある。

7. 少なくとも、ここに図示した単純な状態ではない。

8. 二つ以上の波が重なり合うとき、科学者たちは個々の波の変位の合計である「真の波の変位」について語る。そうした変位は正あるいは負なので、その合計（あるいは真の変位）は、個々の波の変位より大きい場合も小さい場合もある。前者の場合は強め合う干渉と呼ばれ、後者の場合は弱め合う干渉と呼ばれる。水の波、光の波、量子の波はすべて、互いに干渉し合っている。干渉は重ね合わせの原理の結果である。

9. いわゆる線形系にとって。たとえば、水は非常に粘性のある素材よりも「線形的」である。「完全な」（あるいは摩擦のない）媒質を通して伝達しない限り、波は消散する。

10. 物理学では、波動と粒子の関連は、ある位置と時間の粒子を見出す確率の計算を通して立証された。この計算は標準化されたその状態の波動関数の振幅を二乗することで得られる。そのため、波の高さ（あるいは振幅）を測り、それをそれ自身と掛け合わせると、合意的現実で測定可能な「粒子」の確率が得られる。

11. デイヴィッド・ピートはその素晴らしい著書 *Einstein's Moon*（p.148以降）で、ボームの考え方について数学を使わないで初歩的に論じている。ボームの基本的な数学は物理学の主流派の解釈と一致しているが、ピートは相当数の物理学者たちが、ボームの考え方を完全に理解しないで、彼の量子力学の解釈を受け容れていないのは、ボームの見方に従うと粒子のイメージが多かれ少なかれ「粒子」のままになるからであると指摘している。その波動関数をボームは「量子ポテンシャル」と呼んでいるが、それは新しい種類の「情報（in-form-ation 形を創る過程）」あるいは非局在的な導きの力になる。量子ポテンシャルは因果的かつ正確な方程式だが、粒子の道は不確定である。なぜなら、量子ポテンシャルでは、周囲の状況のかすかな変化が、小さな変化を生むからである。ボームは後に、彼の「因果的」な解釈を拡張し、（量子ポテンシャルの感応性に合わせて）粒子の道の本質的な不確定性を確保した。

物理学の思想に関する議論や波動関数の解釈は、私にとっては、それらと自覚の心理学や心理的経験との関連性に比べたら重要ではない。非局在的な測定できない場は親近感を持って近くに「感じる」ことができ、合意的現実において非常に距離のある対象とつながることができるかもしれない。磁石の周りの磁場のような物理学における場と異なり、エッセンスの感覚や量子ポテンシャルの情報の質は距離が離れても減衰することはない。一方、磁場は、磁石と鉄片の距離が離れると、鉄片に与える力を失う。量子ポテンシャルや導きの波動は、磁力や重力といった他の実際の場の「背後」で、微細な情報の「力」を発揮する。だから私は、量子ポテンシャルとその波動関数を「沈黙の力」と呼ぶのである。それは私たちを動かすものとして主観的に経験される、明らかに測定できない微細な圧力や知恵である。

12. 量子状態とは、量子数によって描写される量子化された系の状態である。たとえば、水素はそのような量子数を四つ持つ。1、0、0、そして1/2である。それは電子の特徴（その特別なエネルギーとスピン）を表している。

付録B

1. エヴェレットに関しては、マイケル・プライスによる「エヴェレットFAQ」を参照のこと。www.hedweb.com/everett/everett.htm
2. Ibid.

付録C

1. 彼のウェブサイト（http://listserv.arizona.edu/archives/quantum-mind/）で、クォンタム・マインド理論をバイオコンピューターや医療に適用する最新の情報が得られる。
2. ハイゼンベルグの仕事に関する素晴らしい概観を参照のこと。Nick Herbert, *Elemental Mind*, pp.146-178.

参考文献

Abbott, E. 1952. *Flatland*. New York: Dover. (The original publication was in 1884 [Seeling and Co.], and the most recent Dover Thrift Edition appeared in 1992.) エドウィン・A・アボット『多次元・平面国——ペチャンコ世界の住人たち』石崎阿砂子、江頭満寿子訳、東京図書、1992.

Abdu'1-Baha. 1908. *Some Answered Questions*. (Republished by Kegan Paul, Trench, Trubner & Co. Ltd. London. 最初の米国版は1918年刊)

Arkani-Hamed, Nima, Savas Dimopoulos, and Gerogi Dvali. August 2000. "The Universe's Unseen Dimensions." *Scientific American*. Vol. 282, Issue 8, p. 62.

Arye, Lane. 2002. *Unintentional Music: Releasing Your Deepest Creativity*. Charlottesville, Va.: Hampton Roads. www.hrpub.com.

Batchelor, Martine, and Stephen Batchelor. 1995. *Thorson's Principles of Zen: The Only Practical Introduction You'll Ever Need*. カセットテープ, #0-7225-9926-9, Thorsons Audio/National Book Network. www.nbnbooks.com.

——. 1996. *Walking on Lotus Flowers: Buddhist Women Living, Loving, and Meditating*. London and San Francisco: Thorsons, HarperCollins.

Beller, Mara. 1998. "The Sokal Hoax: At Whom Are We Laughing?" *Physics Today*. January 1997, p.61, and March 1997, p.73.

Bohm, David. 1984. *Causality and Chance in Modern Physics*. London: Routledge and Kegan Paul (初版は1957年). D・ボーム『現代物理学における因果性と偶然性』村田良夫訳、東京図書、1969.

Bohm, David, and Basil Hiley. 1993. *The Undivided Universe: An Ontological Interpretation of Quantum Theory*. London and New York: Routledge.

Bohr, Niels. 1958. *Atomic Physics and Human Knowledge*. New York: John Wiley.

Caporale, Lynn. 2002. *Darwin in the Genome: Molecular Strategies in Biological Evolution*. New York: McGraw-Hill/Contemporary Books.

Capra, Fritjof. 1999. *The Tao of Physics: An Exploration of the Parallels Between Modern Physics and Eastern Mysticism*. 4th Ed., updated. Boston: Shambhala. フリッチョフ・カプラ『タオ自然学——現代物理学の先端から「東洋の世紀」がはじまる』改訂版、吉福伸逸他訳、工作舎、1990.

Castaneda, Carlos. 1972. *Journey to Ixtlan*. New York: Simon and Schuster. カルロス・カスタネダ『呪師に成る——イクストランへの旅』真崎義博訳、二見書房、1974.

Chatwin, Bruce. 1988. *The Songlines*. New York, Harmondsworth, England: Penguin Books. ブルース・チャトウィン『ソングライン』芹沢真理子訳、めるくまーる、1994.

Chen, Ellen. 1989. *The Tao Te Ching: A New Translation and Commentary.* New York: Paragon House. 老子『老子』（原籍名は『道徳経』）小川環樹訳、中央公論新社、2005、他.

Chopra, Deepak. 1998. *Ageless Body, Timeless Mind.* New York: Random House. ディーパック・チョプラ『エイジレス革命——永遠の若さを生きる』沢田博、伊藤和子訳、講談社、1997.

Cramer, John. 1997. "Quantum Nonlocality and the Possibility of Supraliminal Effects." Proceedings of the NASA Breakthrough Propulsion Physics Workshop, Cleveland. Cleveland, Ohio, August 12-14, 1997.

Dalai Lama. 1990. *Freedom in Exile.* New York: Harper Collins. ダライ・ラマ『ダライ・ラマ自伝』山際素男訳、文春文庫、2001.

Damasio, Antonio R. 1999. *The Feeling of What Happens: Body and Emotion in the Making of Consciousness.* New York: Harcourt Brace. アントニオ・R・ダマシオ『無意識の脳　自己意識の脳——身体と情動と感情の神秘』田中光彦訳、講談社、2003.

——. 1999. "How the Brain Creates the Mind." *Scientific American*, 281, 6 (1999): 112-117.

Davies, Paul. 1999. *The Fifth Miracle.* New York: Simon and Schuster.

Dossey, Larry. 1993. *Healing Words.* New York: Harper Collins. ラリー・ドッシー『癒しのことば——よみがえる〈祈り〉の力』森内薫訳、春秋社、1995.

Encyclopedia Britannica 2001. (CD ROM版、www.britannica.com. から入手可)

Feynman, Richard P. 1966. "Notes on the Beginning of Nanoscience." Caltech's Engineering and Science website, www.zyvex.com/nanotech/feynman.html.

——. 1967. *The Character of Physical Law.* Cambridge, Mass.: MIT Press. R. P. ファインマン『物理法則はいかにして発見されたか』江沢洋訳、岩波現代文庫、2001.

Freitas, Robert A. 1999. *Nanomedicine.* Vol.I: Basic Capabilities. Austin, Texas: Landes.

Godwin, Joscelyn. 1979. *Athanasius Kircher: A Renaissance Man and the Quest for Lost Knowledge.* London: Thames & Hudson.

Goswami, Amit, with R. E. Reed and M. Goswami. 1993. *The Self-Aware Universe: How Consciousness Creates the Material World.* New York: Tarcher/Putnam.

Gould, James L., and Carol Grant Gould. 1988. *Life at the Edge.* New York: Freeman and Co.

Govinda, Lama Anagarika. 1973. *The Foundations of Tibetan Mysticism.* New York: Samuel Weiser. アナガリカ・ゴヴィンダ『チベット密教の真理——その象徴体系の研究』山田耕二訳、工作舎、1992.

Grimm's Fairy Tales. London: Routledge and Kegan Paul, 1980. グリム『完訳グリム

童話集——決定版１〜７』野村泫訳、筑摩書房、1999.
Hammeroff, S. R. 1994. "Quantum Coherence in Microtubules, a Neural Basis for Emergent Consciousness?" *Journal of Consciousness Studies*, 1: 91.
——, and Roger Penrose. 1996. "Orchestrated Reduction of Quantum Coherence in Brain Microtubules: A Model for Consciousness." In S. Hameroff, A. Kaszniak, and A. Scott (eds.), *Toward a Science of Consciousness: The First Tucson Discussions and Debates* (p.115). Cambridge, Mass.: MIT Press.
Hanh, Thich Nhat, 1998. *The Heart of the Buddha's Teaching: Transforming Suffering into Peace, Joy, and Liberation; the Four Noble Truths; the Noble Eight Fold Path, and other Basic Buddhist Teachings*. Berkeley, Calif.: Parallax Press.
Hawking, Stephen. 1993. *Black Holes and Baby Universes, and Other Essays*. New York: Bantam Books. S．ホーキング『ホーキング博士と宇宙』向井清編注、北星堂書店、1995.
——. 1999. www.hawking.org.uk/text/public/public.html. における一般向け講義。
——. 2001. *The Universe in a Nutshell*. New York: Bantam Books. スティーヴン・ホーキング『ホーキング、未来を語る』佐藤勝彦訳、アーティストハウス、2001.
Heisenberg, Werner. 1958. *The Physicist's Conception of Nature*. New York: Hutchinson. W. ハイゼンベルク『自然科学的世界像』第2版、田村松平訳、みすず書房、1994.
——. 1959. *Physics and Philosophy*. George Allen and Unwin Edition. W. K. ハイゼンベルク『現代物理学の思想』河野伊三郎、富山小太郎訳、みすず書房、1989.
Helminski, Camille, and Kabir Edmund Helminski. 1990. *Rumi: Daylight: A Daybook of Spiritual Guidance*. Putney, Vt.: Threshold Books.
Herbert, Nick. 1993. *Elemental Mind: Human Consciousness and the New Physics*. New York: Dutton.
Ho, Mae-Wan. 1998. *Genetic Engineering: Dream or Nightmare?* New York: Continuum Publishing.
Inkamana, Lorna. 2002. "Snake Dreaming," painting #LI1. www.nanou.com.au/songlines.
IONS Noetic Sciences Review, Sausalito, Calif.
Johnson, John L., "Environmental Justice for All: Principles and Practices for Conflict Resolvers," *AcreSolution*, Summer 2002: 24ff.
Journal for Frontier Sciences at Temple University in Philadelphia.（生物物理学と医学の理解に非常に役立つ雑誌）
Jung, Carl Gustav. 1924. "*Kindertraume*" [Childhood Dreams]. 以下での講義のための原稿より。E.T.H. (Eidgenoische Technische Hochschule) in Zurich,

Switzerland. C. G. ユング『ユング・コレクション8〜9、子どもの夢』氏原寛他訳、1992、人文書院.
——. 1958. *Psychology and Religion: West and East*, Vol.11. C. G. ユング『ユング・コレクション3、心理学と宗教』村本詔司訳、1989、人文書院.
——. 1960. "Synchronicity: An Acausal Connecting Principle." *The Structure and Dynamics of the Psyche: The Collected Works of C. G. Jung*, Vol.8. Translated by R. F. C. Hull. Bollingen Series XX. London: Routledge. C. G. ユング、W. パウリ『自然現象と心の構造――非因果的連関の論理』河合隼雄、村上陽一郎訳、海鳴社、1976.
——. 1968. *Psychology and Alchemy*, Vol.12. C. G. ユング『心理学と錬金術』1・2、池田紘一、鎌田道生訳、人文書院、1976.
Kahn, Hazrat Inayat. 2001. *Sufi Message of Hazrat Inayat Khan*. (Sufi Message Series) New York: Hunter House.
Kaku, Michio. 1994. *Hyperspace: A Scientific Odyssey through Parallel Universes, Time Warps, and the Tenth Dimension*. New York: Anchor Books Doubleday. ミチオ・カク『超空間――平行宇宙、タイムワープ、10次元の探究』稲垣省五訳、翔泳社、1994.
Kircher, Athanasius. 1986. *Oedipus Aegyptiacus*. 1652/1986. 以下からの引用。Thomas A.P. van Leeuwen, *The Skyward Trend of Thought*. Cambridge, Mass.: MIT Press.
Krishna, Gopi. 1971. *The Biological Basis of Religion and Genius*, with an introduction by Carl von Weizsacker, New York and London: Harper and Row.
Landau, L. D., and E. M. Lifshitz. 1999. *Statistical Physics*, 3rd ed. *Course of Theoretical Physics*, Vol.5. Translated by J. B. Sykes and M. J. Kearsley. Oxford, UK: Butterworth-Heinemann. ランダウ、リフシッツ『統計物理学』上下、小林秋男〔他〕共訳、岩波書店、1980.
Laszlo, Ervin. 1993. *The Creative Cosmos: A Unified Science of Matter, Life, and Mind*. Edinburgh: Floris Books.
Levin, Theodore, and Michael Edgerton. 1999, September. "The Throat Singers of Tuva." *Scientific American*. www.sciam.com/1999/0999issue/0999levin.html.
Leviton, Richard. 1992. "Landscape Mysteries and Healing Gaia: A Precis of Spiritual Geomancy." *West Coast Astrologer-Geomancer*, March, p.15.
——. 2000. *Physician: Medicine and the Unsuspected Battle for Human Freedom*. Charlottesville, Va.: Hampton Roads.
——. 2002. *The Galaxy on Earth: A Traveler's Guide to the Planet's Visionary Geography*. Charlottesville, Va.: Hampton Roads.
Long, Derek A. 2001. *The Raman Effect: A Unified Treatment of the Theory of Raman Scattering by Molecules*. New York: John Wiles & Sons.

Lusseyran, Jacques. 1998. *And There Was Light: Autobiography of Jacques Lusseyran, Blind Hero of the French Resistance*. New York: Parabola Books.

McEvoy, J. P., and Oscar Zarate. 1999. *Quantum Theory for Beginners*. Cambridge, UK: Icon Books.

Menken, Dawn. 2002. *Speak Out! Talking About Love, Sex, and Eternity*. Tempe, Ariz.: New Falcon.

Mindell, Amy. 1994/2001. *Metaskills: the Spiritual Art of Therapy*. Tempe, Ariz.: New Falcon; Portland, Ore.: Lao Tse Press. エイミー・ミンデル『メタスキル――心理療法の鍵を握るセラピストの姿勢』諸富祥彦監訳・解説、佐藤和子訳、コスモスライブラリー、2001.

——. 1999. *Coma, A Healing Journey: A Guide for Family, Friends, and Helpers*. Portland, Ore.: Lao Tse Press. laotse@e-z.net.

——. 2002. *An Alternative to Therapy. A Few Basic Process Work Principles*. Zero Publications. (以下から入手可能。Lao Tse Press. laotse@e-z.net.)

Mindell, Arnold. 1982. *Dreambody: The Body's Role in Revealing the Self.* Boston: Sigo Press. アーノルド・ミンデル『ドリームボディ――自己を明らかにする身体』藤見幸雄監訳、誠信書房、2002.

——. 1984. *Working with the Dreaming Body*. London, England: Penguin-Arkana. アーノルド・ミンデル『ドリームボディ・ワーク』高岡よし子、伊藤雄二郎、藤見幸雄訳、春秋社、1994.

——. 1987. *Dreambody in Relationships*. New York and London: Penguin.

——. 1994. *Coma, Key to Awakening: Working with the Dreambody Near Death*. New York and London: Penguin-Arkana. アーノルド・ミンデル『昏睡状態の人と対話する――プロセス指向心理学の新たな試み』藤見幸雄、伊藤雄二郎訳、日本放送出版協会、2002.

——. 1996. *The Shaman's Body: A New Shamanism for Transforming Health, Relationships, and Community*. San Francisco: HarperCollins. 『シャーマンズボディ――心身の健康・人間関係・コミュニティを変容させる新しいシャーマニズム』藤見幸雄監訳・解説、青木聡訳、コスモスライブラリー、2001.

——. 1997. *Sitting in the Fire: Large Group Transformation Through Diversity and Conflict*. Portland, Ore: Lao Tse Press. A. ミンデル『紛争の心理学――融合の炎のワーク』永沢哲監修、青木聡訳、講談社現代新書、2001.

——. 2000. *The Quantum Mind: The Edge between Physics and Psychology*. Portland Ore.: Lao Tse Press.

——. 2001. *Dreaming While Awake: Techniques for 24-Hour Lucid Dreaming*. Charlottesville, Va.: Hampton Roads. アーノルド・ミンデル『24時間の明晰夢――夢見と覚醒の心理学』藤見幸雄、青木聡訳、春秋社、2001.

——. 2002. *The Dreammaker's Apprentice: Using Heightened States of Consciousness to Interpret Dreams*. Charlottesville, Va.: Hampton Roads. アーノルド・ミンデル『プロセス指向のドリームワーク——夢分析を超えて』藤見幸雄、青木聡訳、春秋社、2003.

——. 2002. *The Deep Democracy of Open Forums: Practical Steps to Conflict Prevention and Resolution for the Family, Workplace, and World*. Charlottesville, Va.: Hampton Roads.

Morin, Pierre. 2002. *Rank and Salutogenesis: A Quantitative and Empirical Study of Self-Rated Health and Perceived Social Status*. 学位論文. Cincinnati: Union Institute.

Muktananda, Swami. 1994. *Kundalini: The Secret of Life*. South Fallsberg, N.Y.: Syda Foundation. ムクターナンダ『クンダリニー——生命の秘密』エス ワイ サンガ有限会社、2002.

Nadeau, Robert, and Menas Kafatos. 1999. *The Non-Local Universe: The New Physics and Matters of the Mind*. New York: Oxford University Press.

New, Eldon. www.geocities.com/Athens/Acropolis/2606/superpos.htm.

North, Carolyn. 1997. *Death: The Experience of a Lifetime*. Berkeley, Calif.: Regent Press.

Pais, Abraham. 2000. *The Genius of Science*. London: Oxford University Press.

Peat, David F. 1990. *Einstein's Moon: Bell's Theorem and the Curious Quest for Quantum Reality*. Chicago: Contemporary Books.

Penrose, Roger. 1989. *The Emperor's New Mind*. London: Oxford University Press. ロジャー・ペンローズ『皇帝の新しい心——コンピュータ・心・物理法則』林一訳、みすず書房、1994.

——. 1994. *Shadows of the Mind*. London: Oxford University Press. ロジャー・ペンローズ『心の影——意識をめぐる未知の科学を探る』１～２、林一訳、みすず書房、2001、2002.

Pert, Candice.1999. *Molecules of Emotion*. New York: Simon and Schuster.

Pickover, Clifford A. 1999. *Surfing through Hyperspace: Understanding Higher Universes in Six Easy Lessons*. New York: Oxford University Press. クリフォード・A・ピックオーバー『ハイパースペース・サーフィン——高次元宇宙を理解するための六つのやさしいレッスン』河合宏樹訳、ニュートンプレス、2000.

Price, Michael Clive. 2002. "The Everett FAQ." www.hedweb.com/everett/everett.htm.

Rawson, Philip, and Laszlo Legeza. 1973. *Tao: Eastern Philosophy of Time and Change*. New York: Avon Books. フィリップ・ローソン、ラズロ・レゲザ『イメージの博物誌９ タオ——悠久中国の生と造形』大室幹雄訳、平凡社、1982.

Ray, Reginald. 2000. *Indestructible Truth: The Living Spirituality of Tibetan Buddhism*. London: Shambhala.

Reiss, Gary. 2001. *Changing Ourselves, Changing Our World*. Tempe, Ariz.: New Falcon.

Regis, Ed. 1995. *Nano: The Emerging Science of Nanotechnology*. New York: Little Brown. エド・レジス『ナノテクの楽園――万物創造機械の誕生』大貫昌子訳、工作舎、1997.

Rinpoche, Sogyal. 1997. *The Tibetan Book of Living and Dying*. San Francisco: HarperCollins. ソギャル・リンポチェ『チベットの生と死の書』講談社、大迫正弘、三浦順子訳、講談社、1995.

Rossi, Ernst. 2002. *The Psychobiology of Gene Expression: Neuroscience and Neurogenesis in Hypnosis and the Healing Arts*. New York: W. W. Norton.

Roth, Harold D. 1999. *Original Tao*. New York: Columbia University Press.

Rucker, Rudy. 1984. *The Fourth Dimension*. Boston: Houghton-Mifflin. ルディ・ラッカー『四次元の冒険――幾何学・宇宙・想像力』竹沢攻一訳、工作舎、1989.

Sarfatti, Jack. 2001. "Post Quantum Physics." www.gedcorp.com/pcr/pcr/.

Schrodinger, Erwin. 1944. *What Is Life? With Mind and Matter and Autobiographical Sketches*. Cambridge, UK: Cambridge University Press. E. シュレーディンガー『生命とは何か――物理学者のみた生細胞』岡小天、鎮目恭夫訳、岩波新書、1951.

Schupbach, Max. 2002. "Process Work." In S. Shannon, ed., *Handbook of Complimentary and Alternative Therapies in Mental Health*. New York: Academic Press.

Schwarz, Patricia. 2002. "Official Super String Website." www.superstringtheory.com/basics/index.html.

Sheldrake, Rupert. 1981. *A New Science of Life: The Hypothesis of Formative Causation*. Los Angeles: J. P. Tarcher. ルパート・シェルドレイク『生命のニューサイエンス――形態形成場と行動の進化』新装版、幾島幸子、竹居光太郎訳、工作舎、2000.

——. 1988. *The Presence of the Past: Morphic Resonance and the Habits of Nature*. New York: Times Books.

——. 1990. *The Rebirth of Nature: The Greening of Science and God*. London and Sydney: Century.

——. 1997. "Part 1: Mind, Memory, and Archetype: Morphic Resonance and the Collective Unconscious" in *Psychological Perspectives*, vol.18, no.1, pp.9-25, Fall 1997. Los Angeles: C. G. Jung Institute of Los Angeles.

——. 2002. "Sheldrake Online." www.sheldrake.org.

Sheldrake, Rupert, Ralph Abraham, and Terence McKenna. 1992. *Trialogues at the Edge of the West: Chaos, Creativity, and the Resacralization of the World*. Santa Fe, N.M.: Bear & Company Publishing.

Stargrove, Mitch. 2003. "Vital Systems: Integrative Medicine, Wellness, and the Healing

Process." www.VitalSystems.org.

Strachan, Alan. 1993. "The Wisdom of the Dreaming Body: A Case Study of a Physical Symptom." *Journal of Process Oriented Psychology*, 5(2). Portland, Ore.: Lao Tse Press.

Sutton, Peter, et al., eds. 1989. *Dreamings: The Art of Aboriginal Australia*. New York: George Braziller.

Taber's Cyclopedic Medical Dictionary. 2001. Donald Venes, Clayton L. Thomas (eds). Clarence Wilbur Taber. Philadelphia: F.A. David Co.

Tompkins, Peter, and Christopher Bird. 1989. *The Secret Life of Plants*. New York: HarperCollins. ピーター・トムプキンズ、クリストファー・バード『植物の神秘生活——緑の賢者たちの新しい博物誌』新井昭廣訳、工作舎、1987.

Von Franz, Marie Louise. 1978. *Time: Rhythm and Repose*. London: Thames and Hudson. マリー・ルイゼ・フォン・フランツ『イメージの博物誌18　時間——過ぎ去る時と円環する時』秋山さと子訳、平凡社、1982.

Von Neumann, John. 1932. *The Mathematical Foundations of Quantum Mechanics*. Princeton: Princeton University Press. Ｊ．Ｖ．ノイマン『量子力学の数学的基礎』井上健、広重徹、恒藤敏彦訳、みすず書房、1957.

Wheeler, John Archibald, and Max Tegmark. 2001. "100 Years of Quantum Mysteries." *Scientific American*, vol.284, no.1. pp.68-75.

Wilhelm, Richard, trans. 1981. *I Ching, or Book of Changes*. Bollingen Series. Princeton, N.J.: Princeton University Press.

Wolf, Fred Alan. 1981. *Taking the Quantum Leap: The New Physics for Non-Scientists*. San Francisco: Harper & Row. Ｆ・Ａ・ウルフ『量子の謎をとく——アインシュタインも悩んだ…』中村誠太郎訳、講談社ブルーバックス、1990.

——. 1984. *Starwave: Mind, Consciousness, and Quantum Physics*. New York: Collier Books.

——. 1988. *Parallel Universe*. New York: Simon and Schuster. ウルフ『もう一つの宇宙——量子力学と相対論から出てきた並行宇宙の考え方』遠山峻征、大西央士訳、講談社ブルーバックス、1995.

Yi-Fu Tuan. 1993. *Passing Strange and Wonderful: Aesthetics, Nature, and Culture*. Washington, D.C.: Island Press. イーフー・トゥアン『感覚の世界—— 美・自然・文化』阿部一訳、せりか書房、1994.

Zohar, Danah. 1990. *The Quantum Self*. New York: William Morrow. ダナ・ゾーハー『クォンタム・セルフ——意識の量子物理学』中島健訳、青土社、1991.

プロセスワークに関する問い合わせ先

1．藤見心理面接室

東京港区赤坂。FAX 03-5570-2860 ウェブサイト：http://www.fujimi.in/
プロセスワークに基づいた個人、カップル、夫婦、家族、グループ療法、夢のグループ・ワーク、事例（症例）検討会を行なっている。

2．プロセスワーク研究会

〒107-0052　東京港区赤坂4－4－18、3F、FAX 03-3505-8810
アーノルド・ミンデル博士、マックス・シュバック博士をはじめとする内外の認定プロセスワーカーによるワークショップ、連続講義、研究会を主催している。

3．日本プロセスワークセンター

基礎資格プログラム、プロセスワークの認定セラピストになるためのディプロマ・プログラムがある。公式ウェブサイト http://www.jpwc.jp/

4．日本プロセスワーク協会

プロセスワークに関心のある方、ファン、愛好家のための協会。
ウェブサイト http://www.iloveprocesswork.org/

❖訳者紹介

藤見幸雄（ふじみ・ゆきお）
ニューヨーク州立大学卒（人類学)。米国トランスパーソナル心理学研究所修士（心理学)。認定プロセスワーカー、臨床心理士。放送大学特別講義講師、京都文教大学セミナー講師、北海道教育大学集中講義講師。「藤見心理面接室」室長。著書に『痛みと身体の心理学』（新潮選書)、編著に『プロセス指向心理学入門』、訳書に『ドリームボディ・ワーク』『うしろ向きに馬に乗る』『24時間の明晰夢』『プロセス指向のドリームワーク』（以上、春秋社)、『シャーマンズボディ』（コスモスライブラリー)、『ドリームボディ』（誠信書房)、『昏睡状態の人と対話する』（日本放送出版協会)、ウォルロンド＝スキナー『心理療法事典』（青土社）などがある。

青木　聡（あおき・あきら）
1968年生まれ。上智大学大学院文学研究科心理学専攻博士後期課程満期退学。大正大学人間学部助教授。臨床心理士。山王教育研究所スタッフ。東京都豊島区南池袋で「あずま通り心理臨床オフィス」を開業。著書に『臨床心理学のための調査研究入門』（共著、大正大学出版会)、訳書にミンデル『うしろ向きに馬に乗る』『24時間の明晰夢』『プロセス指向のドリームワーク』（以上、春秋社)、『シャーマンズボディ』、ウィルバー『ワン・テイスト』、キセイン『家族指向グリーフセラピー』、クラインヒーダー『病いとこころ』（以上、コスモスライブラリー)、ムーア『内なる惑星』（青土社）などがある。

身体症状《しんたいしょうじょう》に〈宇宙《うちゅう》の声《こえ》〉を聴《き》く
——癒《いや》しのプロセスワーク

平成一八年四月二〇日　初版第一刷発行
令和　四　年四月　五　日　初版第六刷発行

著者——アーノルド・ミンデル
訳者——藤見幸雄（ふじみ・ゆきお）＋青木聡（あおき・あきら）

発行者——西尾慎也
発行所——株式会社 日本教文社
東京都港区赤坂九-六-四四　〒一〇七-八六七四
電話　〇三（三四〇一）九一一一（代表）
〇三（三四〇一）九一一四（編集）
FAX　〇三（三四〇一）九一一八（編集）
〇三（三四〇一）九一三九（営業）
振替＝〇〇一四〇-四-五五五一九
印刷・製本——凸版印刷
装幀——細野綾子
●日本教文社のホームページ　http://www.kyobunsha.co.jp/

THE QUANTUM MIND AND HEALING: How to Listen and Respond Your Body's Symptoms by Arnold Mindell, Ph.D.

ISBN978-4-531-08153-0　Printed in Japan

凡庸の唄

谷口雅宣著

他より先へ行くことよりも大切なこと、他と競うよりも別の楽しみはいくらでもある——。心を開き、周囲の豊かな世界を味わい楽しむ「凡庸」の視点をもった生き方を称えた感動の長編詩。

¥509

日々の祈り——神・自然・人間の大調和を祈る

谷口雅宣著

神と自然と人間は本来一体で生かし合っており、善のみが実在であり、悪や病気は本来ないという生長の家の神観・自然観・人間観を説き明かす49篇の祈り。日々の生活の指針となる書。

¥1572

ボディマインド・シンフォニー——心身の再統合へ向かう先端医学

エスター・M・スターンバーグ著　日向やよい訳　<日本図書館協会選定図書>

テクノロジーの進歩は従来の医学的常識を覆し、皮肉にも伝統的心身観を分子レベルで実証しつつある。心身相関医学の歴史と現在を米国国立衛生研究所の神経内分泌免疫学者が幅広い視点から明快に概説。

¥2305

プラシーボの治癒力——心がつくる体内万能薬

ハワード・ブローディ著　伊藤はるみ訳　<日本図書館協会選定図書>

偽の薬で病気が治ってしまう「プラシーボ反応」のメカニズムを解き明かすとともに、それを利用して身体の治癒力を最大限に発揮させる方法を、最新の知見と豊富な実例をまじえて提示する。

¥2409

症状で解るあなたの深層心理——精神分析医が明かすからだのシグナル

マーチン・ラッシュ著　岩佐薫子訳

ベテラン精神分析医が、からだのシグナル＝抑圧された心の叫びを鮮やかに“解読”。風邪、胃痛、頭痛、不妊症、高血圧、腎結石……等の症状からあなたの本心と人生の問題が見えてくる！

¥1572

身体が「ノー」と言うとき——抑圧された感情の代価

ガボール・マテ著　伊藤はるみ訳

「いやだ！」「ノー！」と言わなければ、結局、身体が代わりに「ノー」と言い始めるだろう。無意識のうちに抑圧された感情と、自己免疫疾患等の様々な病気との関係を、患者へのインタビューを中心に解き明かす。

¥2310